guide

导读
萨特《存在与虚无》

Sartre's 'Being and Nothingness':
A Reader's Guide

[英] 塞巴斯蒂安·加德纳（Sebastian Gardner） 著

汪功伟 江婷 译

重庆大学出版社

目　录

前　言

　　在这本小书中,我想要提供一份注解,这份注解可以让读者更方便地阅读萨特的作品;与此同时,我想要说明:《存在与虚无》所阐述的是一套传统类型的形而上学体系。这些目的是相互关联的。诚然,《存在与虚无》的确包含一些具有浓厚现象学风格、扣人心弦的段落,萨特在这些被反复援引的段落中尽情施展了自己通过文学手段表达人类经验的高超能力,我完全可以提请读者关注这些段落;但是这种方式最多只能让读者直观地把握到萨特的种种构想,文本本身仍然晦涩难懂。不言而喻的是,萨特确实秉持着一份独特的世界观,它可以被轻松地转换成一幅以富有感染力的方式描摹人之条件的确定画面。可是要想更直接有效地把握他的世界图景,我们不妨去阅读他的戏剧、小说、传记与文艺评论;我们只有去了解为什么萨特认为他的图景蕴含着最严格意义上的哲学真理,那些花在阅读《存在与虚无》上的时间和精力才不算虚掷。当然,人们可能会怀疑哲学体系是否真的能够以一种深刻的、令人满意的方式去表述对于人类困境的理解,但就我们所面对的任务(根据作者意图去理解《存在与虚无》)而言,这些疑虑是无关紧要的,我也通篇致力于表明萨特所展现的形而上学体系(至少)融贯、中肯且带有站得住脚的哲学意图,并让大家对这部作品无与伦比的深邃、微妙与丰富一窥究竟。

萨特对于《存在与虚无》的结构安排绝非随心所欲,但不可否认的是,文本总是在不同的层次和主题之间绕来绕去;他在这么做的时候确实抓住了读者,但同时也让人很难看清整体的论证。而且,萨特对于《存在与虚无》的章节划分并不总是与书中论证的不同阶段完全对应。为了更清晰地呈现出《存在与虚无》推进论证的方式,让读者更方便地把握到某一点在整个体系中的位置,我把本书的第三章划分为一节一节的内容,每一节旨在凸显《存在与虚无》的中心概念、论断与论证,所以轻微地偏离了萨特文本的次序。每一节内容所包含的细节与萨特文本中相应的页数之间并不成正比:一些主题虽然萨特很快就处理完毕,但其实非常重要;而另一些主题虽然萨特做了详尽的讨论,但我只简单概括了一下。囿于篇幅,对于文本中一些大块的内容,尤其是关于时间性、身体和与他者的具体关系的那些内容,虽然讨论起来不无裨益,但我还是得一笔带过,不得不说这是一个遗憾;不过只要弄清楚《存在与虚无》的思想主线,这些内容读起来完全可以理解。在对《存在与虚无》的内容进行概括之外,我也把一定的篇幅留给某些对于《存在与虚无》的注解和批评——在我看来,它们最大限度地妨碍了我们去同情地理解萨特的哲学——并表明我们可以如何处理这些注解和批评。有几节内容独立于文本注解,供探讨某些牵涉到整个文本的主题与争论。我对于萨特文本的偏离主要表现在:《存在与虚无》第一、二、三章中的部分材料有待注解的第四章去讨论;每一节的标题都标记了对应的文本章节,那些想要按部就班地阅读《存在与虚无》的人可以通过这些标记找到注解中相关联的各节内容。

注释主要是为了给出一些参考和建议,供读者进一步阅读相关的历史材料和我在第一、二、四章中讨论的先于或后于《存在与虚无》的萨特著作。参考书目中列出了探讨萨特的二手文献——或则探讨他的整个哲学，或则探讨《存在与虚无》中的个别主题。

* * *

文内注释的形式如下：例如，"252/310"中的第一个数字指的是由黑兹尔·E.巴恩斯（Hazel E. Barnes）翻译的《存在与虚无》英译本（*Being and Nothingness*: *An Essay on Phenomenological Ontology*，首版于 Methuen & Co, 1958；当前的版本为 Routledge, 1995）页码，第二个数字指的是《存在与虚无》的法语原版（*L' Être et le néant. Essai d'ontologie phénoménologique*，Gallimard, 1943）页码（请注意：法语原版的纸质版页码与其后来的电子版页码有所不同）。巴恩斯的译本总体上很好地处理了萨特准确而清晰的哲学文本，但仍有不准确之处，所以我对一些引自该译本的段落做了些许修改。

对于注释中提到的萨特的所有作品，参考书目中都给出了完整的书目信息。对于注释中提到的以萨特为对象的作品，参考书目中也给出了完整的书目信息。

不同于许多哲学家，萨特使用的哲学术语没那么难以理解。这些关键术语在萨特文本中出现时，我会尽力阐明它们。巴恩斯的译本也提供了一个粗略但完备的术语表。

* * *

我要感谢吉姆·沃伦（Jim Warren），他在很久以前把《存在与虚无》这本书介绍给我，并帮助我去理解萨特有力而深邃的思想。我也非常感谢我的同事萨拉·里士满（Sarah Richmond），这些年来,围绕着萨特,她一直与我进行富于启发性和知识性的交流。我还要感谢我的家人,他们给予我必需的时间,供我沉浸于无用的激情,去写一本关于虚无之书的书。

背　景

　　1924 年, 当 19 岁的萨特进入声名显赫的巴黎高等师范学校学习哲学时, 他所面对的是一个高度僵化的哲学世界。[1] 大约从 19 世纪末到 20 世纪 30 年代初, 法国哲学界事实上受到两股思潮的统治: 一是以雷昂·布伦士维格(Léon Brunschvicg)为主要代表人物的新康德主义, 二是亨利·柏格森(Henri Bergson)的反理性主义。前者提供了一个简化版的康德哲学, 在这个版本中, 哲学探索活动仅限于对科学知识的"形式条件"进行表述; 它在全国范围内规定了哲学系的课程设置, 从而牢牢占据着体制内的支配地位; 布伦士

1　关于本章所描述的法国哲学所处的阶段及其一系列发展, 参见 Kleinberg, *Generation Existential*, Introduction and chs. 1-3; Gutting, *French Philosophy in the Twentieth Century*, Part I; Janicaud, *Heidegger en France*, vol. 1, chs. 1-2; Poster, *Existential Marxism in Postwar France*, ch. 1; Kelly, *Hegel in France*, chs. 5-6; 以及 Rockmore, *Heidegger and French Philosophy*, chs. 1-4。关于萨特从 1924 到 1943 年 (《存在与虚无》的出版年份)的传记信息, 参见 Leak, *Sartre*, pp. 20-59; 更详细的传记信息, 参见 Cohen-Solal, *Sartre*, Parts Ⅰ-Ⅱ, 以及 Hayman, *Writing Against*, chs. 4-14。欲了解萨特如何描述自己的哲学影响, 可参见 'An interview with Jean-Paul Sartre' (1975), pp. 5ff.; 关于萨特的哲学影响, 也可参见 Lévy, *Sartre*, Part Ⅰ, ch. 4, 以及 Renaut, *Sartre, le Dernier Philosophe*, Part 1。

维格的新康德主义还得到了政治权威的暗中支持,它的地位其实就是第三共和国的国家官方哲学。布伦士维格的理性主义-实证主义认识论深深影响着萨特及其同辈对康德的理解。[2] 然而,诸如自由意志、宗教经验这样的概念,它们的有效性要么得不到新康德主义认识论的支持,要么经过新康德主义认识论的合理化之后变得面目全非,而柏格森则用唯灵论去取代新康德主义,它成了上面那些概念的哲学家园;可是到了20世纪20年代,柏格森主义在很大程度上失去了它的哲学声誉,原因主要在于:柏格森用目的论去展望人类的发展,然而第一次世界大战彻底浇灭了这种展望所流露出的乐观情绪。和布伦士维格一样,柏格森也为萨特的《存在与虚无》提供了一个更加本土的参考对象,并且实际的参考频率要高于提到他名字的频率。

在这种稳定的、甚至可以说是僵化的背景下,一批外国知识分子于20世纪30年代涌入法国,随之也带来了德国哲学,这让法国哲学经历了一场突如其来的地震。胡塞尔的现象学、海德格尔(据阐释说是)在《存在与时间》中提出的存在人类学(existential anthropology)以及黑格尔《精神现象学》中的历史发展观,这一切提供了大量全新的主题与方法,在新一代人眼中足以让哲学重新焕发生机。1929年2月,胡塞尔亲自前往巴黎,在两场讲座中引介先验现象学。[3] 伊曼纽尔·列维纳斯(Emmanuel Levinas)于1930年出版了颇具影响的《胡塞尔现象学中的直观理论》(*The Theory of Intuition in Husserl's Phenomenology*),而俄罗斯移民亚历山大·柯瓦雷(Alexandre Koyré)

2　但萨特认为布伦士维格对人类处境的描绘透着一股自满自得,故加以拒绝:参见 *The Transcendence of the Ego*,pp.50-51。

3　*The Paris Lectures*(1929)。《巴黎讲演》经过修正和扩充之后作为《笛卡尔式的沉思》(*Cartesian Meditations*)于1931年在法国出版,这是胡塞尔后期最重要的作品之一。

于 1931 年创办了一份新的现象学期刊《哲学研究》(*Recherches philosophiques*),这些反映出围绕着德国哲学而展开的哲学活动形成了一股新的浪潮。让·华尔(Jean Wahl),作为索邦大学教工中反对新康德主义的唯一成员,也为这股潮流注入了强劲的动力,他敦促哲学转向"具体之物",并把海德格尔当作克尔凯郭尔的不信教接班人来宣传。不过,这种新的动向还是集中体现在 1932 年依然由柯瓦雷开设的有关黑格尔的系列研讨班,从 1933 到 1939 年由另一位俄罗斯流亡人士亚历山大·科耶夫(Alexandre Kojève)主持。[4] 科耶夫开创性地将《存在与时间》与《精神现象学》放在一起解读,根据这种解读,对于人在历史中的自我实现而言,其中心环节是"为承认而斗争",黑格尔在其《精神现象学》的第 4 章中对这种斗争做了描述,而科耶夫进一步断言黑格尔的这本著作就是胡塞尔意义上的现象学。[5] 科耶夫的黑格尔研讨班对一整代人的巨大影响再怎么形容也不过分:参加研讨班的人包括莫里斯·梅洛-庞蒂(Maurice Merleau-Ponty)、雅克·拉康(Jacques Lacan)、雷蒙·阿隆(Raymond Aron)、乔治·巴塔耶(Georges Bataille)和安德烈·布勒东(André Bréton)。

当其他人在 20 世纪 30 年代的法国开始接受由黑格尔、胡塞尔和海德格尔构成的三重思想资源时,我们预计萨特或许会在第一时间去努力吸收这份全新的养料;但奇怪的是,萨特与这种哲学新动向的接触却被推迟了。[6] 在求学期间,萨特首先形成了对柏格森

4　关于柯瓦雷、科耶夫以及研讨班的历史,参见 Kleinberg, *Generation Existential*, pp.58ff。

5　参见 Kojève, *Introduction to the Reading of Hegel*。

6　萨特没有参加科耶夫的黑格尔研讨班(不过他在 20 世纪 30 年代的大部分时间都被迫离开巴黎,这可以提供一些解释);虽然海德格尔的《什么是形而上学?》(*What is Metaphysics?*)的法文译本于 1931 年出版,而且萨特也读过,但直到很久以后这本书才引起他的兴趣。萨特在《战时日记》中对自己吸收胡塞尔和海德格尔的过程做了自传性的说明:参见 *War Diaries*, pp.182-187。

2　的哲学依附,他在柏格森的哲学中所发现的(据他自己说明)更多是一种把握和凸显内心生活的方式,而不是一种唯灵论的世界观;在萨特眼中,柏格森就是哲学界的普鲁斯特。进入巴黎高师以后,萨特迅速摆脱了这种依附,但在相当长的一段时间内,他都没有对任何其他哲学家或哲学运动形成一种类似的、确定的热情。萨特在高师广泛学习哲学史,柏拉图、康德和笛卡尔对他尤为重要。[7] 一件特别令人感兴趣的事情是:萨特在高师还曾修习过一门有关病理心理学的课程,并和他的朋友保罗·尼赞(Paul Nizan)一起翻译了卡尔·雅斯贝尔斯(Karl Jaspers)的《普通心理病理学》(*Allgemeine Psychopathologie*),这本书不仅强调精神失常对心灵哲学和心理学的影响,[8] 还让萨特接触到一种复杂而深刻的反自然主义立场,即心理学解释的关键在于发现非因果性的意义联系。萨特在高师最终取得了令人瞩目的学术成就:虽然在 1928 年的中学教师最高资格考试(Agrégation)中,萨特试图用原创性打动人,但因判断失误而未能通过;不过在第二年的重考中,萨特获得了第一名(西蒙娜·德·波伏娃[Simone de Beauvoir]获得了第二名,两人自那时起就开始了终其一生的交往)。

　　在离开高师以后的将近十年间,萨特一直在追求自己自幼形成的作家理想,可是并没有取得特别的成功。虽然在服义务兵役期间

7　参见 'An interview with Jean-Paul Sartre', p.8。海曼(Hayman)给出证据表明,除斯宾诺莎以外,卢梭、叔本华和尼采对于萨特也很重要,而且萨特对超现实主义者也有着强烈的兴趣;参见 Hayman, *Writing Against*, pp.53-55。

8　Hayman, *Writing Against*, pp.53, 61, 67。萨特于 1935 年尝试了麦司卡林:参见萨特于 1972 年的访谈(*Sartre By Himself*, pp.37-38);《情绪理论初探》(*Sketch for a Theory of the Emotions*)与《想象心理学》(*The Imaginary*)第 148-149 页可以表明萨特对心理异常的兴趣。《存在与虚无》也经常提及非正常的心灵状态,以探求它们的哲学意义。

(从 1929 至 1931 年)以及在外省(主要在勒阿弗尔[Le Havre])担任哲学教师期间(从 1931 至 1936 年),萨特进一步扩大了他那本来已经十分惊人的阅读量,但他早年的著作(由一些文学作品和一些带有文学与哲学双重性质的随笔构成)在风格上特立独行、在内容上游移不定,少数几篇虽然最终付梓,但并未获得来自公众的喝彩。[9]

在离开高师的最初几年内,有一对相关的主题支配着萨特的思考:审美意识(对这种意识的兴趣让萨特近乎于受到唯美主义的吸引,它自萨特早年起便一直存在)[10]和偶然性(这是萨特在高师的两篇教师资格考试论文其中一篇的主题),但是还不能说他形成了任何确定的哲学方向。转折(虽说是萨特神话的一部分,但在历史上也确有其事)发生于 1932 年,在巴黎的一间咖啡馆内;当时阿隆用一个水杯举例说明何种对象能够接受现象学分析,这突然打开了萨特的视野,让他看到了胡塞尔的哲学蓝图:回到具体的生活经验。列维纳斯的书让萨特第一次正式接触到胡塞尔的思想,而 1933 至 1934 年,萨特答应阿隆在柏林的法国文化中心(Institut Français)担任为期一学年的研究员,这让他沉浸在对胡塞尔的研究中。1936 至 1940 年,萨特发表了一系列的哲学作品,这些作品从现象学的、特别是胡塞尔的立场来分析心理学哲学中的议题,这表明他加入了法国哲学中的这股以德国哲学为基础的新动向;而偶然性,这个长久以来一直盘踞在萨特脑海中的主题,则最终在《恶心》(*Nausea*, 1938)中得到了文学表

3

---

9   例如,萨特的《关于真理的传说》('The legend of truth', 1931)以一种思辨的、尼采的方式说明了真理的价值是如何形成的。

10   例如,可参见'Motion picture art'(1931)。《恶心》的结论(第 246-253 页)虽然包含那种用艺术为存在(existence)辩护的尼采式观点,但含糊其辞又游移不定,所以我们没有理由认为萨特拥有任何这样的信念。萨特在《想象心理学》(第 188-194 页)中在哲学上对唯美主义做了明确的驳斥。

达。这些作品展现出一种非同寻常的新鲜感,原创性和极其敏锐的
洞察力。尤其是,《恶心》展示了以文学手段实现哲学理念的全新可
能,并且表现出一种带有明显存在主义色彩的感受力,这些都让这部
小说实现了突破。《恶心》连同1939年发表的一系列短篇小说让萨
特一下子在文学上得到了认可,来自诸如《新法兰西评论》(*Nouvelle
revue française*)这样的知名文学出版物的好评与约稿便可以证明这
一点。

　　可是没过多久,战争的爆发便中断了萨特的上升轨迹。萨特于
1939年9月被征入伍,继而被派往位于阿尔萨斯(Alsace)的一个气
象部门,1940年6月被俘,之后一直被关押在位于特里尔(Trier)的
一个德国战俘营,直到1941年3月,他因健康原因(视力受损,部分
是装出来的)得以释放。萨特旋即回到学校教书,并与莫里斯·梅
洛-庞蒂一起成立了一个名为"社会主义与自由"(Socialisme et
Libertt)的知识分子小组,它旨在反抗维希政府与纳粹之间的合作;
虽然小组成员的人数在上升,但由于缺乏资深人士的支持以及来
自盖世太保的施压,小组年内便解散了。

　　萨特在法国被占领期间居住在巴黎,继续从事哲学写作。[11] 萨
特于1940年动笔写一本标题为"存在与虚无"的作品[12],该书成稿于
1941年12月至1942年10月,并于1943年出版。《存在与虚无》的
发表体现出萨特比同时代的任何人都更进一步地吸收了德国哲学。

4

11　为什么萨特会从积极地抵抗转向(纯粹的)哲学? 列维(Lévy)针对这个关键时
　　期的解说澄清了事实:参见 Lévy, *Adventures on the Freedom Road*, pp.231-238, 以
　　及 *Sartre*, pp.289-294。

12　萨特于1940年7月在给波伏娃的信中提到了《存在与虚无》的写作(*Quiet
　　Moments in a War*, pp.234, 235, 237),并于1974年声称他在静坐战时期和在
　　战俘营中构思并动笔写了《存在与虚无》('Conversations with Sartre', pp.156-
　　157)。

自他在 20 世纪 30 年代完成了那些基于胡塞尔哲学的文本以来,萨特吸收了海德格尔的哲学,但并没有止步于此。[13]《存在与虚无》不再只是像科耶夫那样提供某种创造性的注解;该书所确立的哲学立场虽然坦率承认自己在若干方面受惠于德国哲学,但又宣称自己已经确定无疑地超越了它们:针对胡塞尔和海德格尔的那些最深刻的洞见,萨特批评二人没有对它们做出正确的发挥,某些洞见本身就是错误的;而黑格尔的"通过历史突破实现更高级合理性"的论点在这本书中也遭到了尖锐的挑战。

---

13 对于海德格尔的这种解读,或者说带有支持态度的再解读,出现于 1938 至 1940 年。萨特在《战时日记》(第 183-186 页)中说,他是在发现了胡塞尔的"困境"(即他的唯心主义和唯我论)之后才"转向海德格尔"(第 184 页),限于篇幅,我没有在注解部分系统地记录下萨特对海德格尔的借鉴,但数量是相当可观的,读一下海德格尔 1929 年的文本《什么是形而上学?》便知。对于萨特与海德格尔在哲学上的差异,我只讨论了《存在与虚无》对海德格尔的批评所蕴含的那些差异,其他的并未说明。简单来说,萨特的哲学重复了大量的海德格尔式的主题,但在这个过程中,这些主题的意义总是会发生变化,甚至经常被推翻。萨特的挪用是有选择性的,也进行过重要的删减,最终形成了一个轮廓更清晰的哲学立场。与海德格尔的哲学关怀相比,萨特的哲学关怀相对明确,其根源在于两者的元哲学差异:针对传统的哲学观,海德格尔抱着破坏性的意图,但萨特并没有什么要抱怨的。因此,每当萨特在海德格尔关于此在(Dasein)的论述中发现了某种结构,并且这种结构在他看来适合纳入《存在与虚无》的体系时,他就会询问:基于意识的视角,这个结构必须如何呈现? 萨特继而重新领会这种结构。由于海德格尔对此在的分析旨在消解那种胡塞尔式的以及更一般的现代哲学框架(在哲学中,modern 一词一般指的是从笛卡尔到黑格尔的那段时期,在中文语境中对应于"近代"。这里依然译为"现代",主要是考虑到作者在第四章还谈到了"后现代"。——译者注),所以萨特最后得到的要么是一种不融贯的笛卡尔主义,要么是一种革命性的、重生的笛卡尔主义;至于究竟是哪一个结果,这取决于人们如何评价萨特的成功。在萨特看来,海德格尔的洞见只被阐明了一部分,他的主张缺乏真实的、确定的意义,除非从意识和主观性的角度对它们加以重述;而在海德格尔看来,萨特没有认识到主观性本身就是问题的一部分,而主观性之所以会被人珍视,是因为人们没能去追问大写存在的意义,而这种盲目性正是有待克服的。有时,萨特对海德格尔的"主观化"最终让他回到了克尔凯郭尔,《战时日记》中 1939 年的条目(第 131-134 页)就"虚无"这一主题表明了这一点。至于为什么可以指责萨特严重误读了海德格尔(无论是好是坏),参见本书第四章。

　　《存在与虚无》中的哲学并不等于萨特的哲学,它只是萨特思想发展过程中的一个节点,代表他圆满完成了与胡塞尔、海德格尔和现象学运动之间的交流。就哲学成果而言,萨特在战后发表了一些短文去重申并捍卫《存在与虚无》中的立场,他还写下了大量未发表的材料去阐发它对于实践哲学的意义,但随着《辩证理性批判》(*Critique of Dialectical Reason*)第一卷(一部旨在根据一套全新的哲学范畴去重构马克思主义的里程碑式的作品)于 1960 年出版,萨特最终形成的哲学立场出乎了所有《存在与虚无》读者的预料。萨特的学院哲学作品和他在文学、文化与政治方面的作品,两者之间存在复杂的互动;而他后期的哲学作品究竟在多大程度上延续了抑或抛弃了《存在与虚无》中的立场,这个问题仍处于争议中。萨特于 20 世纪 50 年代频繁且广泛地介入政治,这直接推动他去建立一个关于集体行动之条件的理论[14],而我们也有理由宣称《存在与虚无》为《辩证理性批判》中的历史哲学和集体存在(existence)预留了空间,即便它并非绝对需要这些内容。因此,《存在与虚无》没有穷尽萨特的哲学旨趣,不过无可置疑的是,在萨特的全部作品当中,这本书占据着独特的中心地位。

5

14　有必要说明一下"之"与"的"二字的使用。由于英文中的形容词、所有格以及 of 结构在翻译中都有可能用到"的",如果出现由这些结构叠加而成的复合结构,中文翻译中常常会相应出现"的"的堆砌。然而,如果没有读者所熟知的固定表达,那么这种堆砌就很容易因为层次不清而造成歧义,至少会给阅读带来困难。为了规避这种现象,我们在翻译过程中采取的一个办法是酌情用"之"替换"的",读者可以认为"之"所构成的短语要比"的"更加紧密(例如,consciousness of the Other-as-subject 不会译为"作为主体的他者的意识",而会译为"作为主体之他者的意识")。当结构更加复杂时,我们会插入一些字眼或替换掉"的",让语义层次更加清晰(例如,Sartre's theory of the consciousness of the Other-as-subject 不会译为"萨特的作为主体的他者的意识的理论",而会译为"萨特关于作为主体之他者的意识而提出的理论")。至于是否真的达到了这个目标,还请读者自行判断。——译者注

* * *

较之于所有其他的思想家,萨特与"存在主义"这个术语的联系最为紧密,他至少于 1945 年就把它运用于自己的哲学。当人们在宽泛的意义上使用这个术语时,存在主义指的是这样一种思想运动:已确立的价值以及与这些价值联系在一起的世界图景都要服从于激进的怀疑性重估,而个体只能把自己作为最后的依靠,努力从不加任何掩饰的自我察觉中外推出一种规范性的态度,从而避免虚无主义。至于说存在主义在更严格的意义上究竟意味着什么,它如何区别于康德的以及其他的现代伦理学体系,它作为一个哲学范畴是否真的有用,是不是更应该把它视为一种晚期现代的情绪或心态(其重要性主要体现在文化上或美学上),这些都不是我们现在要讨论的问题。为了更好地理解《存在与虚无》,我们可以关注晚期现代哲学中的传统或者说恒常主题,它断言:存在或存在(existence)¹⁵的概念所引发

---

15 此处对于 being 与 existence 的翻译有着明显的弊端,因为毕竟没有用中文区别两者,但是这里依然坚持这种译法,理由如下:虽然一些学者(例如王路)建议将 being 译成"是者",但是这没办法处理那些已成通例的译名,譬如"存在与时间"(*Being and Time*)和"存在与虚无"(*Being and Nothingness*);此外,似乎也有人将 existence 译成"生存"或"实存",但前者的问题在于我们很难把"生存"一词用于非生物,而后者(这种译法在《存在与虚无》中译本[陈宣良等译,杜小真校,上海:三联书店,2007 年。以下简称"中译本"]中偶尔可见,旨在区别于同一段落的 being;但在大多数情况下,中译本未能很好地区分两者)很难处理第三章中将会出现的"实在的存在"(real existence)。考虑到上述理由,我们最终采取一个非常笨拙的办法:两者都译为"存在",但其中用圆括号注明原文的"存在"均是 existence,而未注明的则为 being,当然,这些只适用于作为哲学概念的 being 与 existence。或许值得一提的是,如果从学理的角度出发,我们更倾向于将 being 译为"是者"或"所是",因为中文中的"存在"遮蔽了 being 的系词功能,而恰恰是 being 在逻辑判断中的功能赋予了它以丰富的哲学意蕴;但作为译者,我们不得不尊重某些已成通例的译法,在此只能恳请读者注意 being 与"存在"之间的意义距离。——译者注

的那些非常抽象的哲学问题与个体的实践关怀或价值关怀之间有着直接而紧密的联系。

　　我们应当如何去理解存在或存在(existence)？当个体试图与至善达成确定无疑的积极联系时,上面这个问题就很重要了。首先表明这一点的是弗里德里希·海因里希·雅可比(Friedrich Heinrich Jacobi),他是康德的同时代人和批评者,也对德国唯心主义者[16]产生过巨大的影响。[17]他据理认为:康德的哲学不过是再一次湮灭了个体的实在与自由,以及价值与知识二者的可能性,这种湮灭曾被斯宾诺莎的宏大体系推崇备至,虽然是以不同的形式。雅可比引入“虚无主义”(nihilism)一词去指称这场通过理智实施的大规模破坏活动。按照雅可比的观点,斯宾诺莎与康德的错误并不是他们在构建哲学时没有采用那种适用于概念活动的辩护方式,恰恰相反,二人的错误在于:他们一以贯之地运用那种用以探求哲学的逻辑,直到得出正确的、同时也是灾难性的结论。既然如此,雅可比认为我们应当从他们的这些企图中得出教训(按照雅可比的猜测,休谟先前已经领悟到这一点):必须背弃哲学式的理性,至少要将它的合法性限制在一个非常狭小的范围内。这就是说,我们必须否认哲学反思拥有普世的权威;而这种否认基于一个根本性的理由,即承认(雅可比承认我们为此需要感谢康德)认知上的一切断言——不管是关于上帝的,还是关于至善的,或是关于外部世界的——都有一个自成一体(sui generis)的、不可还原的、非概念性的基础,此即对于存在的感受,或者说直接感受到的对于存在的直观。我们没办法也不需要去论证存在的实在性,可如果没有它,我们就会陷入虚无,而一旦有了它,我们就能回到一个充满意义的世界,这个世界的基本特征由基督教神学

16　现在一般将 German idealism 译成“德国观念论”,但在“观念论”尚未成为 idealism 的通用译法之前,此处姑且沿袭旧法。——译者注

17　雅可比的部分著作收录于 *The Main Philosophical Writings and the Novel Allwill*。

赋予,人类个体在此享有全部实在性、自由意志以及目的。

虽然雅可比并未跻身最伟大哲学家之列,但他的哲学著作以另一种方式获得了成功:它设定了一系列待办议题,而往后的后康德主义哲学家承认自己必须设法去处理它们。因此,雅可比的关切在很大程度上支配着德国唯心主义者的那些体系,因为后者力图展示一种与雅可比针锋相对的立场:虽然雅可比声称哲学事业注定给我们带来虚无主义,但哲学体系不仅有可能避免,还有可能反过来否定虚无主义。虽然在此我们无法探讨德国唯心主义者旨在实现这一计划的不同方式,[18]但在德国唯心主义的发展过程中以及之后人们对它的接受过程中有一些值得一提的特别之处,因为它们反映出《存在与虚无》中的萨特哲学所具有的历史根基和哲学意义。

德国唯心主义内部的一切争吵和分歧当中,谢林与费希特、黑格尔的争论因与萨特相关而值得我们特别关注。在对他的哲学,也就是他所谓的"知识学"(Wissenschaftslehre)首次进行表述时,费希特从作为个体自我意识的那个最最基本的"我"(I)出发,试图以一种高度复杂的方式去详细阐发一个无所不包的实在体系;他以此接受了雅可比的挑战:去表明体系化的哲学何以能够肯定个体的实在性与目的性。黑格尔的方式在结构上类似于费希特的方式:在他所谓的"逻辑学"(这一部分隶属于他的整个体系,也就是"哲学科学百科全书")当中,我们可以去思考那个最最基本的"存在"概念,并以此为起点(经由它的辩证对立面,即"虚无"概念),实现对于实在的完整而理性的理解。针对此二者,谢林提出了同一种雅可比式的反对意见:就费希特而言,他对于"自我"的说明需

7

---

18 针对雅可比以及康德之后的唯心主义的一份完整的说明,参见 Paul Franks, *All or Nothing*: *Systematicity*, *Transcendental Arguments*, *and Skepticism in University Press*, *German Idealism* (Cambridge, Mass: Harvard 2005)。

要被添加上一种"自然哲学",后者起源于那个先天地被给予我们的自然存在;就黑格尔而言,正因为他的逻辑学被设计成一种自律的纯概念结构,所以这种纯粹"消极的"哲学完全无法把握现实的存在,而现实的存在绝不等于那个借由概念去规划与展望的、纯属假设的存在。

　　虽然自我与概念两者各自的(但又彼此相关的)自律性是得到公认的,谢林却对此进行了抨击,这种抨击在整个 19 世纪哲学中发展扩散;一个重要的例子(萨特知道并在《存在与虚无》中响应了这个例子)便是叔本华,他认为有意识的反思主体对立于一种异己的、充满敌意的实在,在这种构想的背后便可以发现谢林的身影。但对于理解《存在与虚无》来说,最重要的还是克尔凯郭尔在《结论性的非科学附录》(*Concluding Unscientific Postscript*,1846)中对谢林的反黑格尔主义的重复。克尔凯郭尔在这本书的开篇即明确提及雅可比,而且正如雅可比认为我们应当回到正统的基督教教义,克尔凯郭尔最终的目的也是在读者当中形成一种宗教意识,不过这种意识较之于前者更成问题、承担着更多的焦虑。为了实现这一目的,克尔凯郭尔所采用的哲学策略(我们要知道的是,他不是在提供一个新的体系;和雅可比一样,他是在帮助我们再度逃离那栋令人窒息的监牢:哲学的体系化)诉诸于他所谓的"主观性"。他从正反两个方面来定义"主观性的真理":拥护黑格尔主义的同时代人教导我们要心满意足地沉思理性在人类历史中的进步,但"主观性的真理"与这种黑格尔主义的"客观性"全然对立,是为反面;而个体的任务是在一种更高程度的、充满激情的"内在性"状态中将自己的存在(existence)与永恒真理关联起来,是为正面。在将存在(existence)的概念运用于人类个体时,克尔凯郭尔把它改造成一个全新的哲学范畴,而如果我们正确地,亦即主观地去把握由这个范畴所标示的存在(existence),存在(existence)就会将自身揭示为无限的活动与努力,并在其中表达自身。[19]

　　萨特对这段哲学史究竟了解多少? 他的了解——无论是一手的还是间接的——又有多深? 这些问题很难断定。[20] 不过清楚的是(我们会在适当的时候看到),在由适才概述的那些争论与立场所形成的脉络中,萨特的哲学以一种系统性的方式牢牢占据着自己的位置[21]:先前提到,萨特的起点是胡塞尔的哲学蓝图,后者基于内在的视角去解释意识,旨在表明何种结构奠定了意识对于对象的意向指向性以及意识如何获得外部世界中的目标;但我们会在下一章中看到,在 19 世纪 30 年代,萨特遍历了并在很大程度上走出了胡塞尔的哲学框架,而在《存在与虚无》中,萨特完全埋首于由雅可比设定的那些待办议题。提前预告,我们会在萨特那里看到:他没有照搬哲学史中任何早先的立场,而是提供了某种具有迷人原创性的东西——它以某种复杂的、修正性的方式重申了雅可比与谢林的论题,即存在的优先性;这其中又囊括了克尔凯郭尔的反黑格尔主义,后者要求哲学去表述主观性的真理。但与雅可比和

19　《结论性的非科学附录》简明扼要地陈述了这一观念: 参见 *Concluding Unscientific Postscript*,pp.84-86。克尔凯郭尔认为"我"的本性是实践的,是由任务塑造的;他的这一论点可以追溯到费希特。

20　至少清楚的是,萨特知道克尔凯郭尔,因为根据 1939 年《战时日记》(第 120、124、133-134、139 页)中的记录可知,萨特反思了克尔凯郭尔的《恐惧的概念》(*The Concept of Dread*)和华尔 1938 年对克尔凯郭尔的研究。萨特关于克尔凯郭尔的论文《克尔凯郭尔与独一之普遍》('Kierkegaard and the singular universal')虽然成文于 1966 年,但精确地说明了《存在与虚无》如何能够被视为克尔凯郭尔哲学的重演。

21　本文在概述萨特的哲学先辈时,没提到一位重要的历史人物,但萨特又经常与他联系在一起:此人便是尼采。二人的立场有一定的重合——他们对上帝之死的重要性和自我责任的重负有着类似的观点,萨特的绝对自由观与尼采用以肯定生命的永恒轮回理想走到了一起(参看第 35 节)——但他们对于自然主义、哲学理性的范围和体系哲学的可能性抱着非常不同的态度。尤其需要注意的是,一般认为尼采结合了(不管这是否确实是他的观点)道德主观主义和自我创造论,但我们不要用相同的方式去理解萨特。针对萨特与尼采之间的关联,列维提供了一份公正的评估:参见 Lévy, *Sartre*, pp.127-133。

克尔凯郭尔都不一样,萨特以一种全然体系化的哲学形式表述自己的立场,这种形式与费希特所构想的以"自我"为基础的知识学非常相似。[22] 此外,虽然宗教意识响亮而清晰地回荡在萨特的哲学中(一位与萨特一道被关押在德国战俘营的牧师曾这样描述萨特:"一种不同于任何人的存在,一位先知"[23]),但它的神学维度毫无疑问是消极的:按照萨特的观点,无神论是人实现其正确目的的必要条件。

9

22　针对费希特与萨特之间的关联,布雷齐尔(Breazeale)提供了一份富于启发性的研究:参见 Daniel Breazeale, Vom Idealismus zum Existenzialismus Direttissima: Fichte/Sartre', in *Fichte-Studien* 22, 2003, 171-192。

23　引自 Cohen-Solal, *Sartre*, p.154。

主题概述

《存在与虚无》长达八百多页,涉及的话题数量庞大、类型广泛:时间的结构,有物存在(exist)的事实,自我意识,对他人之心的认识,人类性生活的动态,以及个性的概念。不过,萨特旨在让《存在与虚无》构成一个整体,从而系统地回答一切哲学问题(除了伦理学,萨特在之后的一部作品中才去处理这个领域)。而那个将《存在与虚无》中的体系统一起来的主题已是众所周知:此即人的自由;它是整本书的中心节点,而书中关于时间、自我意识、性爱等各种理论都是以它为基础,并参照它建立起来的。至于说萨特所理解的自由究竟是什么,这个问题需要留到后面去探讨;但为了更顺利地进入《存在与虚无》的文本,我们多少需要先了解一下萨特何以认为关于人之自由的议题必须交由哲学去处理。在本章中,我将尝试从三个不同的角度去说明《存在与虚无》的策略基础。

1.萨特早期著作中的主题

虽然根据上一章的内容可知,萨特的哲学履历并非始于自由问题,但我们如果考察一下他最早出版的那些哲学作品,就更容易理解自由为什么以及如何一步步走到了哲学舞台的中心。我会从其中几部作品开始讨论。诚然,《存在与虚无》并不要求读者事先接触过萨特的早期作品,这些作品中的一些主导性观念还原封不动地复现于《存在与虚无》;但是,对萨特早期著作的阅读能够帮助我们进入《存在与虚无》的哲学视角;何况这些作品篇幅不大,哲学上的难度也不高(因为处理的都是诸如自我、情绪和想象这种为人所熟知的话题),所以就更值得我们以它们为路径。(萨特于 1939 至 1940 年的笔记——不久之后他就开始动笔写《存在与虚无》——也能够为我们引介萨特所关注的哲学问题,虽然是非正式的引介;这些笔记在萨特去世后以《战时日记》(*War Diaries*)的名义出版。)

就理解《存在与虚无》而言,萨特早期最重要的文本无疑是《自我的超越性》(*The Transcendence of the Ego*, 1936)。这篇论文始于质疑胡塞尔先验现象学中的一个相当技术性的细节,只有接受了胡塞尔方案的那些人才会对这个细节感兴趣;但在这个基础上,萨特所展现的人类主体形而上学却拥有彻彻底底的原创性,令人耳目一新:它与我们对于人格同一性的常规构想截然不同。

萨特质疑的是胡塞尔的下述主张:胡塞尔设定了"先验自我"(transcendental ego) 1,并将其作为我们与对象的一切意向性关联的源头和依据。就正统的先验理论来说,胡塞尔的观点似乎是无

1　这里涉及一对在中文中并未得到很好区别的概念:self 与 ego。两者一般都译成"自我",但它们之间有着一个最基本的区别:self 拥有反身意义,因此可以派生出各种表示反身关系的代词或名词,而 ego 并无这种意义,它更多表示作为一种心理实体或心理功能的"我"。诚然,当反身关系指向的是 ego 时,self 与 ego 似乎可以换用,作者偶尔也将两者等同起来使用;但在其他情况下,两者则不可换用,例如:自我意识(self-consciousness)通常并不是对自我(ego)的意识,而是意识对自身的意识。为了澄清这种误解,现在已有将 self 直接译成"自身"的趋势。这里姑且沿用旧译,但将 self 的一切派生词都译为"自身"或带有"自身"的词,并用圆括号注明所有的 ego(除了"自我的超越性"中的 ego 无须再度注明)。——译者注

害的,也享有康德的明确支持:它似乎只是说,因为我的一切意识状态都必定有可能被(我)认为是属于我的,因此,那个我们通过胡塞尔式的还原而抵达的意识领域必定会被认为是由一个非经验的,因而是先验的主体所"拥有"。

令萨特不满的是下面这番观察:当康德关于"我认为"(I think)[2]("先验统觉的统一性")的论点被移植到现象学当中以后,先验主体的地位就发生了重要的改变。根据萨特的解读,虽然康德论述了经验和知识的"可能性条件",但这并不牵涉到存在性(existential)断言:它们纯粹是合法的(de jure)、而非实际的(de facto)条件。[3] 然而,康德的上述论点在经过胡塞尔现象学的重述之后反倒认为"先验主体"拥有了实在性,而萨特则据理反对这一点。

现象学是一种描述性科学,它所描述的是本身作为被给予之物(given)[4] 而被给予(纯粹)意识的一切。那么问题在于:先验自

2　即"我思"。这里译为"我认为",一方面为与"我认为这些意识状态是属于我的"中的"I think"保持统一,另一方面为与拉丁文的 Cogito 保持区别。——译者注

3　《自我的超越性》(*The Transcendence of the Ego*), pp.2-3。萨特煞费苦心地强调他没有与康德争论,甚至宣称自己"乐于相信某种实施构成作用的意识的存在"(第4页)。这有些误导,因为听上去好像萨特接受了先验唯心论,但事实上,萨特(很快就)否认了对象一般是由主体构成的;萨特真的只是为了便于讨论而暂时接受了康德唯心主义中的主体。值得注意的是(因为这个问题也与《存在与虚无》有关,而且不只是语词上的),萨特在此表明他所理解的"先验"概念与唯心主义完全无涉,但同时又保留了"先于物质世界"的想法;先验之物指的是那些在主观性尚未浸没于和牵涉到(或者说,尚且独立于和脱离于)现实的具体世界时而与主观性相关的一切,换言之,它指的是与纯粹形式的主观性维度相关的一切。之后我将回到这一点。

4　作者有时会将形容词直接用作名词(例如此处的 given),其中有些还是萨特的术语(例如 the practico-inert)。虽然中文也可以将"××的"用作名词,但这很容易与形容词相混淆,如若再涉及所有格就更麻烦了。对于此类结构,我们将统一译为"××之物",只是提请读者注意:这里的"物"并不一定等同于"实在的物";我们不妨将之设想为一个集合,一切具备××特性的东西都在该集合以内,不管它是不是我们通常认为的"物"。——译者注

我(ego)是否符合这个条件？无可争辩的是,我的存在(existence)作为一种经验性的心理-物理存在物(entity)[5]被给予我;被给予我的还有:如果我去反思我的意识状态,那么我认为这些状态是属于我的(按照康德的断言,如果经验知识是可能的,这第二种被给予之物从合法性的角度来说就是必要的)。然而,这两种材料都不蕴含先验自我(ego),原因在于:首先,经验自我当然不同于任何先验自我,前者也不是后者的充分条件;其次,在萨特看来,基于先验自我(ego)的解释实属画蛇添足,更关键的是,它事实上让自我意识变得不可理解了。

为了支持先验主体,胡塞尔求助于一些标准的康德式的观点,这些观点围绕着下述思路展开:意识的统一性依赖于综合,而又需要某种东西去充当这些综合行为的主体项。但萨特据理反对这种论证:(1)可以认为意识的统一性源自对象的统一性;譬如,这支笔的统一性提供了我对于这支笔的各种感知经验的统一性。既然现象学已经宣称意识为意向性所定义,而意向性又具有趋向于对象的超越性,那么意识对象就可以用作解释手段,从而取代先验自我;(2)无须解释意识在时间中的统一性(它的"绵延"),因为我们可以在原初的意义上将意识设想成(胡塞尔本人在他关于内时间意识的作品中表明这种理解是可行的)一种在时间中延伸着的而非瞬刻的结构。[6]综上,先验的"我"('I')是冗余的。

进一步而言,先验的"我"与自我意识是不相容的:"如果它存在(exist),它就会把意识与其自身粗暴地隔开,就会把意识分开,像一把不透明的刀片一样切进每个意识。先验的我是意识的死

5　entity 一般译为"实体",但这种翻译易与 substance 混淆。事实上,entity 无论是词源上还是语义上都与 being 更接近,所以我们一律用"存在物"翻译 entity。虽然这种译法可能会混淆 entity 与 existent,但由于后者须用圆括号注明原文,所以应该不会有实际的危险。——译者注

6　《自我的超越性》,pp.6-7。

亡。"7 为了解释这些隐喻,萨特论证道:我们没有在"一阶的"或"非反思的"意识(例如对于桌子上这支笔的意识)中遭遇某个"我",这是一个现象学事实;8 我们也不可能做到这一点,因为这里没有供某个"我"占据的空间。此处的关键在于,要让胡塞尔的论述成立,需要满足两个条件:那个"我"首先不能是意识的对象,因为这样一来它就是外部的了,但它又需要成为"某种有待意识的东西"(比如说,它不仅仅是意识的"性质")。为了内在于意识,那个"我"就需要居于意识。但是意识的意向性关系必然是透明的、澄澈的,这种特征是与居于意识的"我"不相容的——所以在萨特的描述中,那个"我"冻结了、黯淡了意识,摧毁了它的自发性,让它变得不透明并且"有了分量"。9 萨特之后又加上了一个论证:如果某个"我"在非反思的层面上在场,那么它与反思意识中的"我"之间的同一性、抑或两者之间的交流是不可能被领会的;"我"的数量增加了,可是这些"我"之间的关联是没办法被厘清的。10

12

　　可是,如果没有先验的我,萨特指望什么去解释自我意识在上

7　《自我的超越性》,p.7。

8　萨特在《自我的超越性》第 7 页中还认为(他之前在《想象》第 115 页中已经陈述过这个观点)这样的意识同时也是对自身的意识,但他当时并没有给出论证,而是之后在《存在与虚无》中才给出论证(参见下一章第 3 节)。也请注意:萨特断言对对象的前反思意识并不带有"我";但反对意见认为,既然对前反思意识的查询会用到反思,继而向我们展示出某个"我",那经验就不能证实萨特的断言;针对这种反对意见,萨特在《自我的超越性》第 11-13 页给出了驳论。

9　《自我的超越性》,pp.8-9。这让萨特在极少数情况下全然拒绝"主体"一词;但在更多情况下,萨特仍然谈论主体和主观性,但他只把它理解成意识:这"不再是康德意义上的主体,而是主观性本身"(《存在与虚无》,xxxiii/24),"主观性不在意识之内,它就是意识"('An interview with Jean-Paul Sartre',1975,p.11)。

10　《自我的超越性》,p.15。注意:如果后一个论证确实独立于前一个论证,那么胡塞尔的先验的"我"就理应能够解释那种我把我自身既当作主体又当作对象的可能性,但或可怀疑胡塞尔并没有打算让它承担这样的功能。不过,萨特十分正确地指出:处于主客双重伪装之下自我同一性是胡塞尔的模型所蕴含的被解释项(explanandum),但它并没有提示任何明显的解释项(explanan)。

述第二种材料中所体现出的实在的存在(existence),也就是每当我在反思我的意识状态时某个"我"的现实而必然的在场? 更令人担忧的是,萨特的论证似乎走得太远了:如果自我意识是对于自我的意识,而如果自我既不能成为我的意识对象也不能居于我的意识,那么自我意识就是不可能的了;在这种情况下,"我认为"似乎也是不可能的了——但事情显然并非如此。

　　萨特的回答是,在反思和某个"我"之间当然有着必然的关联,但在说明这些材料时,我们可以设想:(1)反思行为创造出"我",并将"我"放进或插入非反思的领域(胡塞尔也无从反驳这一点,因为他本人论证过:反思会重构它所指向的意识);(2)我们应当这样去分析那个"我":"它与那个具体的、心理物理的客我(me)之间的关系,正如点与三维空间之间的关系:它是无限缩小的客我。"[11] 这里的第二个论点在没有诉诸先验自我(ego)的情况下解释了:为什么必须认为"我"具备存在上的(existential)意义? 以及,为什么这并不等于认为任何对象都拥有属于具体的心理物理存在物的那些属性? 下述观察还可以为这些解释提供额外的支持:我们凭借"我"的概念而思考的内容和我们在思考它时所基于的基础,两者之间是不匹配的:"我"的观念所牵涉到的是某种永久的东西,这种永久性不仅超越于当下怀有这种观念的意识,事实上超越于"所有的意识"。由于这种不会消亡的东西所拥有的内容并不是被给予的,而"需要被展开",所以用萨特的话来说,就"存在(existence)类型"而言,它"更接近于永恒真理,而非意识"。[12] 如果关于"我"的形而上学与关于"我"的认识论之间有着如此醒目的距离,那么就那个"我"的本性来说,我们就不能做出确定的断言,而是应该把它当作

13

11　《自我的超越性》,p.8。

12　《自我的超越性》,pp.14-15。

一个成问题的、在哲学上不可靠的东西。[13]

在《自我的超越性》中,萨特思想中的某些重要部分尚未得到发展。譬如,"我"指向某个具体的存在物,但并不作为那个具体的存在物,这个观点虽然有吸引力,但也令人困惑:那种构成着"我"的特定呈现模式从何而来?而且究竟为什么要有某个"我"出现于反思的场合?《存在与虚无》将会填补上这些空缺,不过目前的成就已然相当可观:萨特表述了一种可能性,即先验的意识领域"不带有某个我",但它使得"我"成为可能;萨特也表明这种形而上学比胡塞尔的形而上学具备更多的优势。

然而,《自我的超越性》中的立场有两个主要的问题。第一个问题涉及无人格意识领域的个体化,它恐怕会把我们带回到胡塞尔的立场。萨特或许已经表明先验的"我"无法解释什么赋予了意识领域以同一性,而他自己的模型能够为自我意识提供一个更好的解释;可是,这个模型仍然预设了一个特定的意识领域;虽然萨特已经表明我们为什么不应认为这个领域以某个"我"为特征,所以它的个体化并非以人格为依据,但即便如此,必定还是有着某个诸如此类的依据。在《自我的超越性》中,萨特并未言明这是什么:他承认意识可被视为某种"综合的、个体性的总体",但他评论说意识的个体性源自它自己的本性,所以不认为这会引起什么问题。[14]

第二个问题与第一个问题相关:萨特认为我们不能根据某种常规的同一性判断去理解反思,尽管我们同意这一点,但萨特似乎错失了包含在反思当中的某种反身性因素。萨特说:"当我在执行我思时,我的正在进行反思的意识并没有将自身作为对象。"它所

---

13 《自我的超越性》,p.15。康德的《纯粹理性批判》中关于"纯粹理性的谬误推理"的内容包含了对萨特此处的主张提供支持的论证过程。

14 《自我的超越性》,p.7。

断定的东西涉及被反思的意识。[15] 但这似乎只是其中的一部分；反思所明确地（用萨特的话来说："正题地"）断定的东西只涉及被反思的意识，但反思同样暗中地断定了某种涉及自身的东西，此即它

14 和被反思的意识属于同一个主体。如果反思没有把自身把握为与被反思的意识"属于同一个主体"，那么通过对我的意识进行反思而呈现给我的精神之流就和外部世界一样是异己的了。[16] 这种暗含在反思行为中的领会至少部分地实现了反身性，而萨特在《自我的超越性》中给出的极其精简的论述却没有把握住这一点。

在《存在与虚无》中，我们发现萨特修正了《自我的超越性》中的论述，这些修正克服了上述局限，同时对胡塞尔做了一定的让步。萨特在《自我的超越性》中批评胡塞尔时，很典型地忽视了胡塞尔在主张先验的"我"时所抱有的哲学意图，我们有理由说他误解了这些意图：萨特仅仅表明先验的"我"不能基于有限的现象学依据而得到辩护，但并未表明它不能基于更宽泛的先验依据而成为实际的、不止是合法的存在物。在《存在与虚无》中，萨特将会引入一个结构，它尽管区别于胡塞尔的先验的"我"，但拥有非常类似的理论地位。

萨特对胡塞尔的诠释固然有种种局限，不过幸运的是，它们不会干扰到萨特在《自我的超越性》中真正的哲学目的，因为他在这篇论文中真正关心的是那种内置于自然的意识之中的自我观。[17] 我们自然地秉持着有神论式的自我观，但萨特对胡塞尔的先验的

---

15 《自我的超越性》，p.10。

16 萨特注意到了相关的材料，即自我（ego）"作为亲密之物而被给予"的事实，但他并未对此加以论述。

17 因此，萨特的攻击目标涵盖了各种为人所熟知的人格观，包括 P.F.斯特劳森（P. F. Strawson）在《个体：论描述性形而上学》（*Individuals：An Essay in Descri ptive Metaphysics*，London：Methuen，1959）第三章中所捍卫的那个影响深远的著名观点。

"我"做了删减,此举的意义在于建立了一种关于意识的无神论。[18]
用一些固然不够明确的术语来说,我们总是觉得自我是某种实体
性的东西,位于我们意识之流的背后并支撑着意识之流,我们多变
的精神生活贮藏在其中并从其中流淌出来(被萨特归于胡塞尔名
下的自我观之所以重要,是因为它有能力在哲学上表述这种关于
人格实在性的常识信念),而萨特想要瓦解掉这种根深蒂固的感
觉。以上才是《自我的超越性》的关键,这生动地体现在萨特下面
这番论述中:如果意识在先验的层面上是无人格的,那么我们就要
抛弃我们常规采纳的,以及被诸如拉·罗什富科(La Rochefoucauld)
这样的道德家详细阐述过的观念——在人类心理中的一个绝对基
本的、自然的水平上有着某种自我关注的,或者说以自我为中心的
(egoistic)动力。[19] 我们必须重新思考人格同一性的整个结构。

　　常识性的心理学解释显示出如下模式:针对一系列带有一定
特征与内容的非反思意识(例如针对某个特定的人的带有特定性
质的感受),我们在反思中发现某些心理因素(例如爱意或恨意)被
呈现给我们自己;我们觉得这些因素以一种和物理上的力类似的
方式奠定了那一系列意识,并通过这些意识显现自身。萨特将这
些心理因素称为"状态",并且指出:通过何种方式可以设想这些状
态不等同于那一系列瞬刻的意识,而是"在其中并由其"所给予,它
们具备一定程度的永久性,继而超出了那些意识。这样一来,我就
可以认为我今天感受到的爱与我昨天感受到的爱是同一种爱,就
有点儿像我能够重新经验某个物理对象一样。[20] 根据常识性的心
理学,信念和欲望也符合这种模式。此外,状态反过来(但不一定
非要如此)又被归因于萨特所谓的"性质",这些性质奠定了一个人

15

18　萨特在《自我的超越性》第37页注意到:对"我"的信念与对上帝的信念是类似的。
19　《自我的超越性》,pp.17-20。
20　《自我的超越性》,pp.21-26。

的气质,气质在活跃时就会导致状态与行动。

这个模型的力量在于,它允许我们用大家所熟知的因果叙事形态来构造心理学解释:在这套叙事的开头,由各种性质作为基底,我们认为它们构成了一个人的性格,而我们的反应(崇敬、厌恶等)也指向它们。可是,如果被反思的"我"并不指涉任何位于意识内部的东西,那就没有什么能够拥有我们的状态与性质,或者说没有什么能够为我们的状态与性质提供一个内在的主体。就此得出:必须将我们的状态和性质视为意识的超越产物,它们所组成的"我"或自我(ego)或人格都是在世界那里暴露于我的意识,而不是在我的意识之内或背后——这个结论符合并续写了萨特被反思的"我"已经给出的叙事。

在萨特给出的完整描绘中,这种存在物的构成如下:自我(ego)或人格是反思意识的超越对象,由状态与行动的综合统一性组成,并受到性质的中介。这种心内的(psychic)[21](而非心理物理的)对象有两副"面孔":一方面,它作为"我"(以主格)出现,此时是主动的;另一方面,它作为"宾我"('me')(以宾格)出现,此时是被动的或者说是能够被影响的。[22]

意识的内在统一性: 超越的统一性与综合的对象("心内之物"):

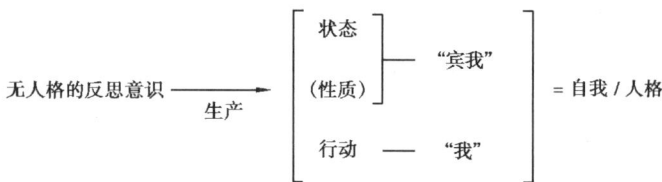

---

[21]   无论是在《自我的超越性》中译本(杜小真译,北京:商务印书馆,2010年)中还
        是《存在与虚无》中译本中,译者都将 psychic 翻译成"心理的"。但这种译法显
        然将 psychic 与 psychological 混淆,尤其是,既然萨特明确区别了这两个术语,上
        述译法显然是不合适的。因此,我们将前者译为"心内的"(并将对应的名词译
        为"内心"),后者译为"心理的"或"心理学的"。——译者注

[22]   《自我的超越性》,pp.20-28。

常识以及心理学学科完全弄错了箭头的指向：它们认为箭头只表达了认识关系，也就是说，正是经由意识，我认识到我的状态和性质，而生产关系却是沿着相反的方向、从右到左进行的。常识告诉我们：因为我的状态和性质，我的意识才如其所是；是我的爱与恨让我感受到了我所感受到的。而萨特则将一种形而上学上的错觉明确归咎于常识，并清楚地表明自己所提出的那种全新的自我形而上学为何重要：

> （自我［ego］）是统一性的准核心，而意识在构成它时仿佛沿着与真实的生产过程完全相反的方向进行；真正在先的是意识，通过意识构成了状态，再通过状态构成了自我（ego）。但是，由于次序被颠倒了（……）意识在被给予的时候仿佛从状态中流溢出来，而状态则由自我（ego）生产出来。结果就是，意识将它自己的自发性投射到作为对象的自我（ego）上，从而赋予了后者以创造性的力量（……）这完完全全就像是：意识在构成自我（ego）时让后者虚假地表象了意识自身；意识在这种由它构成的自我（ego）面前将意识自身催眠了，被吸收进了自我（ego）；意识把自我（ego）变成了它的守卫、它的法律。[23]

因此，颠倒箭头的指向并不是一个偶然的错误：自我（ego）应当去承担那份虚假的意义（即它是意识的源泉），这属于自我（ego）的本性，意识就是这么构成它的。[24] 可是为什么意识要构造一个错误地表象两者之间关系的对象呢？这一部分叙事又要留待《存在与虚无》补充完整，不过萨特在《自我的超越性》的结尾处作了一番猜想：意识逃离并寻求遮掩它自己的"骇人的自发性""可能性的晕

17

---

23 《自我的超越性》，pp.34-35,48。
24 也可参见 *Imagination*, pp.4-5；萨特在此将那种错误的关于想象的形而上学——关于影像的"朴素本体论"和"物性的观点"——称为"常人的形而上学"。

眩"以及"令人晕眩的自由"。[25] 这从动力上解释了我们对于自我（ego）的信念，从而免于把它仅仅当作一种错误的理论假设。[26]

为了支撑自己对人格本体论所做的革命性再阐释[27]，萨特强调了意识与状态在认识论上的缺口：被给予的意识从未迫使我在理性上将某种状态归于我自身（要由我来决定把什么样的意义归于我的感受）；我从非反思的意识材料走向被反思意识的每一步都不是由那些材料推动的。[28]《存在与虚无》中将会论证，对承诺的履行让我跨越了意识与状态之间的缺口；该书还会详细地说明：在将状态归于自身以及做出自我认识方面的断言时，我如何背上了一笔本体论上的债务，而我未来的意识或行为可能会但也可能不会偿还这笔债。

有人或许会说，萨特的论证并没有免除下述可能：如果我的各种意识并非奠基于先验的"我"或实体性的人格态，那它们就奠基于无人格的非意识性事态，其中最显然的就是神经的状态。这就导向了关于《自我的超越性》的最后一点评论，它为《存在与虚无》中的相关论证做了铺垫。

尚不清楚的是，我们如何能够期待《自我的超越性》中针对自我的立场会帮助发展一种关于人类自由的理论？如果没有先验的"我"，如果人的人格性是意识的产物而非意识的依据，那么我们平常抱有的那种将我们自身视为施动者的观点似乎就被推翻了。[29]

25　《自我的超越性》，pp.46-48。

26　但这种解释无论如何都是站不住脚的，因为这种实体化并没有解释任何东西（《自我的超越性》，pp.31-32）。

27　列维很好地说明了《自我的超越性》所蕴含的颠覆意义：参见 Sartre，pp.186-190。

28　《自我的超越性》，pp.23-24。

29　当萨特表明"纯反思"需要消除那些带有"我"的观念时（《自我的超越性》，pp.41-42），就出现了上述结果。所以问题在于这样的意识能否继续支撑着行动，因为如果它不能，它似乎就会丧失它的自由。

的确，如果意识领域在先验的层面上是无人格的，那么就此看来，斯宾诺莎立马就得到了辩护，人格不过是无人格实体的种种样态，而当我们觉得自己是独自持存的存在物（existent）时，这种感觉就是个错觉。[30] 但是萨特表明他有理由坚信通往斯宾诺莎主义的大门并没有被打开。《自我的超越性》通篇穿插着一些评论，虽然这些评论对这本书中的论证来说只是附带的，但它们预告了《存在与虚无》中的论证；大意是：意识是"非实体性的绝对"，"自律的"，"不需要被完成的总体"，像斯宾诺莎笔下的实体那样对自身进行限定，"其自身的原因"，由"决定让自身去存在（exist）"的那些"纯粹的自发性"所构成的绝对存在（existence）领域，"出自虚无的创造"。[31] 萨特既没有解释这些评论，也没有为它们提供辩护，而且不知为何，萨特似乎把它们当成一些已经得到胡塞尔担保的基本的现象学原则。无论这是否准确，萨特确实再度借用现象学的平台去明确阐述他自己的形而上学，而在《存在与虚无》中，他将澄清、完善并试图合理化他的主张：意识是一种自律的总体。

在发表于 1939 年的《情绪理论初探》中，萨特推进了《自我的超越性》中的修正性方案，而且是沿着一条明显更具道德色彩的方向。（萨特于 1937 至 1938 年写下了一份以"内心"[La Psyché]为题的长篇手稿，《初探》组成了其中的一部分；但这份手稿随后被萨特抛弃，看来已经佚失了。[32]）

从之后《存在与虚无》的视角来看，很容易理解为什么"情绪"这个话题会吸引萨特的注意。根据常识中的构想，情绪是一种像力一般的状态：（1）它居于意识，为意识着色，有能力遮蔽意识；（2）它是我们所遭受的，或者说它是我们被动地经历的；（3）它一向

18

---

30 萨特承认"无人格的意识"的吸引力：参见《自我的超越性》，p.46。

31 《自我的超越性》，pp.7,8,19,35,45,46。

32 参见 *War Diaries*, pp.184,209。

与身体状况和生理状况相关联,与人类的动物性相关联;(4)典型的情绪往往增加判断与行动中的不理性;(5)对自由与责任的范围做出潜在的限制(比如司法中就有"激情罪犯"的概念)。就所有这些(相互关联的)方面来看,情绪的存在(existence)似乎在阻止人们去构想绝对自由的人类主体,而萨特恰恰要在《存在与虚无》中捍卫这种构想,《初探》则是旨在应对这种挑战的一份预备性的尝试。

根据萨特的论证,情绪不是生理事件在意识层面上的产物或相关项,也不是一种行为机制,而是一种特殊模式的对象意识,在这种意识中,个体与世界,抑或世界的一部分被领会为拥有某一种类的性质。这类性质与对象在我们非情绪性的常规实践活动中所展现出的那些性质是连续的:某人是"需要被帮助的",电车是"需要被赶上的",火是"需要被点着的",诸如此类。[33] 而萨特认为,将情绪性质区分出来的是一种特殊的目的性,这种目的性暴露出:(1)想象的贡献;(2)对于实践视角的主动悬置或抛弃。每一类的情绪都由它所赋予对象的一系列具体性质所定义,而萨特又分析了诸如欣喜、忧郁、害怕、沮丧这样的情绪如何以特定的形式将世界组织起来并赋予世界以特定的意义,这种组织与意义重新表象了世界,此时世界就不再施加某种会给主体造成某种困难的实践要求,主体由此被免除了行动的重负。[34] 情绪中的想象还伴随着一种信念,即相信世界在想象中获得的那些性质是实在的,因此这种

33　《自我的超越性》,pp.13,41,以及 *Sketch for a Theory of the Emotions*,pp.61-63。

34　萨特给出的最具说服力的例子是关于忧郁的。在这个例子中,他说"我把世界变成了一种不带情感色彩的实在,一个在情感上完全稳定的系统(⋯⋯)换句话说,我既缺乏能力又缺乏意志去完成我先前的谋划,以至于我是以一种'宇宙不再对我提出更多要求'的方式去行动"(*Sketch for a Theory of the Emotions*, p. 69)。

想象就超出了它在(比如)虚构语境内通常承担的功能。[35] 但是根据萨特的论述,既然想象性意识一般会意识到自身是想象性的——要想获得对非实在对象的意识,就只有逆着实在去设定对象[36]——情绪中的那种带有目的的"对世界的转变"就伴随着自我认识并受到自我认识的担保。因此,情绪即便不是自我欺骗的一个例子,也非常接近于自我欺骗。

我们可以怀疑,萨特在此并未奠定一种全面的感动性(affectivity)理论。更可行的说法是:萨特在理论上探讨了情绪的一个子类或者说特定模式,抑或,萨特辨识出一种内在于所有的情绪,但又不一定需要被实现的潜在性。然而,对当前的目的来说,重要之处在于:和《自我的超越性》一样,《初探》也从"谬误论"(error theory)的角度去解释自然的意识,同样要求在伦理学上找到一条新的出路:在自我(ego)的形象面前,意识将自身催眠了;类似地,相对于那个被情绪转变了的世界时,意识将自身错误地表象为被动的。对第一种谬误的承认要求意识从自己身上"净化掉"把自我(ego)实体化的反思[37];类似地,意识也必须让自己摆脱掉在感动性上的自我迷惑。这种模式——把常识乐于接受的或心理学乐于设定的纯粹自然事实转译为带有目的的意向性结构,以便消除那 20
些不然可能会对人之自由构成限制的东西——在《存在与虚无》的

35　参见 *Sketch for a Theory of the Emotions*,pp.75-80。这背后潜藏着萨特所谓的"对于魔法的信念":参见第 63、66、72 页。"魔法"概念在萨特的作品中无处不在,它既以积极的也以消极的面目出现:有时,例如在这儿,萨特批评意识的种种形式是带有魔法的;但是在其他场合,萨特又把魔法特性用于正确的解释当中。萨特的根本观点是,在某种意义上,魔法是"真实的":如果魔法是意识的一种能力,供它在独立于物理因果中介的情况下按照自己的选择去规定实在,那么在反自然主义的意义上,萨特相信它是真实的。正因为这样,意识才有可能"滥用"它的"魔力",例如它在情绪中便是如此。

36　参见 *The Imaginary*,esp.pp.148ff。

37　参见《自我的超越性》,pp.23-24,41-42,48-49,51-52。

通篇都有复现,它也组成了萨特现象学中有关胡塞尔的"悬搁"概念(或曰现象学还原)的一切内容。[38]

2.自由与人的存在(existence)

《存在与虚无》区别于萨特早期作品的地方在于,它在彻底的形而上学语境内明确发展出一套关于人之自由的学说:在萨特看来,自由不只是心理上的力量或能力;要想理解自由,我们必须从头开始,对一切事物加以重新思考;因此,萨特表述了一个完整的哲学体系,这与萨特在20世纪30年代的作品中给出的相对碎片化的分析形成了鲜明的对比。

关于人之自由的难题给我们带来了下述方法论上的困境。我们自然是先去构想某种存在物,去考虑这种存在物的自由,再借此去处理关于这个难题;换言之,先去设想我们究竟是什么,在此基础上,再去考虑这种存在物是否有望拥有自由。但萨特认为这种操作反而对自由不利:如果我们事先形成了关于我们之所是的概念,但与此同时并未考虑自由,那这个概念就难以避免把自由描绘成某种外在的、偶然的、仅仅是附加于我们的本质之上的东西。即便有力地论证了我们拥有自由的属性,我们与自由之间的结合仍然是个未解之谜。萨特认为,在先前旨在解决人之自由难题的哲学尝试中,也许除了海德格尔的(但这种承认也是有所保留的),其他的都有如下缺陷:他们用无关于自由的哲学预设与哲学旨趣去规定对自由之本性的反思——笛卡尔与斯宾诺莎对人的论述受到一种有/泛神的实体形而上学的指引,黑格尔对人的论述受到一种理性主义的、充满乐观情绪的人类历史观的指引,等等——结果就

38　参见《自我的超越性》,p.49。

是人之自由要么被否认了，要么被错误地表象了。

这或许表示，在对自由做出规定之前，我们不应该在哲学上决定主体的同一性。但这又遭遇了一个难题。必须在一开始就去构想我们之所是——几乎没办法去颠倒那个自然的方法并以自由为起点，否则，我们把自由归于的东西就只能被构想成"自由被归于的东西"。如果不对主体项做出独立的构想，那么把自由归于它也就没意义了。我们好像在原地打转。

如果对自由之归属的确定并不优先于对人之同一性的刻画，反之亦然，那么我们必须找到某种同时构想两者的方式。"人是自由的"或者说"人拥有意志自由"因此就属于黑格尔所谓的那类"思辨的"命题，其中主项与谓项都不能在没有对方的情况下得到设想：黑格尔说，严格意义上的哲学论证并不适用于这类命题，哲学反思的任务只是表明这两个概念各自如何向对方展开。因此，我们虽然已经见识到了那种无可避免的方法论循环，但有望通过黑格尔的方式将它变成一个优点。萨特没有用黑格尔的哲学术语去描述他的方法，不过这种方法确实在《存在与虚无》中得到了遵循。

然而，要把自由和人的同一性放在一起思考，这说起来很容易，难的是找到方法去做到这一点。萨特的提议是：要用一种全新的思路去回答有关人之本性的传统问题。萨特没有去论述那些把人和其他种类的存在物区别开的属性，而是从完全内在的角度去探讨何谓人之存在(exist)；在此采用的"存在"(existence)观念包含了一系列逻辑上的独特性，而如果这个观念想要展示自由的可能性，这些独特性就是不可或缺的。关于这个观念，最重要的几点是：(1)在萨特的构想中，"何谓人存在(exist)"这个问题是与第一人称视角捆绑在一起的；(2)与表面看上去的恰好相反，"我的存在(existence)"并不是那种人们所熟知的或者说常规的材料、事实或事态；在问"何谓我存在（exist）"的时候，我们问的是"何谓我把握着——（不得不）承担着或关联着——我的存在（existence）"；（3）对于"何谓我把握到我存在（I am）"和"我是何种事物？"这两个问题，我们对第一个问题的论述为第二个问题提供了一切可能的回答。

（1）《存在与虚无》中的探求从一开始（是否保持到结束，这个问题是我们以后要处理的）就基于那个我（the I）的视角。权宜地说，这种方法之所以能够得到辩护，是因为我们需要消除某些预设：在对人加以设想时，只有从那个我的立场出发，我们才会从某些并非得自这个世界的东西出发；换言之，我们才会从人自己的角度、照着人本身的样子去设想人。从更深的层面上说，萨特实质上认为我是一种将自身把握为存在着的（existing）存在，而他的第一人称方法论与这种实质性的观点有着逻辑上的关联：如果我的存在（existence）属于常规的事实，或是如果我的本质是由一系列把人和其他种类的存在区分开的、外部可观察的特征所给予的，那么就没有理由认为探求的对象不能与第一人称视角相分离，也就不清楚为什么这个视角会具有方法论上的优势。

（2）传统上有关人之本性的问题要求我们把自己看作是属于这个世界上若干种事物中的一种，因此要求我们首先建构一种一般性的理论去探讨此世中（worldly）存在物的不同种类。然而，萨特提出的"何谓存在（exist）"这个问题将我们的注意力引向内在于人类主体的某种过程或反身性活动。笛卡尔的学说（或许也包括常识）告诉我们：将自身把握为存在着的（existing），这是一件瞬刻的、直接的事情，其结果便是一种绝对安全的认知。萨特否认原初意义上的我思是一次认识活动——我们已经看到的，在《自我的超越性》中，他将被反思的"我"刻画成理想统一性的投射——并认为：进入对自己存在（existence）的反思，这只是形而上学上的冰山一角,因为对萨特来说,只有当我把我的存在(existence)理解成沿着时间维度以及其他各种维度(个体人类生活的范围有多大,这些维度的范围就有多大)延伸,当我把这种结构以及组成它的各个关系作为某种不同于认识对象的东西而去接受,我才会完整地把握到我的存在(existence)。作为一篇哲学论文,《存在与虚无》的目标是在理论上认识到"何谓我把握到我的存在(existence)"以及由此可以得出什么;但在更深的层面上,这种把握关系,或者说对一个人自己存在(existence)的关联是实践性的;这种自我关联(自我认识只是一个附属的、派生的实例)实际上等价于我们通常所说的"某个人过着自己的生活"。

(3)对于"我是什么?"的问题,如果萨特的回答是,可以把我定义为一个将自身把握为存在着的(existing)存在;那么,传统上在事物的存在(existence)与它们的本质之间所做的区分就不适用于人,即便这种区分适用于人,它也不是那种当我们想到这个世界中的事物一方面是存在着的(existing),另一方面又拥有具体的确定特征时所运用的区分。表达上述论点的一个方式是说人类主体不带有本质;换言之,它的存在(existence)先于它的本质,[39]它的本质是"可能性的综合性秩序","它的存在(existence)蕴含它的本质"(xxxi/22)。[40]

我们开始明白萨特是如何同时设想自由与人的同一性:如果按照萨特所提议的那种开放性的、不确定的方式去构想我们的存在,那么只要稍加阐述,我们就不难理解关于人类主体的概念如何可以向关于自由的概念"展开"。

23

---

39 参见 *Existentialism and Humanism*, p.26。
40 中译本分别译为"调配着它的各种可能性","它的存在包含着它的本质"。(本书作者引用了《存在与虚无》英译本中的大量原文。在翻译的过程中,本书译者参考了《存在与虚无》中译本的相应译法,但是在与中译本译者有不同理解的地方,以下均以注释的形式标明,供读者参考。)——译者注

如果这还算不上是对人之自由的论证,那么这在多大程度上至少算得上是对人之自由的有效捍卫?针对萨特所给出的步骤,也有一些值得我们考虑的反对意见。我曾说过,萨特认为先前的哲学论述所采用的方法让它们对自由抱着一种隐隐的且不自觉的偏见。但有人会问:又是什么让萨特的方法没那么具有倾向性呢?比如说,萨特预设人的同一性应当参照"自由"这个合适的概念而得到确定,但从斯宾诺莎的立场出发,这种预设就像萨特眼中斯宾诺莎的实体理论一样站不住脚;萨特似乎是根据他所心爱的结论——人是自由的——来构想人,但斯宾诺莎主义者会把这种方式当成一种批评以及哲学上的一项弱点。很显然,我们在此所遭遇的这种深层次的、纯粹一般意义上的困境,究其本质,是元哲学上的困境:如果任一哲学体系必须从某个在其他体系看来是没有依据的、独断的基础出发,那它如何能够获得赞同?虽然黑格尔主张自己已经按照自己的方法走出了这个难题,但对于那些没被他说服的人来说,这个难题只能在一定的限度内得到解决;而如果哲学要开始,它必须从某个地方开始。我之前已经试图表明:认为萨特的立场是武断的并因此拒绝他的立场,此举并不合理。这一点接下来会变得更清楚,因为我们将要阐明《存在与虚无》中所谓的"主论证"。

根据上文所描述的方式以及《存在与虚无》将会详细阐述的理由,人之自由难题造成了非常大的困难。对这个难题的反思必定会在两极之间来回摇摆:一边是不可动摇的信念,即相信我们对自由的吁求是言之有物的、必要的、公正的;另一边则是彻底的崩溃,即我们根本无法融贯地思考人之自由,唯一的结论似乎是"人之自由"这个概念只是一个幻想。而当我们直面人的存在(existence)、而非旁敲侧击时,它又确实展现出一些深层次的不可理解性(《存在与虚无》也会努力说服我们去接受、至少提醒我们去注意这一点,因为它很难被忽视):一旦我们的视线超越了那些得到清晰表达的局部关怀,我们似乎就没办法再在概念上把握"何谓我们存在着"这个问题了。萨特的策略是把这两个问题或被解释项作一并处理,但这不是为了用第三个概念性的要素去解释两者,而是期望用彼此去解出对方,就像联立的两个方程一样;也就是说,《存在与虚无》旨在表明:要想理解我们的存在(existence)与同一性,就必须认为我们之存在(exist)所遵循的模式不同于此世中的对象所遵循的模式,而正是自由对我们的不属于此世的存在模式做出了定义,这也就相应地修改了常识中的"自由"概念(我们借此将会看到:常识在一个过于肤浅的层面上去定位我们的自由)。萨特想要一直这样进行下去,直到根据自由与人的个体化(你的"我"和我的"我"之间的区分)这两者分别理解了对方。

"人的存在"与"自由"这两个概念彼此向对方展开,这其中的关键在于:我们之所以不得不把"人是自由的"这个判断理解为"思辨的"命题,是因为我们不可能将这两个概念中的任何一者仅仅视为另一者的谓项。黑格尔认为主谓结构的崩溃揭示出一切实在的终极结构,萨特则认为这种崩溃揭示出人类主体的结构。根据萨特的论述,定义人类主体的存在模式并不具备主谓形式:在最终的分析中,我们并不作为可供某些属性充当谓项的主项存在(exist)。由此得出两点。首先,(《自我的超越性》曾论证过)必须拒绝常识所构想的,亦即心理学学科所构想的人格性,这种拒绝对于理解人之自由来说是必需的。如果我们的存在(existence)展现出主谓判断的形式,那么我们就不能认为自身是自由的。其次,我们必须要理解:动词"存在"(exist)在用于人时所遵循的是一种独特的语法,我们在上面已经开始见识到这种语法上的独特性——当我们说某个人类主体存在(exist),这就等于把它把握为主动的并谈及了它的活动模式与活动结构;也可以这么说,人的存在(existence)本身就表现为一种相对于人外秩序(extra-human order)的事件或出现。(在此预告,萨特的关键哲学命题还在另一个方面体现出它们不遵守概念上的规则;他将会论证,既然人的存在[existence]不符合主谓形式,那么从哲学上对人进行阐明也就允许甚至要求矛盾的谓述。)

如果回顾《自我的超越性》,我们就能看到它为这里的关键想法做了准备。萨特注意到,胡塞尔有关先验的"我"的论述诉诸一个传统的构想:谓项属于"某物",即某个"X",它是谓项的承担者,是"中心的连接点";因此对谓项的"思考离不开"那个X,"但谓项又能与之区别开"。[41]可是萨特又表明,自我或人格与精神状态之间的关系并不符合这个模型:主体X对由它的谓项所表达的属性必然是无动于衷的,然而

> 行动或状态又回返于自我[42]以便对它进行限定(……)由自我生产的每一个新状态在自我生产它的那一刻就为自我着了色并给它带来了细微的改变(……)它不是拉斯柯尔尼科夫所犯下的、被并入他的自我的那种罪。不过更确切地说,它确实是罪,但是以凝缩的形态、以淤青的形状出现的罪。[43]

状态与活动就像依附于自己的起源那样依附于自我,但"不是作为先前已经存在于自我之内的东西而被给予":自我"总是被它所生产的东西超越,不过从另一个角度来看,它就是它所生产的东西",并且只能是它所生产的东西;[44]自我"通过可确证的连续创造过程来维持它的各种性质",而如果我们把这些性质剥离掉,"就不会剩

41　《自我的超越性》,p.29;萨特在此援引胡塞尔的《纯粹现象学通论》(Ideas)。

42　本段与下一段中的所有"自我"都是ego。——译者注

43　《自我的超越性》,pp.35-36。

44　《自我的超越性》,pp.32-34。

26

下任何东西,自我也就消失了".⁴⁵ 基于这种带有悖论性质的形成模式——它禁止我们把自我与它的状态、性质和行动之间的关系设想成流溢或实现,但鼓励我们把它与诗性的创造相比较⁴⁶——萨特建议为人类主体的统一性提供一个更好的模型,此即音乐旋律,这当中显然没有什么 X。⁴⁷

因此,人格与精神状态之间关系的逻辑不仅全然不同于我们在人的世界之外所发现的一切逻辑,而且比后者更加丰富与复杂;在萨特的论述中,这种逻辑之所以在概念上是极其独特的,是因为常识中的人格观是通过反思的虚构性操作才得自意识的,因而缺乏实在性(它囊括了一种自发性,但只是以"退化"的形式,一种"伪自发性",其中又保留了"对意识自发性的记忆"⁴⁸)。我们将传统的实体结构不融贯地叠加于意识的非主谓结构之上,继而形成了常识中的人格观,所以这种人格观最终是"非理性的"。⁴⁹

与自由的主题以及存在的模式交织在一起的,还有第三个论证要素,它在萨特的体系中所涉及的维度根本上说是实践意义上的,广义地说也是伦理意义上的。在萨特看来,哲学对人的存在(existence)的种种错误构想是与某些特定的生活取向或生活态度——无论是以第一人称视角还是以第三人称视角来经验,生活都是缺失的——分不开的,前者强化并担保了后者。⁵⁰ 萨特意在真

45　《自我的超越性》,pp.32-33。

46　《自我的超越性》,p.32。

47　《自我的超越性》,pp.29-30。

48　《自我的超越性》,pp.33,35。

49　萨特对异常的思考经验特别感兴趣:我们把所思当作对象,因此也是当作异己之物来经验:参见 'The legend of truth', pp.40ff.、*Nausea*, pp.144-145,以及 *The Imaginary*, pp.155-156。萨特在这些地方所描述的思考者与所思之间的种种病态关系体现了那种为主谓模型所蕴含的现象学。

50　因为虽然意识在它的"自然态度"中努力把自身吸收进宾我,但这种努力"从未得到完整的补偿"(《自我的超越性》,p.49)。

实地表述人的存在(existence),他认为这份表述将有助于修正我们的基本生活取向。虽然哲学不能取消那种内在于人的生活之中的不足——相反,根据《存在与虚无》的结论,人的生活就是关于欠缺的现象——但是它能够帮助我们区别哪种缺失具有形而上学意义上的必然性,哪种缺失又可以补救;而这种疗愈作用可以被当作是对哲学之真的一种衡量。

因此,《存在与虚无》对自由的论证既展示了它的形而上学体系的融贯性,又有能力去解决根本性的哲学难题,而根据萨特提出的理由,这些难题如若不以这种方式得到解决,就会变得非常棘手。《存在与虚无》并未严格论证这些难题不可能有其他的解决方法,但是萨特至少可以让人们接受这种看法。这也许不足以让一个斯宾诺莎主义者,或是任何一个声称自己对于人之自由的实在性并无基本直觉的人失去信心,但如果萨特在《存在与虚无》中成功打造出一个统一的、综合的观点来看待作为形而上学现象的人的生活——这个观点将自我意识、时间性、对他人之心的认识、性欲和情绪等各式各样的现象以可理解的方式彼此关联起来,还进一步承诺对实践取向的重新选择具备疗愈的作用——那么这就能最大限度地吸引到我们的关注。

《存在与虚无》在探索"何谓人类主体存在(exist)"的问题时,不仅采用了高度抽象的形而上学语言,还在其哲学逻辑的各处与正统的分析方法泾渭分明——我们已经开始见识到这一点:萨特区分了不同的存在模式(即否认了"存在"[exist]一词只具有唯一的意义),设想不同种类的存在物(existent)拥有不同程度的实在性,并认为存在物(existent)的一个种类(即人类主体)的特征在于自我同一性的欠缺,以及在充当主项时拥有矛盾的谓项。值得注意的是,在所有这些方面,萨特的立场并不是没有历史上的先例:在中世纪,"存在"(existence)的单义性在很长一段时间内都是处于争议中的课题；而从柏拉图一直到康德，都有哲学家基于五花八门的理由对不同程度的实在性进行区分；至于非自我同一性在概念上的身影，以及认为矛盾可以内在于实在的观点，这些都可以在黑格尔的著名思想中找到。但是，哲学上的先例并不能自动地为萨特的做法提供解释或借口，而否认这些概念形式造成的种种困难则是愚蠢之举，因为无论如何，它们都让萨特的主张立刻变得十分复杂。那么，我们对它们应当抱什么样的态度呢？

28

很多来自英语国家的评论者认为萨特的那些在逻辑上成问题的概念形式不过是隐喻罢了，他们还在更宽泛的意义上认为萨特在《存在与虚无》中提出的形而上学——既然很难把两者分开来看——需要翻译成其他的哲学语言，例如当代分析心灵哲学的语言。诚然，用这种方式来处理萨特的思想确实能带来一些收获，但有理由认为它代表着一种根本无法令人满意的选项。没有什么简单的翻译方法能够生成融贯且有趣的、具有原创性但又带有鲜明萨特风格的哲学图景，而典型的结果则是让人认识不到萨特的中心观点背后的理由，也无法很好地捍卫这些观点，反而使它们看上去只是用夸张的方式表达一些庸常的真理（某些采取这种翻译途径的人承认这一点，因为在他们的描述中，自己的工作是部分地重建萨特作品中那些值得挽救的要素）。

需要注意的是，如果我们一心想要规避哲学逻辑中的错综复杂之处（这种动机包括对自然主义的同情，对形而上学的反感以及认为建构哲学体系既不可能也没有用的怀疑主义），就不会生发出那种不愿仅仅从表面上看待萨特形而上学的倾向。同样非常重要的是下面这种说法所透露出的意思：萨特的那些实质性主张（其中最重要的是关于人之自由的主张）实在是过于强势了，让人根本没办法支持。这种说法反而表明：当我们在针对《存在与虚无》的"形而上学"解读和"非形而上学"解读之间做抉择时，我们究竟在赌什么？后者背后的哲学信条恰恰是萨特所拒绝的：一般而言，这些信条把由前哲学的、常规的、"自然的"意识所提供的信念视为衡量哲学可信度的标准。既然萨特的哲学是一份意在挑战和修正常识的、雄心勃勃的激进规划，而他的形而上学（它提供了一种供我们穿透常规思想的手段）对他迎接这份挑战来说又是必需的，那么，当某种非形而上学的解读驯化了《存在与虚无》并让它贴合于我们常规所思，它就悖逆了萨特的意图。无论萨特对常识的挑战是否成功，事实仍然是：如果我们尚未正确领会萨特究竟出于何种意图才提出他的那些主张，又是出于何种理由令这些主张如此奇特，我们就无法理解萨特的挑战。

29　　## 3.萨特与康德

　　在上一章中，我已将萨特置于一个传统之内，该传统认为"存在"（existence）概念具有实践上的和价值上的意义；我们刚才也已看到：概括地说，萨特如何认为本体论经由自由而与价值相关联。现在，如果我们把萨特与他的哲学先辈康德做一些比较，那么就可以更加完整地描绘出萨特在《存在与虚无》中的论断；毕竟，萨特在很大程度上再度承担起了由康德所构想的哲学任务。

　　萨特认为自己在 20 世纪 30 年代末已经走出了胡塞尔唯心主义的困境，转而拥抱海德格尔的实在论[51]，他还常常把《存在与虚无》努力表达清楚的哲学直觉描述成对于实在论之真的信念。然而，萨特所肯定的实在论有两个组成部分：其一论述的是经验对象的实在性，这对应于"实在论"这个术语的通常用法；其二则并非如此。在 1969 年的一次访谈中，萨特宣称《存在与虚无》旨在"为实

51　参见 *War Diaries*，p.184。

在论提供一个哲学基础(……)换言之,如何让人在实在的对象中间获得他的自律性与实在性,在避免唯心主义的同时又不落入机械唯物主义"。[52] 因此,在萨特的理解中,他试图确立的实在论对立于自然主义,因为它囊括了人之自律的实在性作为它的第二个组成部分,而萨特认为唯物主义是与之相悖的。[53] 萨特关注"人之自由"的主题,并认为它定义了哲学的任务;这让他与费希特、谢林一道稳稳地站在直接发源于康德的那条脉络当中,站在反自然主义的先验论传统之内;但是对于康德所提出的"自然与自由"之间的著名对立,萨特的解释却是相当独特,这不仅体现在这个对立究竟意味着什么,还体现在人之自由难题究竟应当如何解决。

康德对于人之自由难题的解决基于两个条件:首先,我们得接受先验唯心论,也就是接受康德的如下论点——自然只具备有限程度的实在性,它是经验的领域,我们在其中只能发现经验上的因果关系,这种关系构成了普遍决定论的充分条件;其次,我们得接受康德关于道德法则的论述——作为对我们的义务进行规定的原则,道德法则预设了人的自由,而我们对于道德法则的察觉(它所要求的那种立即的尊重)以某种方式保证了我们确实拥有这种自由。以上两个条件在康德的下述论点中结合在了一起:经验对象只是显象("现象界的"存在物);而本身作为具有天赋自由的道德

30

---

52 'The itinerary of a thought' (1969), pp.36-37。

53 至少那种"机械论式的"唯物主义确是如此。除此之外,萨特唯一承认的唯物主义是"辩证唯物主义",而它的"自然辩证法"——"一种把人生产出来并将之融入物理规律的集合当中的自然过程"——也被萨特拒绝了(《自我的超越性》,p.37)。萨特对于自然主义的无条件拒绝在《战时日记》(pp.21,25ff.)中得到了清晰的表达:萨特形容,把人当作"物种"来看待是"对人性的羞辱""对人之条件(human condition)的贬低"。值得注意的是,萨特的拒绝更关乎价值,而非理论哲学(就像他从胡塞尔到海德格尔的转向也包含着某种价值取向一样:他在《战时日记》(p.185)中声称自己于1938年"所寻求的哲学不只是某种思辨,还得是一种智慧、一种英雄主义、一种神圣性——任何可以让我去坚守的东西")。

能动者,我们的地位等同于自在之物的地位("本体界的"存在物)。因此,康德的策略其实是一种讨价还价:我们曾朴素地设想经验世界具备全部的实在性("先验的实在性"),但现在我们放弃了这种常识性的设想;而只要进一步答应以道德上的要求去约束我们的意志,那么我们最终就有权利认为自己拥有一种力量——我们可以在世界之中开启一段事件序列,但并不是先前的经验条件迫使我们这么做的;换言之,这种力量使我们成为行动的真正发出者——这种力量放在任何一个单纯的自然存在身上,都会变得无法理解。

　　针对康德策略中的两个部分,都有一些常见的批评:他的先验唯心论至少让经验世界丧失了实在性,而他的道德论证只给了人之自由以最微弱的证据支持。萨特支持这两种批评,他接过了康德方案中的一个关键性特征,但认为康德对于人之自由难题的解释在一个基本的方面是有误的。萨特从康德那里接受的当然是那种认为"我们与自然对象在本体论的层面上区别于彼此"的想法;但是,在康德的构想中,我们自一开始就纠缠于经验因果性的网络,我们需要从这片网络中脱身出来,而在此之后,我们与自由的关系在认识论上永远都是间接的——萨特拒绝这种构想。相反,他认为我们的自由是首要的:他没有把对自由的认识局限于道德,而是设想认知的或自我意识的每一个例子都蕴含着自由;如果有人认为,为了声索自由,我们必须做出特殊的抗辩,以便从经验因果性中得到豁免,那他不仅多此一举,更是犯了错误。

　　如此说来,或许可以怀疑萨特的自由至上主义能否避免成为纯粹独断的教条:自由的实在性当然不是那么显然的,也不是那么容易就能确保的。但是在此需要承认的是,忽略自然主义决定论的威胁,继而只是反过来肯定自由的实在性,这远不是萨特的做法;事实上,萨特在某个意义上承认自然主义为真:自然主义者所构想的自然的独立实在性在萨特所构想的自在的存在中得到了表达，萨特还认为自然主义在下述意义上是正确的——事实上，如果某种存在物具备全部的本真存在，那么这种存在物的典范就是物质对象，或者换句话说，落在物质自然的界线之外的任何东西都不可能拥有（全部的、本真的）存在，所以必定是"无"。

至此，萨特的思想以一种令人好奇的方式与某些自然主义者所偏爱的取消物理主义（eliminative materialism）相类似，根据后者的观点，意向性与现象性（它们是"精神之物"的传统"标记"）在实在的结构中是没有地位的。但是萨特并未停留于此。在做完大扫除以后（即我们抛弃了下述观点：存在着一个统一的本体论领域、一种自然秩序，供我们发现自己原初地置身于其中），我们现在必须重新肯定自己的存在（existence），并去正确地把握它的本体论特征：既然确如自然主义者所言，只有物质自然有条件具备全部的本真存在，但又因为我们总是会认为自己以某种方式存在着（exist）——从这个角度来说，取消物理主义实在是不可思议，所以我们不得不认为由我们的存在（existence）所例证的存在模式不同于物质自然的存在模式，进一步而言，前者在某个意义上是后者的反题；所以萨特将我们的存在模式等同为"虚无"。总之，萨特的策略是：他先是为那种奠定了自然主义并赋予其权威的哲学直觉提供了一种阐释，之后却翻转了整个局面，用这种直觉去揭示自由（不严格地说，这就像笛卡尔用怀疑主义去揭示知识的真正依据）。相较于康德的策略，萨特的策略具备双重的优势：它保留了外部实在的完整性，同时也让自由不受某些条件的约束。

萨特的策略中有一个特征是康德的策略中所没有的：他完全拒绝了常识据理（但又有些含糊不清）坚持的一个观念，即我们事实上是处在经验秩序之内，通过因果关系缠绕在一起。从某些哲学立场来看，这肯定算是个（灾难性的）弱点，但基于上面给出的理

32　由,从萨特自己的角度来看,这算是进一步强化了他的立场,因为根据他的论述,常规意识中的一个严重的错误就在于它预设了我们的自然性。因此有人或许会补充道:《存在与虚无》表明,一种融贯的反自然主义所要求的不是去重新构想经验实在,而是去重新构想我们自身,而一种准伦理的自我变革则必然与之相对应。[54]

萨特对自然主义的阐释并不是通过反思自然科学的成果抑或科学方法在认知上的优点而外推出来的,而是要回溯到一种经验或经验类型,萨特认为它既支撑着我们对世界的整个日常意识领域,也可以通过某种纯粹的、露骨的、尖锐的形态展现给我们。常规经验与例外经验之间的连续性对萨特来说很重要,它也是现象学方法不可或缺的一部分:萨特所诉诸的特殊经验片段并不比笛卡尔的我思更多地超越于常规经验;它仍处于常规经验的范围之内,但通过把自己孤立出来而强化了常规经验中那些富于哲学意义的维度,从而有资格作为(或足以成为)"形而上的直观"。[55] 萨特在《恶心》中用了一段著名的文字去描述这种超乎常规的经验,此时小说的主人公发现自己被吞没了,而吞没他的则是由一段树根所展现出的野蛮、原始而异己的存在(existence)。

> 我刚才在公园里。橡树的树根深入地里,恰好在我的凳子的下面。我再也记不得这是树根。词语都消失了,随着它们一起消失的,有事物的意义,它们的使用方法,人们在它们的表面画上去的那些微弱的记号。我坐着,微弯着身体,低垂着头,孤独地面对着这堆黑色、多节而完全没有感觉的东西,它使我害怕。接着我就领悟到了一番道理。

54　列维恰当地形容《存在与虚无》中的哲学"确实体现出了一种融贯的反自然主义"(*Sartre*,p.404)。

55　萨特在某些地方(例如《什么是文学?》[*What is Literature?*],第230页,注释18)使用了这个术语。

> 这个启示使我气也透不过来。在这几天以前,我从来没有质疑过所谓"存在"(exist)的意义(……)如果那时有人问我什么是"存在"(existence),我会诚心诚意地回答:存在是无,不过是一种加给外部事物的空洞形式,丝毫不改变事物的本性。然后,突然间,在这儿了,一切都清楚了:存在突然揭开了面幕。它失掉它的那种属于抽象范畴的无害的面貌,它是事物的材料,这条树根是混合在存在里的。
>
> (……)我徒然一再重复地说:"这是一个树根。"这不能再叫我相信了。我看得很清楚人们不能够从它的树根的职能、它的吸水筒的职能而**转到**这个,转到这层又粗硬又细密的海豹皮,转到这个油光光的、胼胝的、顽固的容貌。职能并不能说明什么(……)这一个树根,连同它的颜色,它的形体,它的固定运动(……)是任何解释都不适用的。[56]

33

此处至关重要的是自我与对象之间的异质性:对象不只是像任何一个外部对象那样区别于我,不只是在性质上区别于我,而且是在最根本的层面上、在它的存在模式上区别于我,以至于让这份经验成了一份关于对立(antitheticality)或厌恶的经验。这种对于外部物理实在的领会——其中,感知对象纯粹是通过单一的、不定的"存在"(existence)概念而得到领会——充当了一把现象学意义上的钥匙,供萨特开启他的哲学反思;我们还可以认为它精准地涵括了《存在与虚无》的基本本体论。

但这岂不是把太多的赌注都押在了——毕竟,萨特也承认,从某种意义上说——异常的经验上吗?并且,即便承认这种经验不是全然随意的(因为我们很难看出它如何能够仅仅作为心理特质或文化史的产物),但对于那些从中得出的哲学结论,我们能放心

---

56 *Nausea*,pp.182-183,186。(译文参考《萨特小说选》[郑永慧译,西安:西安交通大学出版社,2015年,第207-211页],并根据英文略有改动。——译者注)

地认为它们具备必要的严格普遍性吗？在此重要的是,我们要认识到萨特并没有说自己只是从一种情感充沛的感知状态中读出了某种形而上学:现象学不是经验主义,现象学方法也不等于援引纯粹基于经验的理由。只有当哲学反思的语境已经有了之后,《恶心》中的经验才能展露出它那公认的形而上学意义。所以萨特争辩道,对于意识结构的反思支撑着他去阐释《恶心》中的经验,而这种阐释向人们展现了直面客观实在究竟意味着什么,并洞察到人之自由的依据:一旦清楚明白地把握到主观性与客观性之间的分隔,那么根据《自我的超越性》中的说法,我们就发现了自我当中的一个缺口、一种分隔与异化;萨特将会论证,我们的自由恰恰取决于这个缺口。

因此,萨特对待自然主义的方式与康德的方式形成了鲜明对比,对后者来说,自然科学在认识论上的权威性属于被给予的基本材料,它应当成为哲学反思的起点。但萨特在构想哲学任务时并未将合法性赋予科学认知,相反,他认为哲学自然主义的权威性有着存在上的(existential)起源,即普通经验实在论中的基本经验,并赋予这种经验以全新的形而上学阐释,并由这种阐释得出:人类主体落在自然科学的范围之外。

我们还能从萨特与康德的比较中得出最后一个有价值的预备性论点。两位思想家都认为:从某个角度来说,主体不是世界的内容,而这对人的自由是至关重要的。在康德看来,主体相对于物质世界的外在性(extra-mundanity)首先取决于对经验知识的分析所揭示出的先验主观性:主体不可能隶属于经验的自然秩序,因为这种秩序的构成需要主体的先天参与。康德还基于另一个角度而认为主体不属于世界,这个角度相关于并预设了主体的先验同一性:它是本体界的道德能动者。

萨特基于不同的角度来看待主体相对于世界的隐退:我们已

经看到,萨特拒绝了唯心主义,所以不接受某种不同层次间的水平划分,一者是先于物质世界的,实施着构成作用,另一者则是被构成的。相反,对萨特来说,自我和世界之间的划分是一种不同领域间的垂直划分,对应于两种不同的存在模式,但都处于同一个层次。[57] 因此,或许可以说:康德式的主体凭借其先验的相对于物质世界的外在性,包围着或包含着世界;而萨特式的主体虽然没被包含于世界之内,但在遭遇后者时则是平等待之。[58] 在这一方面,或许有理由认为萨特让自己承担了一个更艰巨的任务,即在不向唯心主义求助的情况下确保自由。

　　这也可以让人们理解:克服实在论与唯心论之间的对立为什么会成为《存在与虚无》的一个突出的结构性原则,在几乎每一个重要的探讨语境内都会被提起。在萨特看来,实在论取消了自由的可能,唯心论则过于轻易地实现了自由——因此对自由做出了错误的论述,因为它没能认识到,当我们浸没于世界时,这种浸没所具备的广度和性质:对象包围着我们、牵涉着我们,而在与对象的关系中,我们的自由需要得到维持;可是对象不能(像萨特眼中的康德所认为的那样)被还原成我们对它们的认识,它们也不是这种认识的产物;自由的实在性要求我们与对象本身的存在相关联,

35

57　《存在与虚无》第175-176页肯定了萨特的哲学仍有资格被形容成真正的"先验哲学";萨特声称,他的研究旨在确定那些"必定使任何经验成为可能"的东西是什么以及"对象一般而言如何面向意识而存在(exist)",并确认了"使一切经验成为可能的东西"是先天的(亦即"自为的源初涌现")。(中译本将此处第一、第二和第四个短语分别译为"应该使任何经验成为可能","一般而言的对象怎么作为意识存在[exist]"以及"自为的原始涌现"。——译者注)萨特的独创之举在于,他表示这些先验条件具有本体论上的意义(他论证说,这一点是从"必然存在着先验条件"中得出的,换言之,承认先验之物就等于承认先验之物具有本体论上的意义)。

58　那种认为"主体包含着世界"的唯心主义观点大体上等价于萨特的"主体为世界负责"的观点(参见下一章第35节),但后者是自由学说带来的后果,而非它的前提。

也就是要求我们认识到对象不能被还原成我们对它们的认识。所以在萨特看来,只有在实在论与唯心论之间找到一条通往两者之外的出路,我们方可确证自由。

* * *

萨特曾承诺要"让人在实在的对象中间获得他的自律性与实在性",他究竟有没有完成这个承诺?这个问题仍有待考察。《存在与虚无》中哪些论点容易招致批评,人们对此有着高度的共识。通过翻阅二手文献,我们就会发现:大多数评论者对萨特提出的批评虽然在表述上各有不同,但在本质上可以归为三类主要的反对意见。如果我们从一开始就把它们装在心里,这以后会给我们带来一些帮助。它们是:(1)《存在与虚无》中的二元本体论是不融贯的;(2)萨特关于绝对自由的学说即便不是荒谬的,那也是空洞的;(3)萨特让价值虚无主义变得不可避免,而当他声称自己在《存在与虚无》中已经为伦理上的种种价值提供了一个基础时,他就自相矛盾了。[59] 在适当的时候,我们将看到这些反对意见的实质是什么。

哲学史中一切伟大的思想结构都具备着一种视觉上的、愿景上的力量,人们出于快速参考的目的,便可以把它们缩减成一堆意象与大胆的口号。《存在与虚无》也不例外,当人们在接受它时,以及当人们在把存在主义转变成一种弥漫性的文化运动时,萨特的早期哲学就已经遭受了极端的简化,甚至庸俗化。我们也有理由说,萨特本人需要为此负一定的责任:因为萨特在《存在与虚无》的

59　下一章第11节引自华尔《存在主义简史》(*A Short History of Existentialism*)第28-30页的内容,以及篇幅更长的马塞尔《存在与人类自由》('Existence and human freedom')和梅洛–庞蒂《可见的与不可见的》(*The Visible and the Invisible*)第二章,均明确陈述了这些反对意见。

一些段落中尽情施展他的文学掌控力,让这些段落充满了华丽的
辞藻;[60]因为他为学院之外的读者和听众复述了自己的立场;或许
还因为萨特的那些与哲学作品相平行的文学作品似乎蕴含着一种   36
可能性——我们无须硬着头皮去读萨特的哲学论文,也能把握到
他的思想。因此,在阅读《存在与虚无》时,我们的任务是把萨特的
思想在流行的过程中所失去的微妙与复杂归还给它,因为只有这
样,我们才能评判那些常见的批评具有多少分量,以及萨特可以在
多大的范围内去回应。   37

---

60 正如贾尼科(Janicaud)所言,《存在与虚无》读起来既太难又太容易('à la fois
   illisible et trop lisible', *Heidegger en France I*, p.60)。萨特在 1975 年的一次采访
   中责备自己"在一份应当运用纯粹技术性语言的文本内使用了文学表达"
   ('Self-portrait at seventy', p.9)。

文本阅读

(一) 基本的本体论

《存在与虚无》[1]的导言"对存在的探索"与第一卷第 1 章"否定的起源"(xxi-xliii/11-34) 阐述了萨特形而上学立场的基础。这份繁复的导言属于整部作品中最难厘清的部分。萨特采用了一些极端抽象的术语——"存在""现象""显象""本质""超现象的"——这些术语经过了一系列的排列组合,有时仿佛要将读者带入一间深不可测的迷宫。然而,把握住萨特在导言中的思路实乃重中之重,因为萨特在此提出了一些有关意识及其对象的强式的形而上学论点,它们对于萨特在书中提出的几乎所有的主要论断而言,着实具有本质的重要性:《存在与虚无》中那些最振聋发聩的论点,尤其是涉及人之自由的论点,很大程度上是对导言中确立的形而上学立场的补充说明抑或直接引申。

---

[1] 本书对照的《存在与虚无》中译本为生活·读书·新知三联书店 2007 年版。——编者注

不过,当萨特的形而上学图景最终得到揭示时,其远远不如用以支撑该图景的论证过程复杂:萨特在导言中旨在表明,我们若将某些事情作为原始的概念接受下来,便可解决一系列的哲学疑难与谜题。以此,萨特向我们展现出一个朴实而清晰的本体论结构,该结构蕴含着可对人类主体加以阐释的丰富内涵。

1.萨特对现象的构想(导言,第1小节)

《存在与虚无》开篇即从萨特的角度陈述了哲学当前所秉持的立场,而对该立场加以界定的则是某种针对"现象"的构想,萨特认为,这一构想在胡塞尔与海德格尔的作品中已经出现了。它旨在回答下面这个问题:事物被给予主体,主体将之把握为拥有实在而客观的存在(existence)并且超越于主体的事物,这意味着什么?人们可能会认为,存在着某种相对于主体的显象,与某物拥有实在的存在(existence),这两件事情根本是独立于彼此的。在这种情况下,我们需要把上面的两个概念扭结在一起,而扭结的方式又必须让我们能够有理由声称自己可以认识到这种方式所蕴含的意义;这就是我们的任务,它因此孕育出许多传统的认识论和形而上学立场。然而,现象学所表述与捍卫的设想则有所不同,该设想认为,那些我们认为具有客观存在(existence)的事物,应当被理解为由实在存在的和各种可能的显象所组成的、具有原始概念特征的统一体(conceptually primitive unities of real existence and possibilities of appearance);换言之,按照我们的设想,它构成着某物对实在的存在(existence)的拥有,它应当在显象中显露自身,并且现象"按它显现的样子存在着"(xxvi/16)。

更精确地说,实在的、客观的存在(existence)揭示自身,当然不是按照对数量有限的显象进行加总的方式,而是按照一种特殊的显现模式,在这种模式中,对象的每一个单独的显象——面向主体的每一次展现,对象看上去是这个样子而非另一种样子的每一种情形——都让我们趋向该对象的数量不定的其他可能的显象,而这遵循着某种使得显象序列有理可循的"法则"或"原则"。这种将某个对象的不可穷尽的可能显象统一起来的法则或原则,同时也是该对象的"本质",换言之,对象的本质使之成为拥有某些特定性质的、某个特定种类的事物。故而,我对于桌子上钢笔的意识,随着我从某个角度按照由对象的本质所规定的某个序列去看它,去摸它,而有可能获得无穷的对于这支钢笔的有序感知经验。

　　萨特并没有为这种针对现象的构想做出详尽的辩护。他采取的态度是:胡塞尔和海德格尔已经将这种构想牢固地建立起来了。另一方面,萨特着力强调了这种构想摆脱某些疑难的方式,而这些疑难在传统上占据了哲学关注的中心。它确实起到了认识理论的效果。尤为重要的是,它摆脱了显象和实在之间的区分,因此也摆脱了康德所秉持的立场,因为在萨特看来,康德认为存在"隐藏在"显象的"背后",而显象则为存在所"支持",或以存在为依据。与此相对应,萨特暗示,在把殊相和共相关联在一起时遇到的难题也消失了——对象的本质正如对象自身,同样处于显象的层次;对象在显现自身的同时也显现了自己的本质。根据萨特的看法,对象的形而上的"内部"和"外表"之间的二元性,以及那种亚里士多德式的"潜能和活动",抑或潜在性和现实性之间的二元性,也同样消失了。

　　然而萨特认为(xxiii-xxiv/13-14):尽管这种对于现象的崭新构想声称已经消解了那些与传统的二元性联系在一起的难题,但它自己所面临的一个难题不仅质疑了上述说法,还让这一切看上去只是把之前那些难题替换了而已。目前的分析"以现象的客观性取代了事物的实在性"(xxiii/13),而这是通过对现象的无限序列做出假设来实现的。但这种想法面临着一个困难。很显然,在对钢笔加以感知时,这只钢笔在某一时刻向我展示出特殊的感知方面,此即特殊的显象,虽然任何特殊的显象都以某种方式被给予我,但并没有无限的显象以同样的方式被给予我;无限的序列自身并不显现,而是由这种在现实中被给予的感知方面"表明"的。但又是什么让这种"表明"关系成为可能的呢? 这就要求单一的感知方面"超越自身"并趋向该对象其他可能的显象,或者说——换用与主体相关的术语重新表达——这就要求主体超越被给予的单一的感知方面而"趋向它所属的整个系列"[2](xxiii/13)(正如萨特所注意到的,尽管对象的显象在总体上或许是无限的,但我必定会对这种总体至少拥有一个观念)。因此,看来我们至少又复返于某些古老的二元论:对于任何被给予的感知方面,对象一方面被包含于内,另一方面又身在其外;可以将对象设想为一种在感知方面得到实现的潜在性;并且,构成它的本质与显露它的单一显象看来必定在数量上有所区分。萨特总结道,我们能够断言的目前已经获得的进步,只在于我们不再(像康德那样)构想一种"对立于"存在的显象。

2.存在的现象(导言,第 2 小节)

第 1 小节承认了我们对包含于现象之中的超越性结构——或者换用萨特的表述,对有限中的无限——加以把握时所遇到的困难,但在《存在与虚无》中,这个困难在很后面的地方才重新得到审视。在第 2 小节中,萨特回到了他的出发点,亦即针对现象的构想,并就此提出了一个新的问题,而对该问题的考察进一步导向了

2　中译本译为"趋向显现所属的整个系列"。——译者注

一系列重要的、具有奠基意义的结论。

虽说现象牵涉到实在的存在(existence)与显象之间的某种构成性的联系,但这种说法并未决定这种联系的性质:现象学坚持显象"有自己特有的存在"(xxiv),但必须要问:显象"拥有"存在,这意味着什么?"存在"和"显象"这两个概念是如何得到协调的?在第 2 小节中,为了进一步澄清我们在此所面对的那种不可分析的、原始的单元,萨特拒斥了对于显象的存在的某些误解。

不能认为显象就像糖"是甜的"那样"拥有存在":存在当然不是事物的性质。但是可以认为,既然我们将存在把握为某物而不只是无,那么就必须承认存在自身便显现着,以至于每一个显象都牵涉到其存在的现象(phenomenon of its being)(也就是说,向我显现的不仅有桌子,还有桌子的"存在")。萨特承认有"存在的现象"这样的事物,因为在诸如厌烦这样的心绪中,我们对"存在着的一切"(everything that exists)抱有一定的态度,以一种具体的情感来对待这一切,而萨特注意到,对于存在的现象在现象学意义上的实在性,这些心绪所提供的证言可以作为(支持性的)证据。这表明萨特拒绝那种"紧缩的"存在观,而根据这种观点,存在的概念并不具备概念之外的意义,它可以被分析为单纯的逻辑功能。目前为止,萨特与海德格尔保持一致。接下来的问题是,是否正如海德格尔所认为的那样,存在的现象构成了显象的存在?

根据萨特的阐释,海德格尔将存在的现象设想为现象学领域中某种更为深远的事物,某种居于特殊存在物(existent)的显象之上的事物;他还假定存在物和大写的存在之间有着一种揭示关系,并设想主体为了把握其大写的存在而以某种方式"逾越着"存在物;他以这种方式回应了"存在和显象的概念应当怎样协调在一起?"这个问题。然而,萨特完全不接受这种说法,因为这就把显象对存在的拥有当成了一种关系,而这种构想是令人费解的:"对象不占有存在,它的存在(existence)既不是对存在的分享,也不是完全另外一类关系。它存在,这是定义它的存在方式的唯一方法"(xxv/15)。萨特支持这一论点的论据如下:如果大写的存在由显象揭示,那么就有望辨识出某种与进行揭示活动的对象"相关"的事物,但这是荒谬的,而且无论如何都是徒劳的,因为就现象学的角度去理解对象,如果对象被给予了主体,那么它的存在亦被给予了。这就再次确认了存在必然同时伴随着其显露的可能性:存在本身便时刻准备着,也能够显露自身(按照萨特的说法,一切存在都是为揭示的存在),并不需要把显露的可能性附加于存在。所以,海德格尔犯了重复计算的错误——与那种紧缩的观点不同,确实有存在的现象,但这并未构成某种相关于存在物的、需要得到进一步理解的深远事实;因此,《存在与时间》对此在的阐释试图厘清那些为了让大写的存在得到揭示而必需的某些起中介作用的附加条件,这自然是误入歧途。[3]

海德格尔在各式各样的存在/存在物和大写的存在之间做出了("本体状—本体论的"[ontic-ontological])区分,而对大写的存在做出阐明则界定了哲学的根本任务;萨特拒绝了海德格尔的构想,因而也拒绝了海德格尔对"何谓显象拥有存在"这个问题的阐释;但他依然肯定确实有某种"存在的现象"。萨特断定,我们当然可以在反思中将我们的注意力重新导向某个对象,譬如一张桌子,以便转而聚焦于它存在的确定事实;但在这种情况下,我们面对的是新的、不同的现象,它自身并不能构成这张桌子的现象的存在。

3　我认为,萨特在此表明的与其说是海德格尔立场的荒谬性,不如说是海德格尔所提出的种种主张就其哲学语法而言与传统形而上学命题之间的距离;因为萨特致力于(如前所述,参见第一章第13条注释)一种相对传统的哲学探求,所以他没兴趣对海德格尔做出善意的阐释。(值得注意的是,萨特《战时日记》第183页中声称自己当初于1934年没能理解《存在与时间》,因为他无法在这本书里找到任何"传统的难题",关于意识、认识、实在论和唯心主义等。)

因此"现象的存在不能还原为存在的现象"（xxv/16）。

在海德格尔看来，哲学是"基础本体论"，它应探究大写的存在 42
所具有的意义；可既然这种构想是错误的，得到的结果主要是消极
的，那也就意味着萨特仍然承担着对显象和存在进行协调的任务，
仍要解释从"存在的现象"中应当得出什么。萨特继而得出下面这
些更进一步的结论。

对海德格尔的批评已经表明，显象的存在并没有以"存在的现
象"这种形式为我们所获得，萨特主张，这意味着我们与显象的存
在之间的关系不可能是一种认识关系——因为萨特所理解的认识
牵涉到"在概念中规定事物"，而我们在概念中规定的任何事物都
只可能是现象。此处对认识的定义相对偏狭，拥有可争论的余地，
但萨特做出这样的区分并不是没有很好的理由：只有当我与对象
（以 O 表示）的存在处于某种关系之中时，对 O 的认识才是可能
的。但 O 的存在并非作为认识的对象而向我浮现，因为 O 的存在
是对我来说存在着有待我去认识的某个对象的条件，而且 O 拥有
存在也不可能是我所认识到的有关该对象的事情。因此，萨特并
不认为，如果我认识到 O 那么 O 存在（exist），而如果 O 不存在那么
我就不认识 O；这种观点就太无聊了。萨特认为，O 的存在必定是
以一种与我所认识到的有关 O 的一切都有所不同的模式而面向我
的某个事物，这种观点才具有实质的意义。因此，用萨特所偏好的
术语来说，我们与显象的存在之间的关系必定是"本体论的"，而非
认识论的。

但是，确实也存在着存在的现象：存在可以被当作现象，而以
紧缩的方式对存在做出说明则是错误的。萨特表明了存在的现象
如何排除掉不同于海德格尔的另一种解释存在和显象之间关系的
方式，此即现象主义或唯心主义的设想——实在的存在（existence）
能够被还原为显象的各种可能性。如果存在可以显现，能够表现

为现象的形式,那么存在就不可能落脚于现象性———一种仅仅对现象的单纯可能性加以显露的现象是让人无法理解的。因此,存在必定是"超现象的",所谓"显象⁴的存在就是它的显现"(xxvi/16)是错误的说法。⁵ 萨特写道:"虽然现象的存在与现象外延相同,却不能归为现象条件"(xxvi/16),意思是说,尽管一切存在都可以显露自身,但并不是因为它可以这么做所以才是(存在着)存在。在第6小节萨特会对存在的现象做出更多的论述。

43

3.意识(导言,第3小节)

第3小节的开头继续与唯心主义或现象主义进行争论。萨特把"显象的存在就是它的显现"这种说法归之于贝克莱并(失之偏颇地)归之于胡塞尔。由于第2小节已经得出了强有力的结论———显象的存在是超现象的,唯心主义似乎已经被驳倒了,但萨特表示,他事实上还没有完成与唯心主义相关的工作。

首先,萨特承认自己所捍卫的立场———该立场坚称存在是不可还原的———似乎有与古典实在论过于接近的危险,而他认为古典实在论是很成问题的;他也承认唯心主义具有很强的吸引力,因为它所讲述的有关存在和显象的故事更精练、更直白。其次,在第2小节,萨特曾就认识理论与本体论之间的关系提问,而如果以另一种方式表述唯心主义的核心论点,那就是它主张存在可以被还原为我们对存在的认识(xxvi/16),或是存在"是由认识衡量的"(xxxiii/24),因此,萨特现在想针对这种表述方式来考察唯心主义。最后并且最重要的是,有人可能这样反驳萨特:之前的论争并没有驳倒唯心主义,因为唯心主义者可能会回应说,即便对显象的认识

4　中译本译为"显现"。——译者注
5　换言之,萨特的论证表明现象主义者致力于一种紧缩的存在观。

需要超现象的存在,这种超现象的存在也无须落在显象的那一边,因为主体的超现象存在可以在此扮演必需的角色。唯心主义者可能会同意,认知以及对认知的主张必须做出存在上的(existential)承诺——既然认知本身,或者说进行认识的状态必然是一桩事情,故而必须有某物为"认识的存在"提供"基础"或"保证"(xxvi/17)——但他们补充道,唯心主义本身便提供了该承诺,因为唯心主义者并不试图将认知主体还原为显象。萨特说,胡塞尔的现象学就是这么做的,因为它让认识返回到意识之中,也就把认识者"作为存在",而不是作为被认识的对象(xxvii/17)。因此,萨特之前得出的反唯心主义的结论尚有被推翻的危险。然而,直到第5小节萨特才宣布第3小节中与唯心主义争论的结果是什么,他用本节其余的篇幅为自己的主体理论奠定了第一批纲领。[6]

44

萨特跟随着胡塞尔的思路,并沿用了先前几部作品中[7]的假定,提出了以下关于意识的论述:

(1)意识必然是对某物的意识:它是"对某个超越对象的立场",是一种"对世界的立场性意识"[8](xxvii/17-18)。(这里解释一下萨特使用的术语:立场性意识是带有对象形式的意识,是对 O 的意识;正题意识是带有判断形式或命题形式的意识,是对命题 p 的意识)。萨特认为从该论点可以直接得出:"意识是没有'内容'的",而那种认为事物的存在居于意识之中的想法是错误的,哲学

---

6 萨特使用了一些我未采用的经院哲学术语:percipere(主动不定式)= to perceive (感知);percipi(被动不定式)= to be perceived(被感知);percipiens(现在分词)= perceiving(在感知);perceptum(完成分词)= that which is perceived(被感知的东西),the object of perception(感知对象)。

7 尤其是《自我的超越性》和《意向性》('Intentionality')。

8 中译本译为"一个超越的对象的位置(position)"与"对世界的位置性意识"。此处对 position 一词的翻译参考了倪梁康著《胡塞尔现象学概念通释》(上海:三联书店,2007 年,第 368 页)中的解释。——译者注

的第一步"应该把事物从意识中逐出"（xxvii/18）。[9]

如果说，意识拥有对象似乎无法排除掉意识也应当拥有内容，因此上面的说法尚有可争辩的余地，那么萨特的看法是：必须把意识等同于一种对对象进行"意向"的关系，一种出去把握对象的关系，而不能认为意识仅仅牵涉到对象而已；所以，认为意识也可能负载着其他种类的关系、亦即对某物的"包含"关系，这就转向了另一个话题，它谈论的是某个关系中的一个项，并非关联活动，而意识恰是这种关联活动。（这里我们开始认识到，萨特所理解的意识绝对不同于常识中所谓的"心灵"；同样值得注意的是，虽然关于"观念之幕"的传统学说引发了一些认识论上的难题，但避免这些难题并不是萨特将内容从意识中逐出的直接理由；当然，萨特很明白，以自己的立场，对"表象"黏附于物质对象的方式做出说明纯属多余。[10]）

（2）意识必然是一种对自身的意识，一种前反思的自我意识——萨特称之为 conscience(de) soi，以表明这种"关系"的特殊性。这种说法充满了新意，而且萨特解释道，它和有关精神之物的认识论所涉及的任何主张都有着重要的差别。笛卡尔主义中一种相当常见的说法是，如果我意识到了对象 O，那么我也认识到我意识到了对象 O。但萨特所主张的并不是这一点；当萨特说意识意识着自身时，他主张的是：他把这种结构视为主体对自己的意识有所认识的在先的依据，它使得自我认识成为可能。

萨特从还原（reductio）入手，论证为什么必须对意识的自我关

9　《意向性》强调这种"驱逐"的净化作用和奇幻特征。

10　《意向性》第4-5页认为那种有关"意识内容"和"内在生活"的（"消化性的"）哲学从纯粹现象学的角度而言是虚假的，故拒斥了这种哲学，但根本没提到它所造成的认识论难题。萨特在《想象》中攻击了那种用"事物—形象"来理解想象的观点，但他依然只是间接地做出了一些认识论方面的考虑：他指控这个观点无法说明那种将形象区别于感知的、现象学上现实的自发性和确定性（例如，参见第94-101页）；但并未指控它会不可避免地导向带有怀疑色彩的结论（所以这部作品的副标题是"一份心理批判"）。

联活动做出假定(xxxviii/18-19)。假设我们将一般意义上的自我意识等同于自我认识(萨特认为斯宾诺莎就是这么做的:自我意识就在于"对认识活动进行认识",是一种"对观念的观念")。然而,萨特观察到,认识关系引入了主体(认识者)和(被认识的)对象之间的区分,而就自我认识而言,这立刻就引发了下面这个问题:认识主体如何认识到它与认识对象之间的同一性?更准确地说,它如何以一种极其特别、独一无二而又直截了当的必要方式认识到这种同一性?认识到我正处于疼痛之中或我正看到一支笔,和认识到暮星等同于晨星并拥有晨星的特性,二者之间显然有着根本性的差异,我们需要尊重这种差异;一个人意识到他的自我就是他自身,这绝对不是一件普通的事情——比如最终认识到一件事物和另一件事物是相同的。

传统上人们认为,"反思活动"就是心灵将注意力转向自身;这种有关"反思活动"的传统见解可能会对上面提出的问题作出回答。但萨特注意到,诉诸于反思(la réflexion)的做法只不过重申了上面的谜题而已;是什么允许我的反思之中的"我"认识到自身等同于被反思意识之中的主体,抑或是什么允许那个关于"我"的意识能够认识到自身与被反思意识是同一个意识?我们似乎被逼着引入一个"第三项",它确实认识到前两者的同一性,但这个第三者,这个"超"我相对于前两者的关系仍有待说明,由此便出现了无穷倒退。因此,只要某种说法认为自我认识是没有依据的,它就会遭遇无法克服的困难;但是,正如我们承认对对象的认识必定拥有某种在先的、作为这种认识之依据的事物,此即对对象的意识,我们也可以类似的方式认为自我认识也拥有前认识(pre-epistemic)的依据,而这是解决上述困难的唯一办法。[11] 我们能够从为世界所吸引

---

[11] 曼弗莱德·弗兰克(Manfred Frank)解释了萨特的观点,并把它追溯到早期的后康德思想家:参见 *What is Neostructuralism?* trans. Sabine Wilke and Richard Gray (Minneapolis: University of Minneapolis Press, 1989), pp.194-195。

的前反思意识直接过渡到对自身的反思意识,而对象意识所具有
的原始的自我关联性或自我包容性将会对这种直接性做出解释。

　　萨特还给出了另一个论据(xxiv/19-20):即便承认反思的动作
足以对自我认识的可能性做出解释,但除非我们预设一种前反思
的自我意识,否则就会导致荒谬的结果。如果前反思的自我意识
不存在,那么某些寻常的认知成果就会令人感到费解。比方说我
数了数香烟,共计十二根,我给出回答:"十二。"对每一根被数到的
香烟,都有一个相应的对象意识(对第一根香烟的意识,对第二根
香烟的意识等)。但如果这十二个对象意识尚未意识到自身,那么
我就需要再数一下它们,以便得到"十二"的结果;然而,即便我们
能够理解什么叫"数一下意识",我们通常对数量的认知也显然不
涉及这一点,而且它也无法避免无穷倒退,因为二阶的反思意识自
身也要被计数。所以,关键依然在于,为了让主体的统一性能够为
人所理解,那么就必须有某种事物去调和立场性的对象意识和反
思性的察觉(awareness)两者之间的关系,而这种事物自身既不能
是立场性的对象意识,也不能是反思的动作。

　　尽管萨特并没有言明,然而还有一个更加广阔的理由奠定了
并推动着萨特提出有关前反思意识的论点,该理由独立于萨特为
澄清自我认识而给出的辩护。我们要如何去思考意识呢?我们对
意识能够形成什么样的概念,又是在什么样的基础上形成这种概
念的呢?为了让意识是其所是,本质上就要(以正确的途径)把它
和其他所有事物区分开,因为对它而言,每一样事物都会成为超越
性的对象,都可以算作"世界"。导致这种区分的基础不能外在于
意识自身,不然的话,意识为了认识到自身是意识,就需要(荒唐
地)求教于超越性的事态。所以,如果我们在实在的一个部分和另
一个部分之间做出了区分,但这种区分却又不包含那种内在于意

识的、可以让意识对立于世界的功能,那么这种针对意识的构想就　47
不能成立。因此,我们关于意识的概念必须是,它将自身区别于对
象,并且在这么做的同时也意识着自身,换言之,它拥有前反思的
自我意识。因此,我们在一定的条件下才能思考抑或形成某种关
于意识的概念,而意识的反身性恰恰被包含在这些条件之中。[12]

(3)意识是自律的,是一种绝对,不过它是一种并不为自己提
供基础的非实体的绝对(xxxi-xxxii/22-23)。我们已经在《自我的超
越性》一书中见到了上述主张的前半部分,萨特在《存在与虚无》中
重申了这一点:"不可能赋予意识异于它本身的动力",意识展现着
"自身对自身的规定"[13](xxxi/22)。萨特此处再度支持了该主张,
不过他是从先前有关意识的论点中将它引申出来的:任何有可能
被认为是规定或推动着意识的事物都必须与意识处于某种关系之
中,但如果它不是意识的对象(因为意识就是意向性),也不存在对
这种关系的意识(因为意识前反思地意识着自身),它就不可能与
意识处于某种关系之中。所以,没有任何事物能够从意识的外部
(以他律的方式)规定意识,除非它被吸收和转化为意识的自我规
定(自律)。

自律关注的是某物拥有存在(existence)之后所呈现出的形式,
所以并没有给出该物存在(existence)的条件和原因,但萨特说"意
识凭借自身而存在"(la conscience existe par soi),意识是"凭借自

12　有必要指出的是,当萨特谈到意识时,他从未把意识设想为一种被我们归于自
身或他人的状态:萨特努力凸显出意识在被归定之前的现象,此时的意识独立
于并先于它在判断中的归属。按照萨特的观点,我们在心灵哲学中所看到的是
一种非现象学的哲学反思,这种反思不去把握意识本身的现象,而是去考虑在
何种条件下可以认为"存在着对某个对象的意识"或"一个人拥有对某个对象
的意识",以及从这些命题当中可以得出些什么。结果我们所构想的就是带有
第三人称特点的意识(甚至包括我们自己的意识),此即萨特所谓的"心内之
物";参见第24节。

13　中译本译为"自己对自己的决定"。——译者注

身的存在"[14]（existence par soi）（xxxi-xxxii/22，巴恩斯翻译为"意识的存在来自意识自身"和"激活自身的存在"），这就等于说意识的存在（existence）是出于自身的。萨特继而推出：出于相同的理由，意识必然是自律的（任何事物，只有当它是意识的一个实例时，才能是意识的"存在原因"）。但他表明：从这个前提（他先前的论据已经确保了该前提成立）还能推导出，从本体论的角度来看，意识纯粹是起源，换言之，它并不隶属于任何更高的概念。只有当意识的可能性被置于事物的次序之中，并且先于它的创生（因而它的本质就会先于它的存在），我们才能合理地认为意识是由某个非意识的原因导致其存在的。但根据萨特的阐释，意识并不是任何种下面的一个属，而这就意味着，我们并不能设想某种可以从意识的潜在性过渡到其现实性的次序。

　　但是有一个非常重要的难题等着我们去处理。[15] 如果毫无保留地承认是意识让自身存在，那它就会成为一种自因（ens causa sui），而根据传统形而上学中的规则，这就会赋予意识以一种足以对上帝做出定义的属性。这种含义会让萨特跻身于绝对唯心主义者之列，还会与他之后针对意识的起源所做的（晦涩）说明（我们将在本书第9节看到这部分内容）相冲突。为了避免这种情况，就需要做出进一步的区分。萨特想要赋予意识的那种存在上的（existential）自我激活，其实只是把意识的自律和那种"并不来自或出于任何事物"的消极属性融合在一起；这不同于那种无条件的存在上的（existential）自足，这样一种强得多的属性意味着，无论其他

14　中译本译为"意识是自己存在的"与"依赖自己的实存"。——译者注

15　此处所描述的这些断言以复杂的方式结合在一起，我们在《战时日记》第109页也能清楚地看到这一点：意识或人的实在（1）"不是自己的基础但又推动着自身……意识推动着自己的结构"，并且（2）可以没有基础——"意识的任何超越性基础都会在产出意识的同时亲手杀死意识"；所以意识的事实是"不可还原的、荒谬的"。

事物存在(exist)与否,它都会存在(exist)。萨特并未将后者——完全是传统意义上的实体性或萨特所谓的"是其自身的基础"——归于意识,从萨特已经提出的任何主张中都不能得出这一点;而且意识并没有意识到自身是一种将存在(existence)加诸自身的动作,这项事实也构成了对它的反驳。因此萨特说,在把意识说成是"自身的原因" 16时要三思(xxxi/22,虽然他仍然采用这种说法,例如在第 xl/32 页)。

注意,如果对每个存在(exist)的事物而言都有其存在(existing)的充足理由,那么上述两种属性就是不可拆分的:按照传统的设想,那个弱一些的属性可以导出那个强一些的属性,否则我们就破坏了事物形而上的次序。但是萨特直截了当地拒绝了那种无限制地诉诸充足理由律的做法:意识的存在(existence)是一种绝对的偶然。因此,意识的非实体性有两层彼此关联的含义:它既指出意识的存在(existence)是偶然的,也指出意识是纯粹的显象,其背后并没有支撑着它的载体。

49

4.反对"存在即被感知"(esse est percipi)(导言,第 4 小节)

直到第 3 小节结束,唯心主义似乎已经得到了确证,因为无论萨特针对意识的自身因果性附加了多少限制条件,他看来还是捍卫了唯心主义将主体构想为绝对的做法。可是在第 4 小节的开篇,他却宣称"我们避开了唯心主义"(xxxiii)。

然而,我们已经避开的唯心主义只是将一般意义上的存在还原为已经被认识到的存在17。根据另外一种立场,超现象的存在是

16　中译本译为"自因"。——译者注
17　萨特脑海中的唯心主义是那种从合法的(de jure)(亦即康德的角度),而非实际的(de facto)角度去设想先验条件的唯心主义。

主体的特权,而意识的对象则可被还原为显象;萨特将这种立场归在胡塞尔名下,认为它也应当被称为唯心主义,并且萨特认为我们尚未避开这种立场。第4小节和第5小节旨在瓦解这一立场。第5小节将为意识对象的超现象性给出正面的论据。第4小节没有那么雄心勃勃,但它为第5小节的论据提供了必要的准备,它试图表明:贝克莱针对意识对象而提出的现象主义—唯心主义公式——它们的存在(esse)就是它们被感知(percipi)——是无法为人所理解的。

萨特指出,即便按照现象主义—唯心主义的观点,我们只能谈论"被感知"的对象,但最起码也要承认,必须在(被感知的)意识对象和对该对象的认识抑或揭示该对象的综合之间做出区分,否则对一张桌子的认识就成了对意识的认识(所有的对象意识都成了反思,这是荒谬的)。这足以保证,我们可以某种方式追问桌子的存在。既然依靠同一性——桌子就是这种主观印象,或者说桌子的存在就是意识的存在——实现的直接还原被排除了,萨特建议,现象主义—唯心主义的还原应当表述为下面这种主张:桌子的存在是相对于感知主体的存在。

除了这种相对性以外,根据现象主义—唯心主义的分析,桌子的存在也是被动的(确实,感知必然是对桌子做出的某种事情,而不是桌子做的某种事情)。萨特认为这种想法是自相矛盾的。当且仅当对象能够被认为是受到了影响——也就是说,对象承受着本质上是由自己的存在方式所规定的改变——并因此被认为是某种自在的事物,我们才可以谈论"被动的存在"。现象主义—唯心主义者不可能认为对象支撑着它的改变,不可能认为对象拥有一种存在来作为它所影响的基础。除此之外,萨特还认为:现象主义—唯心主义者想象着一种形而上的交易,意识作用于对象以便将存在赋予对象抑或使得对象存在;但是这种交易又必须超然于那种不断创造对象的活动,因为察觉到自身从事着这种活动的主体"甚至不能幻想脱离他的主观性"（xxxiv/25）；但这种交易对意识做出了矛盾的构想：就像一只手只有在能够受压时才能施压，意识只有在反过来发现自身受到作用的时候才能将存在传递给显象的统一体；只有在互惠的情况下，互动才是可能的。对这一点做出设想，就相当于否定了那条不容置疑的、不可动摇的洞见：意识是"完全的能动性，自发性"（xxxv/16）。（萨特认为：正是为了应付这个难题，胡塞尔引入了有关"原素"[hyle]的想法，它是供综合的质料或素材，但这只造成了矛盾的结果，因为胡塞尔既要它展现出意识的特性，又要它展现出事物的特性。[18]）

所以可以得出结论："意识的超现象存在不能为现象的超现象存在奠定基础"（xxxvi/27）。

5.萨特的"本体论证明"（导言，第 5 小节）

与笛卡尔遥相呼应，萨特将第 5 小节所包含的论据称为"本体论证明"。它的首要攻击目标依然是现象主义—唯心主义：它要表明意识对象的存在是超现象的，不过理由与第 4 小节所给出的不同。现在萨特主张：意识的存在直接蕴含着这一点。次要攻击目标则是关乎外部世界的怀疑论：如果这番论证是可靠的，那么这种怀疑论就是错的。萨特试图表明这个论证其实既简单又有力：

> 有一种不是从反思的我思，而是从感知的[19]反思前的存在 51
> 获得的"本体论证明"（……）意识是对某物的意识，这意味着
> 超越性是意识的构成结构；也就是说，意识生来就被一个不是

18　萨特起初接受了原素的存在：参见 *Imagination*，pp.132-133。

19　中译本译为"感知者"。此处"感知"的原文为拉丁文 percipiens，本书作者用括号注明该词对应的英文为 perceiving；由于翻译已经涵盖了两者的意思，故在此删除了作者的解释。——译者注

自身的存在支撑着。这就是所谓的本体论证明。(xxxvi-
xxxvii/27-28)

该论据既简单又具有(萨特所声称的)说服力,两者的结合令人心
动,不过也需要阐释。

下面是理解本体论证明的一种方式。我们先前注意到,对萨
特而言,必须从内部、以意识的视角去设想意识。而萨特坚持认
为,意识紧邻着存在(第4小节已经表明存在必然是超现象的),这
依然属于意识的视角。既不同于G.E.摩尔针对外部世界的实在性
所给出的著名的"两只手"证明,也不同于任何以直接实在论是一
种基于常识的感知理论为由而对它做出的辩护,萨特坚持认为该
论证诉诸的是前反思的意识。虽然他和摩尔以及直接实在论者都
认为,对外部实在的认知不涉及推断,但上述论据的不同之处在
于,它并不聚焦于反思性判断——"我感知到O"并且这个判断恰
好具有最高的认识价值——而是聚焦于能够对意识加以(正确)设
想的条件。出于它的先验性质与视角性质,萨特的论据很容易被
忽略(它可能根本就不是什么论据)或是被误解(它不过是重复了
摩尔的手势,抑或毫无根据地断言了外部世界的实在性是通过经
验被给予的。总之,它完全独断的)。

萨特论证的关键在于,如果我认为我对外部实在的意识中有
(甚至是可能有)一个"缺口"或认知上的不足,那么这种想法就必
须要在一定程度上对象化位于主体—世界关系中的我这一端的某
个事项——因为这要求我做出如下反思:属于我的这个表象(抑或
信念状态、精神内容或是其他什么)虽然包含着实在的形象或者说
在意向中指向实在,但它却无法黏附于实在——而在萨特看来,它
就对自身提出了控诉。而萨特的反论是,意识根据自己所抵达的
事项,亦即根据超现象的存在而前反思地把握自身,因此,根据之
前已经给出的理由,不能认为意识无法触及它的认识目标。意识

的视角驳回了怀疑性反思的视角。

但有人也许会问：在某些特殊的情况下，是什么保证了"我的意识所抵达的东西"隶属于外在的实在？诸如梦境和幻觉这样的状态又是怎么一回事呢？毕竟在这种状态中，意识的意向对象绝非外在的实在。即便萨特正确描述了如何从意识的视角去看待事物，但这不也就意味着：当反思（可以在笛卡尔的"第一沉思"中发现的那种反思）无法支持由这个视角所提供的出路时，我们便会遭遇认知上的冲突，因此也就有了建立怀疑论的依据？萨特为什么会认为前反思意识的视角就推翻了由反思得来的结果，让其失去了声音？

如果想要完整地重现萨特的本体论证明，就要用到下面这些非常重要的论点。首先需要回忆一下，根据萨特的说法，我们不需要在对于对象 O 的意识上附加上任何东西以便把 O 规定为外部实在，因为自我与非我的区分是与意识与对象的前反思性区分一齐得到表述的。其次，之前我们已经注意到，萨特秉持的观点是，对非实在的意识是从对实在的意识中派生出来的，前者也依赖于后者；这一主张源自他有关想象的理论，针对该理论他也提出了一系列独立的论据。

再次，萨特又回到早些时候由胡塞尔提出的论点，以对本体论证明加以扩充。该论点是：某个对象的感知显象是潜无穷的，这表明了它的客观存在。萨特赞同胡塞尔"诉诸无穷"的做法，因为这种做法把握到了意识是如何拥有一个具有客观存在的对象的——它把握到了这一事态在现象学意义上的实现。（注意，它扮演着比认识标准更为重要的角色，因为显象的潜无穷并不是一种参照物，供我们分辨意识是否可信。对萨特来说，那种认为我们需要某种"分辨方式"的想法本来就是错误的。）但萨特进一步发挥了胡塞尔的思考，因为他提出了有关这种结构何以可能的问题。胡塞尔所诉诸的无穷显象在被给予时当然不是现实中的主观印象，而是不

53

在场的。由此可得，根据"意识是其对象的存在的构成成分"（xxxvi/27）这一唯心主义原则，如果对象 O 作为我的主观性中的某种欠缺而存在（exist），那么 O 就拥有客观的存在。这就无法解释我对 O 的意识如何让自身"从主观的东西中走出"[20]，以便获得"作为在场，而非不在场"[21]（xxxvii/28）的对象 O。（它还产生了一个形而上学方面的悖谬："非存在怎么能成为存在的基础呢？"第 xxxvii/28 页。）既然意识似乎超越了自身而趋向于处于在场状态中的对象，那么要想让这种结构可以为人所理解，唯一的前提便是对象超现象的存在。（注意：如果一个怀疑论者甚至去否认自己至少可以在最原始的层面上将自身带离自己的主观性，那么他就输掉了这场争论，因为他已经暗中承认他可以意识到的事物仅仅是精神影像；无论我们怎么去理解这一点，这都意味着他的情形不同于我们的情形，而后者才是我们争取在认识论上加以正确阐释的对象。）[22]

最后，前反思的视角比反思性的怀疑论更胜一筹的原因在于，意识是原初的而反思是第二位的（没有趋向于对象的一阶意识，反思就不可能出现）；还在于，在追溯了前反思意识的视角以后，我们明白了怀疑性的反思是以错误为基础的。我在没有察觉到认识上的不一致之处时确实可以一直思考下去，而反思性的怀疑判断也确实具备前反思意识所缺少的权威性（就像笛卡尔的做法所表明的那样）；但这恰恰是本体论证明的题中应有之义：因为它告诉我们，在反思的层面，根本不可能证实与实在的外在对象之间的关

20　中译本译为"出自主观的东西"。——译者注

21　中译本译为"是一个在场，而不是一个不在场"。——译者注

22　萨特指出，在他的本体论证明和康德在《纯粹理性批判》中对唯心主义的拒斥之间也存在着差异：后者仅仅确立了合法的先验条件，虽辨识出认识上的要求但并未表明这种要求会被满足（xxxvii/28-29）；萨特的证明则表明了先验之物的实际地位，它在本体论上的现实性。有趣的是，萨特把那种康德式的规范性要素内置于意识的本体论结构中，这也是萨特在重新构想先验之物时所体现出的特点：参见第 14 节，其中讨论了作为"义务"的意识。

系。所以在某种意义上,一旦对本体论证明做出了解释,如果仍有怀疑论者去问我们怎么能够确切认识到有关外在意识的某些实例是可信的,那么我们也没办法进一步回答他的疑问。不过我们可以认为,陷入这种状况的原因在于,我们不可能满足这位怀疑论者在提出这个问题时所做出的预设:他要求由反思去规定一个它实际上并不能规定的事物(看上去这位怀疑论者是在要求由反思制造出实在的对象)。 54

6.自在的存在与自为的存在[23](导言,第6小节)

在正式解决了有关实在论和唯心主义的问题之后,萨特又回到了第2小节已经探讨过的"存在的现象",他宣称我们现在可以对它做出正确的把握。与我们能够从这种现象中得出的存在有关的一切信息——以及对现象的存在而言所存在的一切——都被包含于如下几个命题之中,它们简洁得令人吃惊:①"存在存在"(est);②"存在是自在的"(est en soi);③"存在是其所是"(est ce qu'il est)(xlii/34)。提出这些奇怪的公式并不是为了对这种存在做出一番富有教益的描述,也不是为了断言有关该存在的分析性真理,而是为了让我们注意到它与概念和判断之间的关系,一种特殊的、非同寻常的、否定性的关系。在被用于现象的存在时,系词只相当于是一种提示或是一种具有表达作用的符号(它指向存在,或者说它表达着意识与存在之间的对抗)。而萨特提出的这些命题旨在向我们表明:①除了使用该系词,思维功能已经无法对这种

23 一般将 being in itself 与 being for itself 分别译为"自在的存在"与"自为的存在",我们将在某些地方直接使用"自在存在"与"自为存在"以替代上述译法,以避免过多的"的"可能带来的误解。读者在某些地方也会看到"自在之存在"与"自为之存在"这样的表达,它们分别对应的是 the being of the for itself 与 the being of the in itself。请读者注意这些术语之间的区别。——译者注

存在做出更多的探讨了;②之所以如此,是因为对该系词的使用已经把存在一网打尽了:思维在这里走到了极限,但这种极限也是存在的极限。(正如主谓式在主客关系当中主观的一极中是缺失的,在这种关系当中相反的、客观的一极中——出于某些不同的理由,并且在相反的意义上——它也是不在场的。)

　　萨特提出的这三个命题的意思是:现象的存在无须理由也无须辩护而存在着(exist),上帝或自然法都不能对它做出说明,因为它就"存在"而已;我们甚至不能用"非创造的"或者"自我创造的"这样的词语来描述它;它是一种绝对的充盈,是自我同一的,它不带有意识却依然是完整的;那些基本的概念范畴,诸如主动性与被动性、否定与区分、可能性与必然性,都不适用于它;它超乎生成之外,并脱离了时间性(xlii/33-34)。其全然同一的存在(可以用"A是A"表达)意味着它"是在无限的压制下存在,属于无限的致密性"——它不需要综合性的统一,因为它的统一性"消失并转化为同一"(74/116)。萨特将其命名为"自在的存在"(being-in-itself),尽管他注意到,对反思性的暗示("自"[itself])非常具有误导性(76/118)。我们不能认为有什么事物对自在的存在做出过辩护,抑或赋予其必然性或可能性,就此而言,它超乎理性和模态之外,所以说,自在的存在是偶然的——这是一个特殊的、绝对意义上的判断,与那些常规的、相对意义上的针对偶然事物的判断形成了对照。(请注意,自在的存在如何基于所有这些理由而不是"物质"。)

　　萨特强调,自在的存在之所以无法得到解释,原因并不在于我们的认知能力只能如此:这种原因"与我们相对于自在的立场无关;并不是说,由于我们'在外面',我们就不得不去理解它和观察它(……)自在没有奥秘"[24](xlii/33)。

24　中译本将这段话的前半部分译为:"与我们相对于自在的位置有关,在这个意义下我们将被迫了解及观察自在,因为我们'在外面'。"与英译本的翻译表达了完全相反的意思。——译者注

因此,现象的超现象存在是自在的存在(l' être-en-soi)(xxxix/
31)。它在所有方面都与我们在意识中所发现的超现象存在相对
立,而对后一种存在,萨特现在将其命名为"自为的存在"(l' être-
pour-soi)。自为的存在的形而上学特征恰好是自在的存在的形而
上学特征的反面。自为的存在被定义为"是其所不是且不是其所
是",是"应是其所是"(a à être ce qui'il est)(xli/33)的存在,《存在
与虚无》的第二卷将会对此做出解释。

萨特指出了自己对自在的存在的说明与海德格尔的观点相抵
牾的地方。海德格尔认为,我们与大写的存在之间的关系推动了
对存在之意义(Sinn)的追问。但萨特认为,"超越"自在的存在而
"走向它的意义"既无必要也不可能(xxxix/30)。萨特拒绝了海德
格尔对大写的存在的追问,这其中还有一个更深层的目的。海德
格尔对于此在与大写的存在之间关系的构想蕴含着如下观点:大
写的存在在某种程度上需要人类,并且,由于海德格尔断言"此在
的在世"的那种不能分解的、不可分析的、融合的完整性是最重要
的,他就确保了此在的异化不会超过一定的限度。无论此在有怎
样的错误或过失,大写的存在总是恰好隶属于此在,正如此在也总
是恰好隶属于大写的存在。所以,不管此在与大写的存在之间实
际上的距离有多遥远,此在都可以在大写的存在中安家,至少在原
则上总是有这种可能性的。萨特排除了这种形而上学的乐观主
义。如果自在的存在在萨特所提出的三个论点中已经得到了彻底
的探讨,它也没有奥秘可言,那么世界本身的存在便是以一种无条
件的冷漠去面对人类的关怀。

56

7.作为整体的存在(导言,第 6 小节,第 xlii-xliii/34 页)

导言部分以一组问题结束,带着这些问题,萨特在后文中正式

开启了自己的探索之旅：

> 这两种存在的深刻的含义是什么？为什么这两种存在都属于一般的存在？这种在自身中包含着截然分离的存在领域的**存在**意味着什么？如果这些在理论上并无交流的领域事实上又由某些关系统一起来，但唯心主义和实在论都无法对这些关系作出解释，那么我们还能给这个问题提出别的解决办法吗？[25]（xliii/34）

萨特稍后在有关虚无的那一章的开头（3-4/37-38）又提出了这个问题，正如萨特所言："（1）所谓'在世'的综合关系是什么？"，"（2）为了使人和世界的关系成为可能，人和世界应该是什么？"（4/38）。这清楚地表明，人们可以期待哲学去阐明由存在构成的可理解的整体，这个想法完全是合理的，因为我们事实上在单纯意向性意识的领域之外确实发现了存在的两个领域之间的关系，这也就是我们的"在世"（"在世的人这个整体"，第4/38页）。

自为与自在的关系所具备的特性，萨特和海德格尔对我们的"在世"所做出的不同理解，以及这给"存在构成了一个整体"的想法所带来的困难，所有这些都应得到强调。

萨特谈及自为的"喷射"（jaillissement, surgissement），谈及作为"绝对的事件"的自为，这是"在自在中发生"（arrive à）的某个事件，是"自在的唯一可能的偶发事件"（216-217/268-269）。这些隐喻和句法形式表达了对萨特而言至关重要的一点。按照我们平常的想法，世界是一个永久的存在物或结构，它包含着一系列的变化或事件，其中之一便是人类的出现。但萨特并不认为我们的出现

---

25 中译本将后两个问题译为："这种自身中包含着截然分离的存在领域的存在的意义是什么？如果唯心主义和实在论都无法揭示那些事实上用来统一那些确实无法沟通的那些领域的关系，能够给这个问题提出别的解决办法吗？"——译者注

是世界历史中的一个事件,因为他认为,除了"存在",其他任何先
在的形而上学范畴都无法涵括自为——自在的存在所提供的形而
上学范畴并不足以对自为加以构想,自在的存在并没有对自为的
存在做出任何概念上的展望。因此,萨特从自为的存在中看到了
一个新的形而上学范畴:他看到了事件。所以,自为的存在相对于
自在的存在,正如事件性相对于实体性。(借用一个类比,自为的
存在相对于自在的存在,正如空间距离相对于惯性物体。距离并
非源自物体,它既不会影响物体也不受物体的影响,但如果没有物
体,距离也就不可思议了。)萨特坚持认为,这两种在本体论的层面
上彼此相异的存在类型在形而上学的层面上又以一定角度彼此联
系着。这当然重申了萨特的反自然主义立场,但也反映出他与海
德格尔之间的分歧。毫无疑问,人类主体对萨特而言必然是"在
世"的,对海德格尔来说也一样;但是(我们会在第 12 节看到)它所
在的世界只是喷射的相关物,而自为即是这种喷射;所以,对于海
德格尔而言,介词"在"暗示着我们隶属于某种超人类的本体论秩
序,但对于萨特来说,介词"在"根本不具有这样的暗示。

在结论部分,萨特又回到了这个问题:在何种意义上,存在构
成了一个整体?(参见第 46 节)请注意下面几点。首先,萨特既然
就存在的整体性提问,并把这个问题尊为《存在与虚无》中的首要
问题和最基本的讨论框架,这个事实表明,萨特所关心的问题与传
统形而上学非常地接近,《存在与虚无》的内涵也远远超出了哲学
人类学的范围——即使这两种存在类型的"终极意义"是由人构成
的,萨特还是想根据一般意义上的存在去表明人在形而上学上的
突出地位。其次,萨特并不接受由实在论和唯心主义给出的解决
方案,他断言:实在最终无法成为一个融贯的整体,但这同样具有
相当重要的意义。他的这一举动很不同寻常,因为上述说法不会
得到之前任何传统形而上学体系的支持。当我们在第 46 节回到

有关存在之整体性的问题时,我们会思考上述说法将萨特置于何种境地。

8.本体论关系与认识论

我们已经看到,萨特在第 2 小节引入了一种与认识关系形成对照的本体论关系,他在第 5 小节的本体论证明中也对这种关系加以利用;但萨特对这种本体论关系的想法需要得到澄清,就像萨特《存在与虚无》中对认识论采取的那种更为一般性的态度也要得到澄清一样,因为它看上去有些模棱两可:有关本体论证明的讨论已经显示出,我们既可以认为萨特提供了一种对直接实在论的认识理论有利的原创性论证,也可以认为萨特提出了一种"消解方案",该方案否认了任何认识论难题的存在(existence)。[26]

萨特认为,本体论关系是一类比认知关系更为原始的关系;它是认知的前提,认知随附于它。本体论关系使认知成为可能,而从认知的观点来考虑,正是由于这些本体论关系,由这些关系所导致的认知(由它们推动的从一项抵达另一项的认识路径)只是缘于每一项的单纯存在。想要进行辩护的念头并不适用于本体论关系本身,虽然本体论关系与那些拥有确定性和不可怀疑性的认识状态是相关的。(注意,我们不应认为本体论关系在概念上就是某种处于特权地位的认识关系,因为谈论本体论关系完全是为了去解释这种认识关系是何以可能的。)对于那些直接随附于本体论关系的认知来说,它们的形式是一种原始意向性的"与对象的关联",而不是那种复杂的对对象的判断,也就是说,它们的形式是立场性意识而非正题意识。

---

26 参见本章第 10 条注释,其中涉及现象学与认识论之间的间接关系。

可以通过海德格尔对胡塞尔的批判来理解萨特有关本体论关系的想法。海德格尔反对胡塞尔的说法,他认为意向性的最基本形式不可能拥有认知的特征,所以也不可能具有意识的特征。萨特在这一点上赞成海德格尔的说法,他也认为基本的意向性是非认知的,但他赞成胡塞尔把意向性认同为意识的做法,因此并不接受海德格尔的"意向性的基本形式是实践的"这个论点。[27] (在第73/115-116 页和第 85/128 页,萨特批评了海德格尔"克服"意识这一维的做法。)

从这些我们可以看出,萨特虽然对认识论问题持有模棱两可的立场,但这并没有掩饰任何不一致之处,我们也可以看出该立场为什么应该保持这种模棱两可的状态。海德格尔认为,认识论议题以错误的形式出现,或者说,它们是无意义的,所以他转而离开了这些议题,这在一定程度上体现了他对传统哲学的拒斥;但萨特的本体论转向与此不同,认识论方面的动机仍在萨特的议程之内,他把其他哲学理论在解决认识论难题上的无能当作一份论据来支持自己提出的本体论。然而,虽然萨特保留了意识,但他比胡塞尔更进一步地离开了传统认识论:萨特用意识的先验视角来奠定本体论,他认为该视角同时也解决了认识论试图填补的缺口。[28] 由此便产生了方才描述过的、本体论关系(萨特提出了有关的理论)和认识论关系(萨特并没有给出正面的理论,但他认为并不需要这么做)两者之间的重叠。

59

---

27 萨特在《意向性》中解释了他如何恰好位于胡塞尔与海德格尔之间(与之外),采用了各自的术语去(重新)阐释对方;我们的存在是"在世"之在,但这种"在"必须被理解成一种"运动",具体来说就是意识所是的运动,因为意识只是"一种逃离自身的运动"。也可参见 'Consciousness of self' , p.132。

28 基于这个理由,当梅洛-庞蒂断言"萨特期望"通过他的二元本体论"去说明我们对于事物的原初接触"(*The Visible and the Invisible*, p.52),他一方面是正确的,但另一方面又是误导性的。

　　诉诸本体论关系的第一性,并指责对立的立场因为假定了"认识的第一性"而犯了方法论上的错误,这种策略在《存在与虚无》中的某些关键时刻会再度得到运用,尤其是涉及有关他人之心的问题时(参见第27-29节)。并且,萨特在有关超越性的那一章说明了认知的本质,该章会进一步充实对"作为本体论关系的认识"的构想。本体论关系在《存在与虚无》中处于核心地位;这些关系涉及自为的结构抑或它与自在的关系,并与认识论关系叠合在一起;它们是否定的和内在的。内在的否定(une negation interne)是两个存在间的这样一种关系,"即被另一个存在否定的存在通过它的不在场本身,在它的本质内规定了另一个存在。那么否定变成一种本质的存在联系,因为它建立其上的各种存在中至少有一个是指向另一个存在的"(175/223,同时参见第86/129页)。注意,否定的本体论关系本身并不等价于(虽然它们可能支持着)"一个存在对另一个存在做出否定判断"这种关系(这种还原会再度主张认识的第一性)。内在的否定可能会进一步展现出一种动态的特征,凭借这种特征,本体论关系中的一项所拥有的能动性不需要任何因果性的中介,也不需要一者对另一者的"表象",便可对另一项的存在做出改变:内在的否定是"在互相否定中构成的两项的综合能动的联系"(252/310)。而在外在的否定中,关系不会影响到关联项的存在(例如:摆在桌上的报纸并不是桌子),这种否定适合于客观的经验真理(185/234)。(附言一句,以完成类型上的划分:我们会在讨论"占有"关系的第41节里看到,内在的本体论关系并不完全是否定的。)

9.虚无的形而上学(第一卷,第1章,第3-24/37-60页)

　　关于自在的存在和自为的存在的基本本体论,虽然我们方才已经考察过了,但它仍然是不完整的,直到萨特阐述了虚无的形而上学才将其补充完整。这部分内容被包含在第一卷第一章的前半部分(3-24/37-60)。在该章其余的部分(24-45/60-84),虚无的形而上学被发展成一种有关自由的理论,我们会在第32节和第37节回顾这部分内容。

萨特的核心主张是,虚无隶属于实在的结构,而将意识等同于虚无的做法解释了实在的虚无何以可能。可以认为,萨特的论据是沿着四个阶段逐步推进的:①否定是认知的不可还原的、必然的组成部分与条件,但它不能被还原为某种判断功能。②否定在本体论的层面上是实在的,其实在性可以通过现象学的方式得到证实,因为我们发现,虚无是具体的经验对象。③必须认为虚无的实在性来源于意识进行否定的力量。④通过考察其他有关虚无的理论(黑格尔和海德格尔的理论),我们得出结论:意识之所以拥有进行否定的力量,是因为意识即是虚无。最后,作为对该理论的补笔,萨特针对自为的起源提供了一份带有思辨色彩的建议。

(1)我们姑且先对否定做出初步的理解,认为它不过是以否定词对事物进行思考。就我们对世界的认知而言,否定是遍在的、必需的:这是萨特进行论证的起点。萨特一开始是根据"考问"这一概念来表明这一点的。萨特指出:否定是考问的前提,它包括考问者的无知,这种不知道的状态,还包括得到否定回答的可能性。既然能够被思考的一切事物既有可能是考问的题目,也有可能是对于考问的回答,那么可思考的一切事物都在逻辑的层面上与现实的或可能的否定联系在一起。在"考问的态度"这一标题下,萨特不仅容纳了认知上的探求,还进一步容纳了一切实践事务,因为无论何时与事物打交道,其中都拥有考问的结构:对于我的一切尝试(比方说,对汽化器加以检查,以对车子进行维修),世界都可能回答"不"(7/42)。

61

对考问的考察导向了进一步的观察,这些观察表明了否定是无处不在、不可消除的。首先,如果要对世界做出彻底的描述,就需要某些特定的概念,譬如失败、毁灭和易碎裂,而组成它们的否定性部分是不可还原的:失败便是不成功,毁灭便是让某种事物不再(8/42-43),易碎裂便是展现出在某种情况下不再存在的可能性(8/43)。和进行考问的时候一样,在这些情况下,涉及人类主观性的某种关系同样卷入其中。萨特认为:甚至就易碎裂的情况而言,也需要人类主体将处在现实状态的对象和一种被谋划出来的可能的未来状态联系在一起(这里请回忆一下先前对"超乎于否定之外"的自在的存在所作出的说明)。萨特更进一步将否定作为认知的先验条件:萨特认为,每一个概念、每一个思想动作都涉及否定。对任何概念的运用都预设了否定,不管是在个体化某个对象时,还是在对它做出谓述时:判断 X 是 F,就是将 X 规定为一种独特的形式,也就是说,它与 Y 等等是不一样的。譬如,在确定空间距离时需要确定界限,因此也需要否定(20-21/56-57)。因此,要对一个由个体化的、拥有确定属性的对象构成的世界有所意识,否定就是必需的:我连续用否定性去"孤立并规定存在物(existent),即用否定性来思考他们"(27/64);否定是"实现"认知统一性的"纽带"(21/57)。如果根据"真理"这一概念来表达上述先验的主张,那么可以说:"真理,作为对存在的区分,引出了"非存在,因为如果(判断出)某种事物是真的,那么就(判断出)世界"是这样而不是那样"(5/40)。或者换用"认识"这一概念:"不是我的东西是面对我在场的",而"这个'不存在'先天地被一切认识的理论所包含"(173/222)。

(2)因此,表明否定是遍在的和必需的,这相对比较容易——事实上,任何赞成"规定即否定"(omnis determinatio est negatio)这条传统形而上学公式的人都会同意这一点。对萨特来说,更艰难的任务在于表明否定不仅仅是思想或判断的特征,虽然人们很自然地默认了否定属于某种主观的东西。常识以一种典型的原始自然主义的方式将实在等同于存在着的一切事物,这意味着否定仅仅隶属于我们对于事物的思考,而并不隶属于事物本身。[29] 而这可能会得到下述论点的有力支持:否定是以人类为转移的,否定如要出现,就需要某种涉及人类行动或人类认知之可能性的关系。萨特也勉强承认了这一点。因此,按照判断理论,我们就会把否定设想为"判断的一种性质"(6/40)——在判断或思想的动作中运用否定的范畴——还会把虚无的概念仅仅理解为一切否定性判断的"统一"(6/40-41)。

首先,萨特对这种观点展开攻击的理由在于,我们与否定的关联已经超出了判断的范围,正如在考问中所表现出的那样:虽然我想知道命题 p 是否成立,但是我并没有对"我不知道 p 的真值"这件事情做出判断,然而这种意识是考问的前提。正如萨特所言,我们拥有对"非存在的那种直接理解"(8/42),拥有对虚无的"判断前的理解"(9/44),而且这些判断前的理解不可能被集体转换为判断,甚至在原则上也不可能。与此相关,其次,萨特坚持认为:否定在被给予我们时并不是主观的——对象碎裂的可能性抑或它已经被毁灭的事实在被给予我们时是在世的,是"一个客观事实而非一种思想"(9/44)。再次,萨特询问道:基于"存在与肯定性充实着一切"[30] 这个假设,那么按照判断理论,到底是什么会把基本的可理解性赋予否定的范畴? 毕竟,如果实在所包含的一切事物(我们的精神状态也不例外)都具有肯定的特征,我们又怎么能够"设想判断的否定形式"(11/46)呢?

29　对于此处问题的澄清,参见 Gert Buchdahl, 'The problem of negation', Philosophy and Phenomenological Research 22, 1961, 163-178。

30　中译本译为"一切都是存在的充实体和肯定性"。——译者注

这些论点虽然很有力，不过或许并不足以迫使人们拒绝判断

63　理论。判断理论可能会提出这样的说法：只要我们把否定当成先天的范畴（或者天赋观念），就不需要说明它是如何获得可理解性的；而且，在诸如毁灭或者易碎裂这样的情况下，我们可以在事件本身或者说物质的重组过程和我们针对它们的否定性的思维模式之间做出区分；前者确实是在世的，而后者则并非如此。

　　萨特宣称，下述事实可以让我们"有把握地做出决定"去反对判断理论（9/44）：否定采取的是具体的形式。萨特提出了一个现象学主张：虚无作为经验的立场性对象而出现。萨特举了一个很有名、同时也颇具说服力的例子来支持这个主张：我走进咖啡馆去见一个人，但我没在那里看到他（9-10/44-45）。我发现皮埃尔不在咖啡馆，和我从一份完整的顾客名单或从有关皮埃尔在他处的报告中推断出皮埃尔不在这里，两者的方式是不同的。它被给予我和咖啡馆中的某些物件抑或这整片区域以其存在的充实被给予我，两者的方式也是不同的。我发现皮埃尔不在咖啡馆的某个地点或所有地点，和我看见一个坐在角落的人，两者的方式也是不同的。皮埃尔的不在场经由整个咖啡馆而让我发现，而整个咖啡馆是作为一种不包括他的综合整体而组织起来的：皮埃尔的不在场"限定了咖啡馆"，咖啡馆"承担着"并"呈现出"那个被索求的皮埃尔形象，而这个形象"以咖啡馆的虚无化为基础，将自身作为虚无"而凸显出自身[31]；"呈现于直观的正是虚无的闪光"，它是"皮埃尔不在这里"这个判断的基础（10/45）。因此，以这种方式，皮埃尔不在咖啡馆的事实被给予了我，而这种方式使它有别于无数同样适用于该咖啡馆的完全抽象的否定性事实（惠灵顿公爵不在这座咖啡馆里，诸如此类）。判断理论可以说明这些抽象的否定，但是不

31　中译本译为"这就是皮埃尔，他作为虚无消失到咖啡馆的虚无化这基质中"。——译者注

能说明具体的否定性。这个例子"足以说明非存在不是通过否定
判断进入事物之中的,相反,正是否定判断受到非存在的制约和支
持"(11/46)。

如果判断理论要对此做出回应,它只能要么否认现象学的可
靠性(它可以沿着这样的思路:我们并没有经验到皮埃尔的不在
场,我们只是认为他不在场,又莫名其妙地把这种想法和对咖啡馆
的经验混淆在一起),要么否认现象学上的否定和逻辑上的否定是
同一事物的两种形式(它可能会说,现象学上的"否定性"是一种事
物,完全是经验的一种性质,只是很偶然地、或许只是在隐喻的意
义上与那种本真的、判断上的否定联系在一起)。然而,这两种回
答都有些牵强,而且我们现在已经看到了萨特对于否定做出的说
明所具备的优点。

(3)皮埃尔的不在场是萨特所谓的"否定态"(négatités)[32]的一
个实例,否定态指的是一种包含着否定并由否定构成的"否定化"
(negativised)的事态(21/57)。否定态以期待和人类的其他倾向为
前提,但它们又是立场性意识的超越对象——它们不是经验,而是
某些被经验到的东西;皮埃尔的不在场是"与这座咖啡馆相关的实
在事件",是"一个客观事实"(5/40)。由此出现了"虚无"(le
néant)的概念,它与否定不同,指的是那构成否定态之否定性的东
西所具备的本体论类型与地位:虚无是"实在物的一种成分"(5/
40),或者说是"实在物结构"(7/41)。正如分析所表明的,否定态
并不是与存在泾渭分明的纯粹虚无的自足单元:皮埃尔的不在场
并不是"对乌有(rien)的直观"(9/44)———一切否定性都是属于某
个存在的(属于咖啡馆的,也是属于皮埃尔的)。通过一定的操作,

64

32　英译本直接采用了法文原文,中译本则译为"否定性",但如果采用这种翻译,
　　该词就无法与 negativity 区别。此处参考本书作者给出的英文解释(negated),
　　姑且译为"否定态"。——译者注

某个存在可以与否定性重组在一起,而这种操作被萨特称为"虚无化"(néantisation);有鉴于否定态指涉着或此或彼的人类倾向,故而自然可得出推论:意识是否定性的载体,换句话说,意识拥有虚无化(néantir, néantiser)的力量。

就具体的否定态而言,虚无支撑着否定性判断,但从这个事实并不能得出虚无是一切否定性判断的本体论基础,而且萨特确实承认"某某不是"可以"只是一个想法"[33](11/45)(例如在"飞马并不存在[exist]"这句话里)。但是,一旦接受了虚无在形而上学层面上的实在性,我们就有充分的理由用虚无以及虚无化的力量来回答萨特提出的问题:是什么使得判断的否定形式可以被设想?我们由此获得了一种有关知性和感性的统一理论:否定成为概念活动(判断和概念运用)和感知活动(否定提供了一种不同于时空形式,但比之更为基本的直观形式)的单一的先验条件。

(4)接下来,萨特转而考察了有关虚无的两种说法。虽然判断理论对虚无的实在性持否定态度,但这两种说法都正确地将实在性赋予了虚无,也就是说,它们将虚无视为某种非主观的事物。但是萨特认为它们不够完备、不够全面,只有把刚刚描述过的有关虚无的形而上学再往前推进一步,才能排除掉它们的缺陷。

在《逻辑学》中,黑格尔将虚无描述成存在的辩证对立面,这两个范畴在彻底的抽象状态中展现出同样的完全无规定性,所以它们是空洞的,而根据这种内容上的同一性与空洞性,两者彼此的区分也就崩溃了,生成了"变"的范畴。根据萨特的阐释(第3小节,第12-16/47-52页),黑格尔的说法断言了存在与虚无之间的对称性,他把它们当作"两个完全同时性的概念",当作"实在物的两种相辅相成的成分","就像光明和黑暗那样";它们不能孤立地考察,并且它们

---

[33]　中译本译为"仅仅是思想"。——译者注

"在存在物(existent)的产生中是以某种方式结合在一起的"。

　　针对黑格尔的理论,萨特提出了若干项反驳,譬如对黑格尔的唯心主义主张提出异议:在萨特看来,黑格尔认为存在就在于本质的显露(13-14/49)。然而,萨特最主要和最有力的反驳是,黑格尔的图式把虚无还原为某种与存在一道存在着(existing)的事物——所以虚无存在,或者说拥有存在——如此一来,便消除了存在与虚无之间的区分。一方面来说,这确实就是黑格尔自己秉持的观点:被设定的区分消失了。但萨特的论点是,我们应当这样去看待上述区分的崩溃:它表明了把存在和虚无"相提并论"(15/51)在一开始就是一个错误,尤其是,它没有看到存在和虚无各自的未分化性是不同的:抽象的存在是所有规定的虚空,但虚无则是"*存在的虚空*"(15/51)。因此,它们真正的关系是一种非对称的矛盾关系,而不是对称的对立关系:否定是对之前便存在着的事物的否定,虚无"从逻辑上说则是后于"存在的(15/51)。黑格尔将存在还原为被本质的显露,由此体现出他犯了一个根本性的方法论错误:他让存在等同于存在的概念,或者说,他并没有把握住存在概念的独特性(这里我们又回到了萨特在导言部分提出的反对唯心主义的论据,第2至第5节对此有所描述)。

66

　　萨特认为,为了对存在与虚无之间的区分做出融贯的思考,我们必须认为它们在概念上是不对称的,而这就要求我们做出如下表述:存在存在而虚无不存在(15/51),它"只可能有一个借来的存在(existence)",[34]它"从存在中获得其存在"(16/52)。萨特的观点是,如果系词"是"(is)在概念上提示着存在,那么就不可能同时被用来提示虚无——为了对虚无做出标记,我们必须使用"是"的否定。由此而产生的构想是:实在既包括"存在"的事物也包括"不

34　中译本译为"只可能有一个借来的实存"。——译者注

存在"的事物,但虚无依赖于存在,并且通过存在的虚无化而出现(正如对皮埃尔不在场这个例子的分析所表明的)。

海德格尔避开了黑格尔的说法所遇到的各种麻烦(将存在与虚无置于对称的位置上,以及概念上的还原论),他让虚无依附于人的实在(第 4 小节:第 16-21/52-58 页)。被定义为在世之在的此在处于存在之中并"被存在包围"(17/53),但世界的出现只是因为此在拥有超越性的结构——此在超越存在而趋于自己的未来;根据海德格尔的说明,此在由此与存在拉开的距离引入了虚无,而"世界正是凭借这种虚无而显示出了自己的轮廓"[35](18/54)。

萨特在海德格尔的说法中找到的缺陷比黑格尔的说法展现出的缺陷要更轻微一些,它与海德格尔的解释顺序有关。萨特和海德格尔都认为虚无是先验的,但对海德格尔来说,它的地位仅仅是次要的和派生的:此在超出自身的超越性是源初的,而虚无仅仅是由它蕴含着的,"被超越性所支持,所制约"(17/53),是"一种超越性的意向的对应物"(19/55)。为了反驳这种观点,萨特只需要表明,海德格尔用来描述此在之超越性的肯定性术语"全部掩盖着暗含的否定"(18/54):为了超越世界,此在必须起初就把自身看作"不再自身之中,又不是世界"。萨特还补充道,海德格尔的说法让虚无"从各方面包围了存在,同时又从存在中被驱逐出来"(18/54),而且这种"物质世界之外的虚无"(19/55)并不能说明我们在世界之中、而非在世界之外"所遇到的一片片非存在"[36](19/55)。

[根据萨特的诊断,这些错误按照一定的模式反复地出现:在海德格尔的构想中,原初的世界是由"上手"(ready-to-hand)的存在物所构成的"工具性的总体"(equipmental totality),但他没有看到,这种构想必须要以一种只有基于自为的否定性才得以可能的对存在的

35　中译本译为"使世界获得一个轮廓的东西"。——译者注
36　中译本译为"遇到的那些非存在的小湖泊"。——译者注

切入为前提（200/250-251，参见第 21 节）；而且，在涉及他人之心时，海德格尔也没有把物质世界之外的或"本体论的"事物和物质世界之内的或"本体状的"事物联系起来。]

在表明了黑格尔和海德格尔对虚无的非主观主义说明所面临的局限之后，萨特下一步就能够从中得出推论。萨特已经证明了，实在包括否定，因为意识拥有否定的力量；萨特现在想要表明，意识拥有这种力量，因为它就是否定："*虚无由之来到世界上的存在应该是它自己的虚无*"（23/59）。这种本体论上的认同既超越了"意识是否定性的载体"这一主张，也与"虚无只是'我们之中的永恒在场'[37]（11/47）"这一论断相容；海德格尔宣称此在能够将虚无引入实在，而萨特需要利用上述关联去解释此在何以能够如此。（萨特的论证策略是逐步消除其他备选项，第 22-23/58-59 页给出了论证过程的细节。）

萨特最后回到了那个问题：自在的存在和自为的存在是怎样联系起来的（第 7 节）？萨特的提议涉及自为的存在的起源，人们起初或许会将这个提议称为萨特的"非创造的神话"（de-creation myth）：他提出，自为的存在是已经经受过一次虚无化的自在的存在。萨特认为，只有自身被虚无化了的存在才能本身便拥有虚无化的力量。因此，萨特暗示：人类存在是一种"沉没的"（fallen）、被否定的自在的存在——就好像它原本是某种事物，但经受过形而上的毁灭之后，它被剥夺了存在，如今以意识的形式存在于（exist）世间，仿佛幽灵或幽影一般。这就是作为整体的存在所包含的两个领域之间的"综合关系"的其中一个元素：自为的存在在经受过虚无化之后从自在的存在中被创造出来，并以此与自在的存在联系在一起。

37　中译本译为"永远在我们之中"。——译者注

　　一般来说,萨特的提议会鼓励人们产生这样的想法:自在的存在之所以会被消除,是出于某些带有道德或神学色彩的理由——就好像犯了一个错误,无论这个错误是由我们犯下的(那种有关人之堕落的叙事[38])还是为我们犯下的(普罗米修斯的故事)。然而,萨特并没有将这种提议贯彻到底,而且很明显,他的基本本体论也拒绝说明是谁或者是什么消除了我们的存在。因此,这种涉及自为之起源的人类发生学提议在《存在与虚无》中的地位是暧昧的。一方面,似乎应该把它仅仅看作"好像如此",看作一种形而上学的虚构,它只是用来反映有关人类经验的某种被人们感受到的性质,在该书中这个比较早期的阶段,它似乎并不拥有更多的含义。但之后在第二卷,我们将会看到:萨特对于我们从自在中的消除而给出的说明,构成了他对自我意识(79/121,参见第 14 节)、对作为自为的一种结构的"欠缺"(86ff./129ff.,参见第 17 节)进行说明的前提;萨特还在这个基础上建立了有关人的动力的形而上学,萨特对该形而上学的说明也是以它为前提的(参见第 38 节);我们的"人为性",作为自为的诸结构之一,也是通过它获得了直接的形而上学解释,这种解释完全是非虚构性质的(84/127,参见第 16 节)。在讨论到最后一节时(第 48 节),我们将再次考察关于这种消除过程的故事到底拥有多少分量,并且询问:既然萨特允许自己的二元论否决一切有关自为之起源的进一步猜测,那他的这种做法是否正确呢?

10.作为虚无的意识

　　萨特的虚无理论似乎一开始就遭遇了一个显而易见的难题。

38　《伦理学笔记》(*Notebooks for an Ethics*)第 11 页明确提到了这一点。

萨特说,虚无"不存在",换言之,虚无不拥有存在,而如果某个事物不拥有存在,那么它就不存在(exist)。所以,如果意识就是虚无,那么它就不拥有存在,那么也就不存在(exist)。但是可以肯定的是,萨特坚称存在着意识:萨特或许会对取消物理主义(eliminative materialism)感到亲切,但他可能并不愿意去否认"意识存在(exist)"这句话也表达着某种真理。

毫无疑问,萨特想给"意识就是虚无"这一主张蒙上一层悖论的幽影,用它不断提醒我们在本体论上的独特性,但如果我们回忆一下他对"存在(existence)拥有多种模式"这一学说的坚持,承认他所构想的虚无是存在的一种模式,并且承认被加在"虚无"后面的"不存在"就是用来表达这种模式的,那么在阐明他的立场所蕴含的意义时也就不会遭遇悖论了。既然在萨特的理解中,虚无的概念并不是从判断的某个形式中获得其源初的哲学意义,那么把意识认同为虚无的做法并不等于宣称意识不存在:实在作为存在物(existent)的总体,既包含以存在的模式("存在^{存在}[exist^{IS}]")存在(exist)的事物,也包含以虚无的模式("存在^{不存在}[exist$^{IS\text{-}NOT}$]")存在(exist)的事物。

因此,萨特将意识所拥有的特定存在方式等同于虚无的做法避免了矛盾。而且它还有着强有力的、可以理解的理由,该理由独立于第9节所描述的有关虚无之起源的发生学推断,也比后者更加直接。

萨特已经在导言部分宣称:从本体论的角度来说,意识以一种特定的(意向性的与反身性的)方式依赖于它的对象。现在,我们对意识的概念(就其现象学意义而言,而且出于先前已经给出的理由,萨特认为意识的概念是一个只能拥有现象学意义的概念)必须反映出这种依赖性。因此,一个从现象学的角度构造出来的意识概念必须表明它自己并不是它的对象,表明自己原初地"相异于"

并"区分于"它的对象。现在,意识的对象具有自在的存在的地位,而我们知道,这只是存在的一种模式,并不是存在本身和一般意义上的存在;这也就是为什么从意识"相异于自在的存在"这个事实并不能得出意识因相异于存在本身而非存在(non-existent)。然而,只有在晚些时候才能在自在的存在和其他存在模式之间做出区分:我们只有经过哲学反思以后,才能说意识对象的存在仅仅是存在的一种模式。与此相对照,在那个具有原始先验性的情形里,由于意识将自身区别于它的对象,那么对意识而言,存在就只能被构想为其对象的存在。

这样一来,萨特将意识指定为虚无的做法便得到了担保:某些事物作为示例向意识表明存在是什么,而意识必定在与这些事物的否定性的关系中原初地经验到自身,因此必定经验到自身即是虚无。又因为萨特要求哲学思考奉主观性为圭臬,所以这种构想不可能就此打住:《存在与虚无》会继续揭示出一大批更深层次的结构,相对于这些结构,单纯的对象意识会显得相对肤浅,但有了这些结构之后,萨特将意识构想为虚无的做法得到详细的阐发,不会被作废。意识对作为虚无的自身所拥有的源初经验会被用来把握更加复杂的主观性结构,而之后的论证会表明这些结构只有作为虚无的诸种形式,或者说作为成为虚无的诸种方式才能为人们所理解。

刚刚概述的思路在后面有关超越性的章节中(参见第 20-21 节)得到了明确的阐发,该章根据自为的诸种结构对意识重新加以阐释(特别参见第 173-174/222-223 页和第 180-183/229-232 页)。萨特注意到,我们当然可以认为认识对象"不是意识",换句话说,将否定性运用于对象,而非运用于意识;但是这个判断只有在"自为是一个已充分形成的实体"的情况下才是第一位的:正是通过源初的否定，"自为使自身不是事物"[39]（174/222）。自为——对自身的个体化——"具体地否认了它是一个特殊的存在"[40]（180/229），亦即这个存在，这被意识到的存在。这种指示特性，亦即对象的"这性"（thisness），是自为的作品；意识是某种直指的动作，但它与那种指向某物的常规动作有着进一步的区别，即它是反身的和否定的——或许可以说，意识这样"谈论"自身：它不是这个事物。

　　萨特的虚无概念很明显不同于平常所认为的虚无概念，无论它究竟会是什么：它是一个专门的哲学概念，其意义在《存在与虚无》中会不断得到充实，仅仅在全书的结尾处才能得其全貌。（我们将会在第14节中看到，萨特关于自我的理论怎样进一步完善了虚无的形而上学；第78-79/120-121页给出了这部分内容。）如果把该书提出的哲学重构为基于单一原则的体系，那么这个原则便是将人类等同于虚无。所以，在目前这个阶段，我们还无法确保、也不需要确保萨特将意识的存在模式和自为指定为虚无的做法必定会带来收获并得到人们的理解，只有当我们见识到否定性在全书打算探讨的一切情形中所发挥的作用之后，才能对上述做法做出评价。比如说（而且尤其重要），我们会在第14节看到，萨特也能够把自我意识当作他将自为等同于虚无的根据。如果有人建议用其他的本体论观念去取代虚无，认为它同样既可以起到分析的作用，又可以起到统一的作用，那么对萨特来说也不会有什么损失。但很难看出这个观念究竟会是什么，就此而言，萨特的虚无形而上学拥有可靠的理由。

71

39　中译本译为"自为使自己不是事物"。——译者注
40　中译本译为"一个具体地否认了这样一个特殊存在的自为"。——译者注

11.针对萨特本体论的常见批评

之前已经说过,对萨特的批评通常沿袭着既定的套路。华尔在 1949 年就萨特的本体论表明,萨特在胡塞尔的引导下接受了"某种唯心主义,但它与"萨特得自海德格尔的"某些元素并非全然协调一致"。[41] 问题在于:

"自在"与"自为",哪个才是第一位的?在萨特的哲学所遭遇到的一切问题中,这个问题最为棘手。当他说"自在"是第一位的,他把自己归为实在论者;当他强调"自为"时,它把自己归为唯心主义者(……)鉴于这两种形式的存在在一切方面都是绝对对立的,人们不禁要问,把两者都称为存在是否依然合适。如果本体论是关于唯一存在的科学,那么在这种关乎本体的理论中还有没有任何本体论呢?

其次,人们可能会问,实在当中是不是真的有某种事物可以算作萨特所定义的"自在"(……)萨特对"自在"的肯定诚然从他的角度回应了认识论上的关切,也满足了对独立于思维的实在做出肯定的需要;但是他真的有权利从上述断言过渡到下面这种想法吗——这种实在就是唯一存在着的东西,事实上,也就是某种庞大而稳定的事物?[42]

因此,与此相关的不满包括:①萨特的形而上学混淆了实在论和唯心主义;②萨特泾渭分明的二元论是不融贯的;③萨特对自在的存在的构想是无本之木。

41　'The roots of existentialism',p.24。
42　'The roots of existentialism',p.24。华尔补充道:萨特的实在论-唯心主义"困境"导致"他在某些论点上从海德格尔的构想返回到、甚至可以说是退缩到黑格尔和胡塞尔的构想"(p.28)。

华尔为萨特提供了一条出路以逃离上述困境：

> 萨特哲学中的二元性或许是其内在的特征之一，它不该受到轻视。在萨特的哲学中，对辩护的追寻以及辩护的不可能性是两个反复出现的主题。他的哲学绝佳地体现了刨根问底的风格（problematism）和当代思想的暧昧（因为对当代的心灵而言，人看上去的确是暧昧的）。
>
> 这并不是说，萨特努力消除暧昧的做法是不明智的或不可能的（……）说不定以后会有另一位萨特把这种暧昧消除掉。[43]

华尔认为，存在主义竭力忠诚于活生生的个人经验，从而与古典哲学保持距离，这在一定程度上构成了存在主义的本质特征。[44] 然而，萨特从未消除或试图超越华尔所宣称的暧昧性，而且当时另一位对萨特进行评论的评论家也注意到，以华尔提出的纯粹主观的方式去确证萨特的思想，其代价便是：它因此而丧失了其"形而上学关怀"[45]。一种缺少形而上学关怀的形而上学，一种没有得到辩护的哲学，不过是一份古怪的虚构作品，我们没有理由认为萨特会对这类东西感兴趣。所以，我们只能试着考察一下，能否将萨特的本体论从那种认为它不融贯的指控中解脱出来。并且，如我们在第7节所见，萨特肯定没有忽视华尔所提出的那些问题。

12. 实在论，唯心主义和处于可理解的已分化状态中的对象世界

不过，萨特与实在论和唯心主义的关系到底如何？不难看出为什么人们会认为萨特在这个问题上惹了麻烦。[46] 出现了一个严

---

43 'The roots of existentialism', p.25。

44 'The roots of existentialism', pp.4, 26。

45 Marcel, 'Existence and human freedom', p.62。

46 关于《存在与虚无》在实在论和唯心主义上的模棱两可，参见 Natanson, *A Critique of Jean-Paul Sartre's Ontology*, ch.9。

重的困难。萨特已经肯定现象的存在是自在的存在。在他的描述中,自在的存在既不是能动的,也不是被动的;它"超乎于否定之外""超乎于生成之外""脱离了时间性",它是"自身充实的",是"实心的",它展现出"未分化"的状态(xl-xlii/32-33)。这确实阻止了人们把自在的存在认同为经验实在,后者是组成已分化的对象世界的繁多现象。那么这个对象世界又源自何处呢?

73

唯一可能的答案似乎是:源自主体。萨特对自在的存在的肯定貌似让他获得了他所需要的实在论,他可以借此否认自己的本体论属于唯心主义;但现在,他又以彻头彻尾的唯心主义去说明经验实在:自为必须以某种方式将处于可理解的已分化状态中的对象世界"引入"自在的存在。这样一来,他不得不放弃原来的观点。

不过这并没有立即引发一场灾难。虽然萨特自诩已经全然超脱于实在论和唯心主义,可这与上面的说法相抵触。不过萨特仍然可以宣称自己保留了实在论和唯心主义分别包含的真理,并将两者融为一体,"避免了"各自的偏颇,超越于在两者之间形成的矛盾。这似乎确实是萨特的想法:我们在第9节中已经看到,萨特认为,甚至在形成和运用"空间中的直线"这一概念时,虚无也是需要的;这表明萨特认为经验实在预设了主观性的先天参与;在探讨可能性(第18节)和时间性(第22节)时,萨特也采纳了类似的思路。这种把萨特诠释为唯心主义者的思路得到了下述观察的进一步支持:当萨特谈到要避开实在论、谈到实在论的不融贯之处时,他所理解的实在论认为对象就在我们意识到它们存在时也是独立于意识而存在的(existing),并且认为正因为它们施加了某种对其内在本性而言实属偶然的因果性,我们才对它们有所认知(参见第151/197页和第223/277页,并在第588/677页可找到关于实在论的定义)。[47] 根据康德的描述,这种立场像对待"物自体"那样对待经验中的对象,康德将之称为"先验实在论"。所以,似乎可以合理地将

---

47   参见'Intentionality',p.4:"胡塞尔不是实在论者:这棵树扎根于焦干的土地,但它不是某种之后会与我们发生交流的绝对。"

萨特的立场解释为对先验实在论（当然也包括对贝克莱的单纯经验范围内的唯心主义）的拒斥，并认为他赞成按照众所周知的康德模式将先验唯心主义和经验实在论融为一体。

把这种立场归于萨特的另一个动机在于，这样好让他在需要的时候借力于康德。第 8 节已经讨论过萨特提出的"本体论关系"，可即便允许萨特使用这一策略，我们还是可以说，某些被萨特忽略的传统认识论问题仍有待回答。在第 20 节中我们将会看到，对经验的（因果、空间等）形式，萨特只给出了（相对而言）不太站得住脚的说明。但是，如果在前反思意识的层次加入"赋予形式并构成对象"这种先验功能（该功能的运转同时也与自为的个体化有着必然的联系），我们便是以先验唯心主义的进路来解释萨特，这就将那些难题顺理成章地一笔勾销了。

然而，以康德解萨特面临着一些困难：萨特否认自己的立场属于唯心主义，他明确陈述了自己的反唯心主义立场——"主观性无力构成客观的东西"（xxxviii/29），自为"没有给存在添加什么"（209/260）——并提出论据以反对康德式的认识主体。

我们有理由不去理会萨特拒绝被贴上标签的做法，在解释他对唯心主义的拒斥时也可以区别"构成"一词的不同含义（先验的与经验的），而为了应付上面的第三个困难，我们可以评论说：萨特反对康德的论据无论如何都是成问题的。萨特拒绝康德提出的主体形而上学，其主要理由是，它包含着某种先验自我（ego），并在意识中引入了"范畴"和"法则"（先验的概念和原则，它们对经验对象的形式做出了具体的说明），从而与意识的必然空洞性（第 xxxi/22 页与第 11/46 页）相抵触。但是完全可以辩解道，康德式的先验主体并不是一个存在物，而仅仅是一项功能，它与萨特在《自我的超越性》一书中所攻击的"人格性的"自我（ego）毫不相干，而康德赋予意识的结构与萨特自己给出的先天的"自为的直接结构"（之后会在第二卷中讨论）在种类上并无区别，前者事实上是对后者的补充。所有这些都修正了萨特对自己的看法，不过为了把萨特的形而上学从矛盾中拯救出来，付出这些小小的代价也算合理，否则

74

这些矛盾会威胁到萨特的形而上学。[48]

然而,真正的问题在于,萨特将实在论和唯心主义结合在一起的独特方式看上去并不牢固,至少可以说,它令人感到困惑。萨特似乎想把意识的对象完全等同于自在的存在(参见第 5 节),并断言我们所意识到的自在存在是未分化的(参见第 6 节)。如果是这样,那就很难搞清楚自在的存在如何与已分化的对象世界共存。如果我们所意识到的自在存在是不带有任何形式的,那它们就不可能既作为内容又作为形式(某个现象已成形的内容不可能作为未成形的或不带形式的东西而被人们意识到)。他们之间的关系也不可能是本体性的依据和现象性的显象之间的关系:萨特否认自在的存在是本体性的(xxxviii/29),他也必须这样做,因为他的理论认为那些基本的形而上学范畴对自在的存在并不适用,这也就意味着它的存在是不可思的。如果自在的存在被阐释成对象世界的依据并与对象世界保持一定的距离,那么就会出现一个认识论上的难题:我们何以能够认识到这个依据拥有所有那些由萨特赋予它的否定性特征,虽然萨特坚持这么认为?(因此,曾被萨特驳斥过的那些思辨上的可能性就会再度出现——比如,他所谓的自在的存在其实是精神性的,或许是某种"神圣的心灵")。在萨特所描绘的图景中,似乎潜伏着斯宾诺莎式的或巴门尼德式的太一,但这个太一不知怎地仍然是可见的,由现象性的对象组成的缥缈幻景投射在它上面,它则位居其后,通过这层幻景而展示于世人面前。就算在这幅图景中并没有直接的逻辑不一致之处,它恐怕也是不融贯的。[49]

一些评论者已经表明,萨特的形而上学就此终结;但如果我们

---

48 萨特也反对那种他在先验唯心论中所发现的主体观,即认为主体是至上的,它凌驾于世界并摆脱了实在之重。然而可以质疑:描绘是准确的吗?如果是,那么先验唯心论是否因此区别于萨特自己的主体观?(萨特对康德提出的批评也常常被用于萨特本人;参见第 4 章有关梅洛-庞蒂的内容。)

49 康德的先验唯心论可能也是不融贯的,但不融贯的方式不一样,因为康德并没有断定我们对于感觉(它们提供了现象的质料)的基础拥有意识。

沿着来时的路折返回去，我们可能会看见另一条可供选择的道路。

之所以会出现当前的问题，是因为我们一开始只顾着在自在的存在和已分化的对象世界之间做出对比，把两者的区别看成是两个（或两组）对象之间的区别，一者是难以理解的、不带有任何形式，另一者则带有可理解的形式。所以我们才问自己经验到后者而非前者的原因是什么。但这很可能是个错误。我在第二章中表明，小说《恶心》中有关树根的段落非常典型地体现出了《存在与虚无》中的基本本体论，该段落表明的是：这种区分首先应当被理解为对同一个（确定分化的）事物的两种领会模式。萨特并不是把某种朴素的、不带有任何性质的基质或单纯的物质拿来和概念化的、拥有确定属性的对象进行对比。恰恰作为令人恶心的偶然之物，树根依然保有其第一性的质，甚至还有其第二性的质。树根到底是拥有还是缺乏可理解性，此二者之间甚为微妙的对比造成了对树根的日常感知和感受到其恶心之处的哲学感知之间的区别：领会到自在的存在就是领会到某个对象并没有以任何方式参与到人的实在中来，对意识而言它不意味任何东西也没有任何意义，它不关涉到我们，也不"为了"我们。这符合萨特提出的命题：自在的存在是"未分化的"。因为该命题的意思可以被理解成：恰恰作为就自在存在的某物而言，不管该物处于怎样的分化状态，这种状态对我们来说都无足轻重——该物也可能拥有别的什么性质，抑或根本不拥有任何性质。

如果这是正确的，那么，方面感知（aspect-perception）的切换——更确切地说是两种状态的切换，即我们无法认出某个方面（岩壁或茶渣中的某个形象）与我们能够认出这个方面——就为我们理解上面的对比提供了一个更好的模型。

但是，我们不能就此打住，因为对萨特而言，自在的存在和对象可理解的分化状态并不只是主观的领会模式，也是意识对象自身的模式。当我们领会到某个对象"处于"自在的存在"这一方面"，我们正在把握的到底是什么呢？

自在的存在可以被理解成对已分化的对象世界进行刻画的存

在模式或存在方式,但这种存在方式并不是为了标明对象世界在概念上的基本特征,而是指出这些特征的依据。萨特的洞见在于,我们需要一个概念去标明本体论中那个使得存在有可能获得确定形式的东西,亦即那个使得有关经验实在的简单判断(这些糖是白色的,那支笔在桌子上)有可能为真的东西。换言之,之所以谓词(在桌子上)能固定在主词(那支笔)上,是因为自在的存在提供了依据:作为自在存在的对象(属于对象的自在存在)允许对象占有并展现出与我们的判断(O 是 F)相对应的结构;事物中的这一维度使得事物有可能在形而上学的意义上与主谓判断保持一致。如果77 这就是"自在的存在"这一概念所表达的意思,那么就很容易看出为什么萨特应当否认自在的存在拥有特定的结构、处于已分化的状态抑或以某种方式构造而成:不管是什么样的本体论依据使得规定性有可能存在,我们都不能设想它拥有对象世界所拥有的结构化的、已分化的特征,否则就会被吸收进对象世界(其自身就又需要一个本体论依据,如此便陷入了无穷后退)。[50] 所以,当萨特说"存在物"(the existent)——已分化的对象世界的内容——区别于作为其"基础"的"存在"(xxxviii/30),此处"基础"一词指的并不是某个截然不同的依据;相反,萨特的意思是,对象以自在的存在为其存在方式,这是其确定分化状态的先验依据。(注意,如果人们认为已分化的确定存在是无条件地被给予的,不需要对它做出哲学上的解释,那么上述思路也就不成立了。如果我们认识不到也不能设想任何其他的存在方式,那么我们或许有资格这么做,但是萨特的立场是,我们可以并且确实认识到了另一种存在方式,亦即自为的非自我同一的、非确定的存在方式。)

　　针对自在的存在的此种阐释表明,我们在一开始询问处于可理解的已分化状态中的对象世界起源何处,这其实是一个错误的问题:自在的存在并不是某种可以独立于已分化的对象世界而存

50　萨特因此触及了在比如柏拉图的《巴曼尼得斯篇》("巴曼尼得斯"即"巴门尼德"——译者注)中出现过的有关一与多之间关系的传统形而上学难题。

在的(不带形式的)"事物",所以我们不应该认为对象世界来自它。而且可以补充一句:我们一开始的问题也提得过早,因为萨特还没有打算说明它与自在的存在之间的关系。我们之所以走错了路,是因为萨特在引导我们注意自在的存在时谈到了复数形式的"显象"(他不得不这么做,因为根据他的说法,并没有独立的路径可以通往自在的存在),但他目前所把握到的有关现象的一切只是其自在的存在这一维度。导言部分仅打算让我们理解到意识和自在的存在之间的基础性对立,此即《存在与虚无》的基本本体论。该书第二卷会进一步为意识补充一组本体论结构(自为的直接结构)。已分化的对象世界与这些结构处在同一个层次,它们一起构成了 78
《存在与虚无》的全部本体论,其全部的本体论图景如下图所示:

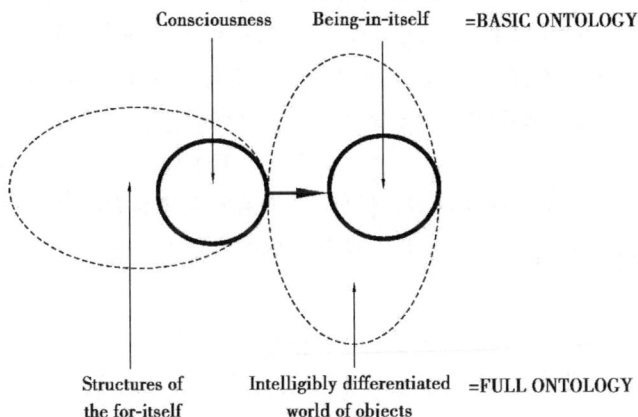

Consciousness　　Being-in-itself　　=BASIC ONTOLOGY

Structures of the for-itself　　Intelligibly differentiated world of objects　　=FULL ONTOLOGY

就我们当前的问题而言,关键之处在于已分化的对象世界并不是与意识相关联,而是与自为的直接结构相关联。正如萨特所言:"世界,就是说自为的涌现"(207/258);"认识就是世界"(181/230);世界"相关于"自为(183/232);"没有自身性(selfness),没有人格,就没有世界"[51](104/149);自为"通过否认它是存在而使得一个世界存在"[52](306/368)。因此,在意识的层面上就处于可理

51　中译本译为"没有自我性,没有个人,就没有世界"。但在第二卷中,中译本又将 selfness 翻译为"唯我性"。——译者注

52　中译本译为"由于它自己否认它是存在,它使得一个世界存在"。——译者注

解的已分化状态中的对象世界提问，这是错误的。意识的虚无需要"沿着"自为的诸种结构才能让对象显露出来。

但是，就萨特与实在论和唯心主义的关系而言，上述思路将我们带至何处呢？那看似需要唯心主义来解决的直接难题或许已经得到处理了——如果自在的存在并不是某种确实没有结构和属性的事物，那就用不着去解释它何以拥有了或好像拥有了结构和属性。但是还可以换一种方法去提一开始的问题，它同样有力地支持了对于萨特的唯心主义诠释。当我们对方面做出变换，并重新发现了已分化的对象世界，这到底是缘于什么呢？既然已分化状态以虚无为前提，而且萨特还在对象世界中容纳了一些与个体自为的谋划相挂钩的性质（我稍后将考察这一点），那么萨特就不能从实在论的角度回答说，已分化的对象世界就是独立于我们的本然存在的世界；所以看上去对象世界又不得不缘于主体。如上图所示，全部本体论的两个部分之间是不对称的：关于主体的全部本体论独立于自在的存在，而关于对象的全部本体论（将自在的存在详尽地阐发为已分化的对象世界）则是沿着主体的方向扩展的，处于可理解的已分化状态中的对象世界似乎是先验地以自为为条件的。

以康德式的先验唯心主义去诠释萨特也不是不可以，但在下这个结论之前，还要对这个困难而（出于若干组理由）关键的问题做最后的评论。

萨特想要把下面两点主张结合起来：①不同于实在论，"意识与独立于它的存在物（existent）之间的关系这一难题"是"无法解决的"（xxxv/26），因为"超越的存在完全不能作用于意识"（171/219）；②不同于唯心主义，"主观性无力构成客观的东西"（xxxviii/29），而且"意识也不能通过把那些从其主观性中借来的成分客观化来'建造'超越的东西"（171/219）。此外我也证明了，萨特设想：③处于可理解的已分化状态中的对象世界和人类主体的基础结构之间有着一定的相关性。根据康德式先验唯心主义的诠释，应当把这种相关性理解为一种构成关系，这就要求萨特放弃或澄清第二点主张。但是,在接受这种诠释之前我们务必要确认,确实不存在其他的选项——即便仅仅是出于下述原因:萨特拒绝站在唯心主义一边的做法如此强烈地表明了,他无论如何都认为我们可以通过非唯心主义的方式来理解这种相关性。

于是便出现了下面这几种可能:①虽然对象世界与人类主体之间的相关性缘于主观性的结构,但并不是由"构成对象"这种关系确保的,而是由其他方式确保的;②这种相关性体现了某种预定和谐;③根本无须认为这种相关性"缘于"什么,因为它不需要任何解释。

第一种可能性虽然还带有一丝唯心主义的味道,但如果萨特认为,既然不存在构成对象的活动,所以这种可能性已经与康德和胡塞尔拉开了一段足以让它摆脱掉"唯心主义"标签的距离,那对于这种可能性我们也能理解。然而,这就需要为主体在没有构成对象的情况下规定对象的方式做出正面的说明。同样,第二种可能性也需要得到进一步的阐发,因为如果某种和谐已经被建立起来了,那么总归是由某种事物将其建立起来的。

我们之后会看到,萨特有关"对于(我的)世界的责任"的学说明确建议将前两种可能性结合起来(第35节)。根据对该学说的诠释,它可以主张这种相关性并不是由上帝建立起来的,而是由我的自由建立起来的:在自为和对象世界之间建立起和谐的关系,就如同某部虚构作品的作者在人物和场景抑或情节之间建立起作品内部的融贯性;这种和谐并不是在(虚构的)世界之内被建立起来的(实在论和唯心主义便认为如此,而这是错误的),而是从某个外在于它的地点——也就是说,由我先于物质世界的主观性(在萨特所谓的我"对自我的源初选择"[original choice of self][53]中)——建立起来的。

但萨特的学说也极力暗示第三种可能性。如果可以拒绝实在

---

[53] 中译本将 original 译为"第一次"或"原始的"。我们一律将 original 译为"源初的",primitive 译为"原始的",将 primordial 译为"原初的",以区别此三者。
——译者注

80

论和唯心主义的被解释项,那也可以拒绝这些形而上学立场,而萨特试图超越实在论和唯心主义之间对立的勃勃雄心也就得到了很好的满足。至于说萨特是否摆脱了这种对立,这就有些微妙了。萨特可以合理地宣称,很多事物在传统上需要诉诸实在论或唯心主义来解释,但他在说明这些事物时却没有预设其中任何一种立场。这种相关性的认识论方面(我们"抵达"对象的可能性以及对象与我们"沟通"的可能性)是通过下面两个事实得到解释的:超越性是意识的一种结构,而现象则是由实在的存在(existence)与各种可能的显象所组成的、具有原始概念特征的统一体。而对于诸如处于可理解的已分化状态的对象世界这样的事物而言,其存在的可能性则是通过自在的存在与自为的诸种结构(包括它否定的力量)这两者得到解释的,前者使得确定的存在成为可能,而后者则让存在处于已分化状态。不过有理由说,萨特还有一样事情没有说明,此即上面引述过的康德学说中的被解释项:我们的对象世界拥有特定的概念特征,(尤其是)必然的因果秩序。也许萨特会否认这种必然性,也就是说,把因果秩序容纳在自为之存在的全部"偶然性"当中。抑或,也许他会再次把"对自我的源初选择"当作解释。这两种态度都拥有文本上的印证。我们对这个问题持有何种看法(尤其是,容许萨特有关"对于世界的责任"的学说承担如此巨大的形而上学重负,这在我们看来究竟是不是一种明智的做法),决定着我们是否会认为萨特最终避开了康德式的先验唯心主义。

　　华尔认为萨特混淆了实在论与唯心主义,目前我们已经表明这种混淆主要源自何处,但仍有一个方面有待处理,其解决方案也更简单。华尔询问道:"'自在'与'自为',哪个才是第一位的?"他声称萨特主张两者都是第一位的,而这是矛盾的。

　　对上述两种理论路径,萨特确实都采纳了,然而这里似乎并不存在任何矛盾:萨特的观点在于,自为在方法论上是第一位的——"应该从我思出发"(73-74/116)——而自在则在本体论上是第一位的(619/713)。整个导言部分在构造"自在的存在"与"自为的存在"这两个概念时一直让两者互为参照,也采用了一种相互依赖的或曰辩证的方式去处理这两个概念——两者都不是第一位的,原因在于,如果我们想要解释任何一种存在方式,都必须对照另外一种存在方式——但是自为在本体论上无疑是依赖于自在的。有人可能会问(尤其是黑格尔主义者,他们可能会提出下述反对意见):既然"自在的存在"和"自为的存在"这两个概念是对称的,我们又怎么能认为两者在本体论上是不对称的?我们为什么不直截了当地把概念之间的辩证关系带进这两个概念所指涉的本体论当中呢?其实萨特已经在本体论证明中给出了自己的回答:这种不对称性是前反思意识的视角所要求的,而这种视角并不是从任何概念之中得来的。

有关萨特与实在论和唯心主义之间关系的争议,还有一个令人意想不到的地方,它揭示出萨特的立场究竟有多么标新立异。意识的对象包括否定态和事物的性质(它们充满魅力,它们令人憎恶等),我们已经看到萨特借助它们来说明情绪。这些性质是"超越"的,按理说它们应该隶属于已分化的对象世界,可他们显然又是以自我为中心的(egocentric):当我期待在咖啡馆找到皮埃尔时,如果你没有这种期待,那么你就不会像我那样直观到他的不在场。我们之后在第二卷第三章中同样会发现,在论述这个世界时,萨特认为它包含着各种有待完成的特定任务,而正是在这种论述的范围内,萨特直接放进了自己对于客观物理实在的描述。

这就引发了下面的问题:究竟是不同主体共享唯一一个已分化的对象世界,还是每一个自为都有一个属于自己的对象世界。

有一个显而易见的办法,就是在对象世界中区分出实在的不同层次——一个是主体间"完全的"客观性,它构成了世界本身;另一个则是随附着的"准"客观层次,它包含以自我为中心的各种性质,构成了我的"世界"——但是萨特本人并没有引入这样的区分,而且根据他在其他方面的主张,我们也可以理解他为什么没有这么做。萨特的观点在于,当我们将某辆电车把握为"需要被赶上"时,对象拥有该性质并非主体之任何心理状态的动力因:根据萨特的说法,对象的"可欲特征"并不能令意识去欲求;至于说那种有关心理投射的机械论观点——通过心理投射机制,欲望能够产生有关对象的准感知性的显象(参见第 604-605/695-697 页)——萨特同样拒绝接受。然而,对于萨特来说,下述观点当然是成立的:在某种意义上,"需要被赶上"这一性质"缘于"我赶电车的谋划,而根据之前提议的阐释方式,萨特主张我"对自我的源初选择""预定了"我的主观谋划和对象的超越性质之间的和谐关系(从内在于物质世界的视点来看,这种关系肯定如"魔法"一般,而萨特也确实是这么描述它的)。

如果这就是萨特的观点,那么我们很容易就能明白,为什么萨特没兴趣根据对象世界中的各种事项能否被不同主体共同抵达来划分它们的实在等级,以及为什么他可以接受"不同主体的对象世界之间并没有严格的同一性"这种观点。对于唯我论的担忧仍然有待解决(参见第 29 节),然而这种担忧并没有因为萨特反常识的立场而加深,原因在于:虽然常识坚信,既然一切都被容纳在同一个经验母体当中,故而我们共享同一个世界;但是萨特拒绝从这种实在论-自然主义的角度对实在做出描述,而且(萨特将会论证)这种"共享同一个世界"的想法无论如何都无法制服唯我论(参见第 27 节)。仍需强调的是,虽然萨特承认对象世界在主体间有所变化,但这种变化绝不牵涉到它们相互的可理解性——我的对象世界并不是私人的,就此而言,它并不只是我的世界。

13.《存在与虚无》的形而上学

考察过由实在论和唯心主义构成的难题之后,我们便径直走向另外一个有争议的部分,这个部分虽然不同于上述难题,但又与之相关。它既引发了一些困难,又指向萨特整个计划的核心。它想要把不同的理论立足点结合起来,而人们似乎正是从这种结合中辨识出了萨特的哲学。

一方面,显而易见的是,萨特认为自己在《存在于虚无》中表述的哲学观点囊括了整个实在并使之变得透明起来。[54] 萨特确实把某些事物当成是最后的、剩余的、终极的"事实",无须进一步的解释便可接受它们:比如,在最高的层面上,这些事实包括自在的存在(existence)及其本性,也包括自为的出现。他把这些称为"偶然性"。但是对萨特而言,这些事物之所以是终极的,并不是因为我们在表象、认识、解释、概念或语言等方面的能力跟不上我们的认识目标:萨特承认人类的认知或哲学方面的认知是不受限的;当我们从哲学的角度去把握事物的尝试走到了尽头时,这并不是因为我们已经耗尽了认识兼认知上的资源,而是因为此处便是事物在实在中的终点。因此,自在并不拥有某种隐藏起来的、我们目前没办法弄明白的构成方式,有待上帝或未来的物理科学去把握:正如我们所见,按照萨特的观点,除了他在那三个命题中已经表达过的东西之外,关于自在并无更多的东西可言。对于意识以及自为的出现来说也一样。对萨特来说,在意识的白昼中,"一切都在那里,明明白白"(571/658)。[55]

84

《存在与虚无》中提出的主张是无条件成立的,这一点对萨特来说至关重要,而至于说为何如此重要,个中还有更为深刻的理由。一方面,萨特有关绝对自由的论点必须经受住怀疑论的考验,而如果他的哲学只是从一个有限的视角去观察我们的处境,那么这种退让就无法消除下面这种可能性:他为我们争取的自由并不

54　梅洛–庞蒂在《可见的与不可见的》中强调了这一点,他说:《存在与虚无》试图
　　"思考整个存在——整个地存在着的东西",所以立足于存在"之外"(p.74);它
　　的哲学"拥有纯粹的视野,全景式的俯瞰"(p.77),"高海拔的思维"(p.91)。梅
　　洛–庞蒂将之视为《存在与虚无》唯一的立足点,相悖于我在下文中的论证。

55　这种无拘无束的哲学雄心是与萨特致力于凸显的本体论的首要地位分不开的,
　　他在 1975 年的一次访谈中强调了这一点;参见 'An interview with Jean-Paul
　　Sartre'(pp.14,24)。

是真实的,它不过是一种宏大的、系统性的人类幻觉而已。从更为一般的角度来说,萨特只有把自己所描述的各种偶然性阐释为具有形而上的终极地位,才能赋予它们某些至关重要的意义:它们表明人的处境从形而上的角度来看是孤独的,人类事务也限制了充足理由律的适用范围。萨特认为,只有明确理解了这些偶然性,我们才能承担起自我责任。如果不具备这种形而上的终极地位,那就会为某种思辨上的可能性留下余地,这种可能性大体上指的是:一般而言,在整个实在中最终有着一个超越了自为之存在的合理结构,人们或许会认为它奠定了并且合理化了人类的存在(existence),因此在最根本的层面上为我们免除了自我规定的任务;萨特把这种可能性与神学和黑格尔的哲学相提并论,并想尽一切办法要把它们排除掉。这就足以解释萨特为什么要把人类放在一个与作为整体的存在相关的位置上,亦即我们在第7节中看到的内容。

　　然而,对自己探讨的各种现象,萨特提出的许多说法又具有彻底的视角性——萨特说明了事物如何显现以及如何要求人们去设想它们,而这些说明的确是以我们把握它们的某个角度为前提的。萨特的大部分哲学工作都旨在将我们的哲学视线引入正确的角度,让我们进一步察觉到现象的视角特征。对萨特来说,哲学反思本身不应该为了摆出沉思的姿态而放弃实践中的立足点。正如先前所注意到的,或许可以说,这种对主观性的重建与提纯构成了萨特版本的现象学还原。我们所说的视角是萨特眼中奠定了人类立足点的主观的、第一人称的、实践的视角。[作为说明,考虑一下萨特提出的命题:"这里并不涉及一种可以不被规定的、先于自己的选择而存在的自由,我们将把我们自身仅仅领会为正在进行中的选择。"[56](479/558)——这句话自然会被解读成要求我们不再把

56　中译本译为"这里的问题并不涉及一种将作为不被决定的权力和可能先于它的选择而存在的自由。我们从来只不过把自己理解为正在进行中的选择"。——译者注

自由设想成一件非视角性的形而上学事实,而是从一定的视角出发去理解自由。在《存在与虚无》中,诸如此类的论证不胜枚举,而且在晚期的一次访谈中,萨特说他之前在《存在与虚无》中"想要根据其对你我的呈现来定义(意识)"。[57]]

因此我们自然会认为,萨特就我们的认识对象所提出的主张完全是针对那些相对于我们的认知–实践视角、抑或由该视角构成的对象的。萨特对悖论性语言的运用(参见第 23 节)也以一种不同的方式表明,在阐释萨特的主张时,应当认为它们只具有保守的认识论意义:我们所理解的萨特只是说某些东西会招致矛盾的描述,而这种悖论旨在让人们去关注存在于我们思考事物的方式当中的张力,既然如此,那么事物的真实本性也就可以是无矛盾的,萨特的那些矛盾的断言也就不再成问题了。

于是出现一个难题,因为萨特似乎是在给出一种无源之见(即绝对的实在观)的同时又给出了一种有源之见(即取决于视角的实在观)。这两种立场并没有被分配给不同的现象集合,也不是相对于不同的论题:并不是说萨特有关实在的成熟主张只针对某一些事物,而那种有条件的、在认识论上是保守的、仅仅取决于视角的主张就针对另一些事物;更为典型的情况则是某个单一的段落甚至句子中间就同时涵盖了上述两种立场。在历史上,这两种立场隶属于相当不同的哲学传统。建立在视角上的观点采用了康德的策略,即哲学方法上的哥白尼式革命;按照这种策略,哲学的任务在于澄清,但澄清的内容、出发点与归宿都是人类的视角,这就让一切带有上帝视点的构想失去了效力;而采取绝对立场的观点所展现出的形而上学野心则丝毫不亚于早期近代唯理论哲学或是黑格尔的哲学。那么,哪一个才能代表萨特真正的哲学观点呢?萨 86

57　有待其他人"尝试在唯物主义的体系内解释它"('An interview with Jean-Paul Sartre' , 1975 , p.40) ,以及 "哲学的领域面临着由人设定的(est borné par) 限制" 。('L'anthropologic' , p.83)

特是站在康德这一边,与提出过各类先验唯心论的后康德主义者(如费希特或胡塞尔)保持着亲缘关系,还是站在斯宾诺莎那一边呢?[58] 他的元哲学究竟属于先验唯心论,还是属于某种类型的实在论?

我建议可以这样回答上面的问题:萨特认为这两种立场具有相同的必要性,它们不是互斥的,通过最终的分析可以发现两者其实是重合的——萨特真正想要主张的是,恰恰是通过(并只有通过)采纳并强化那种依赖于视角的立场,我们方可把握到不受视角约束的实在。在读到《存在与虚无》的副标题("一份有关现象学本体论的论文")时,我们应该这样去理解:这并不是一份保守的纲领,仿佛仅仅满足于描述我们应当如何通过事物向我们显现的方式去设想事物的存在;它其实表明了萨特的元哲学信念,即当且仅当事物的依据暴露出彻彻底底的视角特征,我们才能够按照事物本身之所是、亦即事物在"无源的"领会中将会是的样子来认识事物。因此,当萨特说他在《存在与虚无》中旨在"根据其对你我的呈现"来定义意识,这也就是根据其所是来定义意识。在这种阐释下,我们立刻就明白了萨特为什么拒绝使用"唯心主义"和"实在论"这些传统的标签,并声称已经消解了两者之间的对立。这也与萨特在导论部分提出某些实质性的形而上学主张的方式相符合,而这些主张完全建立在"意识的本性怎样直接蕴含着事物的存在"这一基础之上的。[59]

至于说这种立场(无论是以萨特所设想的形式,还是以其他任何可以想象得到的形式)是否融贯、能否站得住脚,这就是另一个问题了;但至少萨特已经在导言部分给出了某些理由,让我们认为

58　所以纳坦森(Natanson)说:"萨特的'哥白尼式革命'本质上是试图在本体论的层面上建构康德试图在认识论的层面上展现的东西。"(*A Critique of Jean-Paul Sartre's Ontology*, p.93)

59　值得注意的是,这种带有视角形式的实在论也浮现于梅洛-庞蒂的哲学,并且是以更加明确的方式。梅洛-庞蒂断言"非规定性"或"暧昧性"——这些我们一般加给认识论的属性——内在于世界,而不只是内在于我们对事物的理解或构想。

它确实如此。原因在于,我们已经看到:萨特认为具有原始概念特征的"现象"融汇了视角性和非视角性,而从更一般的角度来说,导言部分给出的基本本体论——它既坚持认为自在的存在是绝对的事实,又坚持认为意识具有视角特征——也要求我们必须通过某种方式去承认实在的视角性兼非视角性。此外还有一点:萨特在意识的存在中发现的不单单是视角性与非视角性的融汇,而且是某种同一。虽然这些论点均无法充分解释视角性与非视角性何以能够在形而上学的层面上被认为是重合的,但它们至少提供了一条线索,供人们去理解为什么萨特的思路会沿着这条路径展开。我们之后(在第 46 节)会回到这个问题:萨特调和这两种立场的努力究竟有没有成功?[60]

87

从我们已经抵达的地方来看,要将《存在与虚无》中的论证推向新的阶段,有两条路可供萨特选择:一是表明虚无形而上学如何能够被直接发展成一种关于自由的理论;二是审视自为的诸种结构,即辨识出人类主观性中的虚无所采取的形式,并表明这种形式是如何与我们在本体论上的否定性互相阐明的。在一定的阶段内,这两项任务可以独立于彼此而推进,但两者最终会交汇在一起,而后抵达相同的终点,此即我们的存在方式与我们的自由二者的同一——这符合上一章所给出的论证框架。

萨特实际采用的方式是:在我们刚刚所讨论的这一章的其余

60　一个相关的元哲学问题涉及萨特与"实践理性的首要地位"之间的关系。萨特是否认为理论信念的合理性确实(至少部分地)由我们的实践旨趣所规定?抑或,他是否认为理论探求具有相对于实践的自主性?分裂似乎又出现了。一方面可以认为,萨特在推进《存在与虚无》时似乎是以下述尝试为基础:他对我们思考事物的必要方式做出规定,是为了让我们可以视自身为自由的。另一方面,《存在与虚无》的结构(以本体论为起点,逐渐向伦理学过渡)似乎又蕴含了理论理性的自主性(也可参见 'An interview with Jean-Paul Sartre',1975,p.45,萨特在此肯定:本体论是实践的权威)。不过,萨特似乎再度认为他无须做出选择,因为他认为正确的本体论是以意识为起点的本体论,而意识已然是实践的和价值导向的(参见第 17 节),实践理性和理论理性根本是同一个理性。

部分里(24-45/60-84),萨特概述了虚无与自由之间的关系;但在阐明了自为的诸种结构之后,萨特才在《存在与虚无》的第四卷中对自由进行充分探讨。然而,更简单的做法是:我们直接开始探讨自为的诸种结构,而后再一齐考虑所有涉及自由的文本材料,后者构成了本书第四部分的内容。

思考题:

(1)萨特关于意识的核心主张能否站得住脚? 其他有关意识的观点中,有哪些是萨特拒绝接受的? 他对这些观点的批评是否中肯?

(2)怎样才能对萨特的"自在的存在"这一概念做出最恰当的理解? 自在的存在与自为的存在形成了基础性的对立,萨特也说明了这一点,但他给出的说明能否得到充分的辩护?

(3)出于什么目的,萨特要将虚无的概念引入他对于意识的说明? 又有哪些理由可以为这种做法提供辩护?

(4)萨特声称他已经对那种超越了实在论和唯心主义之间对立的主客体关系做出了说明,请对此做出评价。

88

(二) 人类主体的基础结构

导论部分和第一卷已经拟定了基本的本体论,在此基础上,《存在与虚无》第二卷详细阐述了人类主体最为抽象的形而上学结构,包括自身态、时间性和超越性。自身态与人为性、价值和可能性等诸种结构相关,而超越性则带领我们走向认识。萨特意在表明:这些结构对有意识的存在而言是必需的,虽然他并没有从概念上断言这种联系。萨特并没有尝试去演绎,比方说从命题"S 拥有对于对象的意识"演绎出结论"S 的经验是时间性的";相反,萨特采用了百分百现象学的先验方法,让我们洞察到我们的意识是怎样与我们的时间性、价值取向等方面内在地关联在一起的,从而让我们明白我们的意识不可能不带有时间性、价值取向等方面。实现这一点的方式在于表明:意识对于我们的意义,以及时间、价值等的存在对我们的意义,此二者是如何互相阐明的。[61]（不过还有一种可能:我们可以合理地设想某些存在物的意识经验或许并不具有时间性。但萨特并不关心这种情况,因为如果他要是正确的,那么这种存在物与我们的存在方式不可能有交集。)

我们到目前为止一直在关心的基本本体论,与自为的基础结构所属于的全部本体论,二者之间的关系需要得到澄清:在何种意义上,基本本体论是优先的?《存在与虚无》一书的组织方式会让我们觉得全部本体论是从基本本体论当中衍生出来的,那它果真如此吗?

我们在第 12 节中已经看到,全部本体论当中位于对象一边、亦即位于已分化的对象世界一边的那部分确实基于自在的存在,但并不是直接从后者当中衍生出来的。只有在以自为为前提并与自为相关联的情况下,它才出现。而全部本体论当中属于主观性的那一边、亦即自为的诸种结构——这在第二卷中立马变得一目了然——既不是从单纯的意识概念当中建构出来的,也不是从中演绎出来的。相反,萨特把基本本体论当作一个平台,由此出发去探求人的实在领域;通过这种方式,一系列解释关系便浮现出来了:萨特将会表明,单纯的意向性意识是以自为的诸种结构为依据的。（萨特把"人的实在"[la réalité humaine]一词用作半个专业术语,它大体上等同于海德格尔的"此在";该词既指称着人类,又指称着恰恰作为认知对象、行动场景等的世界。)《存在与虚无》一开

89

61　欲了解此处对于萨特先验方法的领会,参见 Sacks, 'Sartre, Strawson and others'.

始只考虑单纯的意识与现象——萨特承认它们在某种意义上都只是一种"抽象"(171/219)——他这么做的目的在于集中我们的哲学视线:基本本体论的优先地位确保我们能够正确把握我们的主观性。因此,基本本体论的优先性是方法论上的优先性,而从它当中衍生出全部本体论则是一个认识论问题:从本体论的角度来说,意识之于自为正如部分之于整体;按照萨特的说法,意识构成了自为的"瞬间的核心"(70/111)。随着第二卷将这一核心逐步扩展成拥有一定结构的自为,它同时也阐明了意识的概念,而导言部分只是将其视为理所当然而已(173/221)——我们因此而明白:意识以及构成意识之存在的虚无究竟在于什么。

14.自我(第二卷,第1章,第1和第5小节)

《存在与虚无》中探讨自身态的章节以两种方式修正了《自我的超越性》中的立场(这解决了第二章提到的萨特先前的自我形而上学所遭遇的一系列困境)。首先,萨特人格化(personalize)了前反思我思的反身结构;换言之,萨特认为它等同于自我;抑或采用更加准确、更接近于萨特的说法,萨特认为它等同于自身态的具体体现。其次,我们将在第15节中看到,萨特认为构成前反思我思的反身关系等同于构成反思的反身关系:两者都是同一种反身关系的不同形式。

这似乎让萨特的立场更加接近常识中关于自我或人格的斯特劳森式的观点。不过,与常识修好根本就不是萨特的动机,而他关于自我或自身态的说明更加深远地反转了我们平常对于人格态的构想。

首先我们应当注意到,存在一个具有一般意义的重要问题,它涉及萨特的探究方法。除了萨特对自为的起源所给出的带有思辨色彩的说明(第9节)而外,到目前为止,《存在与虚无》采用的方法是一种描述性的方法,它基于我思以及给予我思的现象而大胆提出关于存在着的事物的各种主张。与此相对照,《存在与虚无》在整个第二卷以及之后的大量段落当中主要采用的是目的论的解释方法,即根据"X 为了 Y"这种形式所蕴含的目的和关系进行解释——用萨特的话来说,就是把事物刻画成一种谋划(un projet)。萨特在第二卷中所引入的人类主体的一切基础结构本质上都运用了"目的指向性"这一观念。关于该论点,文中有一处已经说得足够明白:萨特在总结有关反思的论述时说,反思并不是一种"任性的涌现",而是"在'为了……'(pour)的视角中出现的":反思的意义就是它的"为了……的存在"(être-pour);而在更一般的层面上,自为"这种存在在其存在中奠定了某种'为了……'"(le fondement d'un pour)(160/207)。[62]

　　关于这一方面,有几点需要我们注意。首先,萨特将目的论运用于人类主体,并不是因为他把"存在着(exist)的任何事物都有目的"视为普遍的真理——自在的存在就与这种想法不符——而是因为自为(该术语本身就蕴含了这一点)的特定本性要求这么做;自为总是"为了……"(pour)的基础。其次,萨特的解释虽然是目的论的,但并不牵涉到功能。一个自然主义者可能会先根据人类主体处于其中的实在来确定人类主体的功能,继而推导出它各方面的特征对于该功能的发挥具有什么样的推动作用;但萨特并没有这么做。对他来说,情况恰好相反:主观性不可能承担任何功能。进一步而言,萨特认为构成人类主观性的目的论结构事实上并没有实现任何目的。人类主体是目的性的,但并不真的拥有任何目的。再次,萨特对于目的论的看法有别于常识中的看法,因为

62　中译本译为"在一个肯定方面的前景中产生的","为……的存在"和"自为是在其存在中是一个肯定方面基础的存在"。——译者注

后者认为具有目的论含义的各种属性是附加在一个可以机械地加以描述的下层建筑之上的,这种实在承载着目的论过程;但萨特的立场(这对他的自由学说具有显而易见的重要性)则是:自为的各个维度的实在性就在于它们投向着某个目的。

91

萨特关于自我的理论是沿着一个个阶段发展起来的;纵观全书,它构成了其中最为棘手同时也最为迷人的一部分段落。

(1)第1小节,第74-76/117-118页。萨特首先回顾了前反思意识的结构。我们从第3节中已经得知,萨特认为联结对象的每一个关系都会复返于自身,这是"前反思我思的法则"[63](69/110):对象意识蕴含着对对象意识的意识。由此可得,由于我的对象意识并不是抽象的、不带有任何规定的,而是带有某种特定的情态——比如带着快乐,或是把意识的对象当作信念或欲望的对象——因此我的对象意识同时也是对快乐的意识,对相信的意识等。反过来说,如果存在着对相信的意识,那么肯定就存在着信念(xxviii/18)。因此,信念和对相信的意识互为充要条件。然而,对于这种关系的单纯逻辑上的描述并没有向我们解释这种关系,并且萨特认为我们在此遭遇到一个困境,在形而上学的层面上它只有唯一一个解决方案,而该方案需要引入目的论。

第3节和第10节已经论证,我们的方法必须遵循的规则是:要根据意识的视角去设想意识。现在,由信念和对相信的意识这两者所组成的结构有一个独特的地方,就是它必须被设想成既是一元的又是二元的。两者既然互为充要条件,那当然必须得组成一个整体;但它们同时又必须组成一个二元体,理由并不在于我们既然是探讨精神之物的理论家就可以强行对结构做出划分,而是因为对相信的意识自身必须将自身区别于它所意识到的相信。萨特

63　中译本译为"反思前的我思的法则"。——译者注

还认为,诸如"在一种意义上是统一的,但在另一种意义上则是二元的"这类说法并不能解决上述矛盾;因为根据这种说法,我们就可以认为存在着(exist)"包含二元性的统一性",而这相当于把上面那种结构仅仅视为一种综合(76/118)。我们在同一个基础上既把信念和对相信的意识视为统一体,又把它们视为二元体:单一的个体化原则在运用的过程中产生了彼此冲突的结果。我们要如何阐明这种悖论性的结构呢?

92

按照萨特的看法,我们只能转而根据目的去构想意识。(包含这种过渡的段落从第 75 页过了一半之后的地方开始,一直到第 76 页的中间。)对相信的意识本质上是一种 reflect 信念的尝试,这里的 reflect 并不是指某种思想上的动作(réfléchir),而是指"反映"(refléter)。[64] (这种用同一个英文单词去翻译两个相当不同观念的做法虽然很难避免,但确实容易造成混乱。因此我将用"反映"[mirror]一词去指代 refléter,并沿用萨特所使用的法文词组去指代 refléter 的不同名词形式:le reflet 指"映像"[reflection],而 le reflétant 指"反映者"[reflecting]。请参见巴恩斯的译者注。)[65] 反映活动延续着意识的谋划,但同时也是这种谋划的映像。所以萨特写到,对相信的意识"为了执行信任的动作而存在(exist)"[66],而信念就取决于这种信任的动作(75/117)。

这就允许我们将这种既为一元又为二元的结构把握为一个未尽的目的论过程。萨特正在暗示一个复杂的类比:对相信的意识尝试对信念举起一面镜子,却发现对象(亦即信念)如果不被反映

---

64 reflect 在英文中既有"反思"的意思,也有"反映"的意思。本书作者为避免误解,在下文中使用 mirror 一词代替表达"反映"之义的 reflect。由于中文中的"反思"和"反映"已经是含义不同的两个词语,所以以下文直接使用"反映"一词来翻译 mirror 以及相应含义的 reflect。——译者注

65 下文将作者此处沿用的法文词均译成对应的中文词。——译者注

66 中译本译为"存在是为着造成一个信仰的活动"。——译者注

就不能存在(exist),以及反映活动本身(对相信的意识)只不过就是它所反映的东西;结果就是,不可能捕捉到任何稳定的形象——进行反映的谋划最终失败了。

正如萨特所言,这也就意味着我们既不能说"信念是……",也不能说"……是信念";既不能说"对相信的意识是……",也不能说"……是对相信的意识"。系词和同一关系在这里和在萨特的其他语境内都是一样的,它们标志着对于实体性存在的占有,这种占有甚至可以意味着存在上(existential)的自足,至少可以意味着对一系列内在的、非关系性的属性的占有。

既然信念和对相信的意识既不与自身相同一,也不与彼此相同一,那么就只能把它们设想成不得不是彼此,这就类似于当我们在谈及某物时说它理应是、或应该是某某(第6节已经提到了这种结构,avoir à être,萨特常常用它来表达上面的想法)。之后有一段文字或许表述得更清楚:"映像–反映者"这个二元体中的两项是互指的,每一项"都使它的存在干预另一项的存在",但这种存在恰恰不见了踪影:映像是"为了在反映者中被反映的存在(être-pour se refléter)"[67],但这一目的只有在映像是"某物"(quelque chose)的情况下才能够实现,然而映像不可能是某物,因为如果它是,那它就成了自在,而我思也就被摧毁了(173/221)。信念和对相信的意识因此构成了"反映的游戏",一种"互相指涉的双重游戏"[68],其中"每一项都归转于另一个上面并通过另一个使自身成立,然而每一项又都异于另一个"(75/118),或者换用萨特的另一个表述:每一项在为另一项设定自身时,又都变成另一项。

所以萨特深奥难懂的地方在于:虽然我们已经看到,在解释他对于意识的看法时必须要运用"视角"这一视觉性的概念,但这个

67　中译本译为"为在这个反映者中反映自己的存在"。——译者注
68　中译本译为"互相指涉的双重游戏"。——译者注

概念最后却又会让人产生误解,至少也有一定的局限——拥有或建构一个作为意识的视角最终并不只是一件准视觉性的、感知性的、思想性的事情:它更接近于"肩负某项义务"或"接受某项要求"的状态(意识"就是下述义务:成为对某物、即对某个超越性存在的揭示性直观"[69], xxxvii/29;对意识而言,"它只可能是下述义务:成为对某物的揭示性直观"[70],618/712)。

(2)第1小节,76-77/118-119。现在已经准备好要在理论的层面上引入那蕴含在映像和反映者的互相指涉之中的自我了。花瓶和反映它的镜子之间的关系纯粹是外在的——镜子在反映花瓶时并没有把它当成是镜子本身。但是前反思意识中的映像和反映者是作为单一整体中的成员而互相关联的,而且这个整体并没有呈现为一种简单的聚集,仿佛两者凑在一起就可以把它创造出来一样,而是呈现为(它们的)主体。然而,这个得到呈现的主体不可能是某些属性的形而上学主体,我们在第二章讨论《自我的超越性》时已经见到了相关的理由;它也不可能是某种属性。相反,这个主体呈现为对于自身的关系,而且萨特注意到,这种自我关联活动在语言学中的标志就是 il s'ennuie 这类表达当中的反身代词。由这种反身代词指明的关系便构成了映像和反映者之间互相指涉的本质,它让后者具有了意义。萨特把这种前反思意识层面上的自我关联活动称为"面对自身的在场"[71](présence à soi)。自我或"自身"(oneself)(le soi)就是面对自身的在场,这是一种"要在作为绝对一致的、毫无多样性痕迹的同一性与作为多样性之综合的统一性之间不断保持不稳定的平衡"(77/119)的结构。因此,自身

94

69　中译本译为"意识的存在只体现在对某物、即对某个超越的存在的揭示性直观"。——译者注

70　中译本译为"意识显然必须是揭示某种事物的直观,除此之外,对意识而言,是没有什么存在的"。——译者注

71　中译本译为"面对自我的在场"。——译者注

(soi)所拥有的存在既不是谓语的主语,也不是谓语,它不可能是也不能被领会成"实在的存在物(existent)"。

(3)第 1 小节,77-79/120-121。目前为止,萨特的理论听上去可能与所谓的关于自我的"无主"理论(例如休谟的理论)相类似,这类理论拒绝指涉"我"。其实并非如此:虽然我们刚才仔细阐述的那些主张主要是否定性的,但它们并不是萨特关于自我的全部理论。

我们已经根据介乎于同一性中的"一"与综合统一性中的"一中之多"之间的自我关系而对自身(soi)下了定义;这里面的关键在于,面对自身的在场(présence à soi)蕴含着一段相对于自我的距离,而对这段距离的分析需要借助萨特的虚无形而上学和关于自为的目的论。从某种意义上来说,是乌有(rien)把自我与它自身分开的。我无法探查到或孤立出任何把我和我自身分开的事物。与空间上的距离以及时间上或心理上的差异不同,我甚至不能借由那些彼此隔离开的明确事项去辨识和表达这种分离。萨特认为,我们因此必须承认是虚无构成了这种分离———一种特殊的、人格化了的虚无,亦即我所是的虚无,或者以萨特的带有目的论和准义务论色彩的表达方式来说,亦即我不得不是的虚无。这进一步发展了萨特的虚无形而上学(第 9-10 节):萨特说,只有在自我意识当中,我们才能"以这样的纯粹性"[72]去把握虚无(78/120)。

因此,不同于无主理论所认为的那样,自我的位置在本体论的层面上并没有空出来。借用萨特的术语,正因为休谟没有看到自我的存在属于一种"义务"(78/121),换句话说,正因为休谟没有看到——用萨特之后的话来说——自我为映像和反映者之间互相指涉的"无穷运动"提供了"理由"[73](103/148),所以休谟才得出结论

72　中译本译为"在类似的纯粹性中"。——译者注
73　中译本译为"无限运动的理性"。——译者注

说自我是乌有(rien)。

最后,萨特把这种关于自我的理论纳入有关自为之起源的人类发生学叙事当中(第9节):自在通过某种源初的"本体论行动"而"退化成面对自身的在场"[74],而借由这种本体论行动,我不得不以某个自身(soi)的形式而是的虚无(néant)被存在了(est été)(79/121)。

(4)第5小节,103-104/148-149。在进入下一个理论环节之前,萨特提及了《自我的超越性》一书,并重申了其中的结论:自我(ego)是超越的,它并没有居于意识之内为主观性提供某种内在的核心(102-103/147-148)。(之后在第162-163/209-211页,萨特重申了他早先对于自我[ego]的看法,参见第24节。)

然后萨特解释了他是如何修正其先前的观点的。虽然自我(ego)并没有把意识人格化,但这并不意味着意识没有被任何东西人格化、并成为"无人格的":面对自身的在场(présence à soi)赋予意识以人格性(pernonnalité),也正因为如此,超越性的自我(ego)也可以拥有人格特性,换言之,我可以把那个自我(ego)看作是我的自我(ego)。因此,在《存在与虚无》中,对于"意识是否具有人格?"与"意识中是不是住着一个作为意识状态之物主的自我(ego)?"两个问题,萨特是把它们分开来看的;但它们在《自我的超越性》中被认为是同一个问题。

之后萨特又为由面对自身的在场所构成了自我关系添加上(103-104/148-149)一个更为深远的目的论维度,他称之为"自身性"(ipséity),并将其描述为"人格的第二个本质性的方面"[75](104/148)。萨特在《存在与虚无》的第一章中已经论证过(我们在第17节中也将看到这一点),自为必然以自我重合的自身为方向。自身

74　中译本译为"消解为面对自我的在场"。——译者注
75　中译本译为"人的第二种基本形态"。——译者注

95

性就在于我与这个理想存在物的关系,因为它在呈现给我的时候
是不在场的,它是"不在场的在场"(103/148)。由此得出主体对自
身的感觉永远是"被送回的"(renvoyé),超出了自己的把握。

就我将自身投向这个具有形而上之理想性的大写自我(Self)
而言,我必须经由世界来做到这一点:事实上,正是由于这种投射,
世界才存在,这个世界在一定程度上是"我的"世界(104/148-
149)。我试图穿过世界回返于自身,跨越存在的总体以便与自身
相同一:这样一个结构被萨特称为"自身性的环路"[76](le circuit d'
96　ipséité)(第 104/148 页;另见第 102/146-147 页)。

15.反思(第二卷,第 2 章,第 2 小节,第 150-158/196-205 页)

刚才概述的自我理论涉及前反思意识。萨特的自我理论目前
还缺少对于反思(réfléchir 意义上的 réflexion)的说明,有关"时间
性"的那一章中的第 3 小节将会补充上这一部分内容。

我们事实上已经见识到了反思的存在(existence),但是还是要
问:第一,为什么要有这样的结构? 第二,这种结构何以可能?
(150-152/197-198)毕竟,反思意识并不直接被前反思意识的存在
(existence)所蕴含,因为后者并不受制于"存在即被感知"(esse est
percipi)这一原则。我们也不能一上来就把反思对被反思意识的关
系理解成思维主体对表象的关系:如果是那样,那么两者就隶属于
不同的存在等级,反思也就无法构成自我关系。更一般地说,反思
意识和前反思意识体现了我们在有关映像-反映者的那部分内容
中所见到的"统一性中的二元性"这种模式(第 14 节):在把握它们
的统一性时,不能认为这是由两个独立的存在(existence)复合而成

76　中译本译为"唯我性的圈子"。——译者注

的(这样一来,它们之间的关系就成了外在的关系,针对意识的反思性直观所特有的确定性也就被摧毁了),但这种统一性也没有把它们完全等同起来(这样会把反思压缩进前反思意识)(151/197-198)。

为了充分理解萨特针对反思提出的先验论问题,我们需要认识到为什么常规的反思概念在萨特看来是不完备的,虽然它让我们觉得我们已经明白了它是什么以及它为什么存在(exist)。在我们的常规构想中,反思是一种认识媒介:反思使得精神状态的主体能够认识到他的精神状态。但是我们在第 3 节中看到,萨特并不认为反思解释了自我认识的可能性;他坚持认为"是什么使得自我认识得以可能"这个问题最终导向的并不是反思,而是(对)自身(的)意识(conscience(de)soi)。我们在第 8 节中看到,他还把认识论层面上的关系视为次要的和派生的,由此可得,如果用自我认识所提出的各项要求来说明反思,就不可能不错误地假定"认识的首要地位"。

97

然而,反思并不只是被某种独立的、机械的、非意识的原因推动着去存在(exist),而如果反思既不是动力因的产物,也不能参照认识论层面上的某个目的来解释,那就只可能通过非认识论层面上的其他某个目的来解释。

萨特在第 153-154/199-201 页对该目的做出了如下解释:前反思意识经历了萨特所谓的"源初的分散状态"(153/199)。因为映像–反映者的结构是转瞬即逝的,自为就必须在其他地方寻找它的存在,但是它发现——在它面向自在存在的在场中以及在它时间性的流动中——它"将自身遗失在自身之外"[77](153/200)。所以自为想要"恢复存在",而出于这个目的,它用上了反思:依靠反思的方式,自为通过把自身汇聚成一个统一体并把自身看作是一个整体而"试图把自身置于自己的存在之内"[78](153/200)。所以自为

---

77 中译本译为"投身于自身之外"。——译者注
78 中译本译为"欲求在自己的存在中内在化"。——译者注

在反思中的目标就是把自身变成"被给予之物,一种最终是其所是的被给予之物"[79](153/200)。如果这种尝试成功了,那么自为就会在自己的内部成为"对自身来说的自在的对象"(154/200)。因此,在反思中,主体一直试图成为自己的基础——反思的目光想要把自为当作这道目光本身会与之相同一的对象而将其创造出来。可是,虽然自为在反思中以自身的"对象化"与"内在化"(154/200)为目标,但这一目标却并不能实现,首先是因为反思本身并不是非时间的,而是在时间性的流动中被自身驱散的,更一般的原因在于反思是自为的存在,所以它自己的结构是非自我同一的。(萨特之后重申了这些观点,参见第298/359-360页。)

在接下来的段落中(155-158/201-205),萨特分析了反思与自身所保持的距离,自我认识的法则与限度,以及"被反思者(le réfléchi)在反思之外"这句话的模糊含义。我们将在第24节中看到,在上述考量的基础上,自身何以能够被(错误地)表象为一种"心理的"对象。

因此,我们通常对反思的看法是有缺陷的,因为这种看法认为反思所牵涉的是"某种额外的存在",它表现为由精神表象构成的某种额外的精神官能或精神层次;相反,我们必须将其视为自为"在内部结构上的改变"[80](153/199),其可能性就包含在前反思意识的"映像-反映者"结构当中。由反思引发的改变再度调遣了居于前反思意识之中的虚无,为了一种更高层次的(但并未实现的)统一性而虚无化了由"映像-反映者"构成的统一性(152/199)。萨特的论述使我们看到,前反思意识和反思意识共享着同一种结构,在前者中是内隐的而在后者中是外显的,而且这两种意识类型都包含着一种单一的、人格化的反身关系:它在前反思意识中显现为

---

79 中译本译为"给定物——一种是其所是的给定物"。——译者注
80 中译本译为"结构间的改变"。——译者注

"映像-反映者"的结构,而在反思中则显现为"反思者-被反思者"的结构(153/199)。因此,我们在《自我的超越性》中所发现的漏洞,亦即萨特并没有解释为什么反思应该创造出一个"我",在此就被填补上了。前反思意识和反思意识就被放回到一个更加基本、更加统一的目的论依据上,它最初作为前反思意识实现自身,因为这并没有让它更接近它所投向的目的,所以之后又作为反思意识实现自身。这个依据为一般意义上的反身性提供了解释项。自为通过这种方式成了一种有机统一体,但只是一种渴望达成的、将会存在的有机统一体,而不是某种已经达成的整体。

16.人为性(第二卷,第1章,第2小节)

从某种程度上来说,"人为性"(facticity)这个词指的是自为处于特殊性当中的状态:这种描述意义上的人为性不过体现在下面这样的事实当中——我在这个咖啡厅的这张桌子旁边,我或是1942年法国的一名资产者、或是1870年柏林的一名工人、或是咖啡厅的一名服务生而非外交官。所以人为性涵盖了我们在物理上、时空上对世界的介入,以及我们各自在人际、社会、文化、制度、政治和历史上的一系列特殊关系的总和。但萨特还认为:更抽象地讲,这个概念指的是我们总是像这样处于特殊性当中的必然性;而从解释的角度来说,这个概念表明了究竟是自为中的什么(牵涉到它的存在和结构)使得自为必然处于特殊的处境。后者是萨特在第2小节试图阐明的对象。通过肯定人为性的这一层含义,萨特旨在说明人类主体如何发现自身在(无法解释的、未经辩护的)特殊性的某个层面上存在(exist),他认为唯心主义没办法把握这方面的真相。(用来阐明人为性的"处境"概念提前出现了,而如果严格按照萨特的分析,"处境"是从人为性与自由的合取中得来的结果。因此第二卷中的这一小节只是开启了对人为性的探讨,第四卷则恢复并完成了这方面的探讨;参见第 33 节。)

　　通过把我们的偶然性与萨特的人类发生学提议——自为的存在是被否定的自在存在(参见第 9 节)——结合在一起,我们将我们的人为性把握为"我们处于特殊的处境当中"这种状态的先验基础。为了联合这两种观点,萨特给出的(有些棘手的)思路以他的公理(第 3 节)为起点:在自为对其自身的领会中,它"不是自身的基础"[81],因此是偶然的存在物(existent)(79/122)。这种洞见被笛卡尔纳入反思的我思之中,并推动他提出关于上帝存在的宇宙论证明;但是萨特认为,自我奠定的或必然的存在是一个矛盾的概念(80-81/123)。如果必然的存在是不可能的,那么它就不能为我的偶然的存在提供基础。但是萨特的探究并未止步于此,虽然它原本看上去好像必须如此——萨特认为我们的偶然性需要通过、也可以通过某种方式得到说明。既然在自为对其自身的领会中,它也在对其自身进行虚无化,它是"它自己的虚无的基础"[82](80/123),这就使我们能够去运用关于消除过程的"神话"中的目的论框架——"自在为了把自身奠定为意识而不断遗失作为自在的自身,由此而成了自为"[83](82/124)——从而在对我们的偶然性加以承认的基础上更进一步。这最终让我们明白,为什么在先验的层面上,自为应当必然总是处于特殊性当中。我处于特殊处境当中的状态总是对偶然性的例证——我现在正在咖啡厅做一名服务生,这或许是出于某些理由,但这些理由并没有一路追溯到作为自为究竟意味着什么;我是一名服务生,就等于说我作为自为而存

81　中译本译为"不是存在自身的基础"。——译者注
82　中译本译为"自身虚无的基础"。——译者注
83　中译本译为"自为,就是为了被奠定为意识而像自在一样消失的自在"。
　　——译者注

在,这是一件偶然的事情。而我的这种偶然性不过就是自在的偶然性:自在在本体论的层面上被移除了,又在它所变成的自为的层面上重新得到表达——"自在要自我奠定的努力"导致了自为"事实上的必然性"[84](le nécessité de fait) ,人为性"就是自在在自为中的遗迹"[85](84/127)。

萨特补充道,我的这种偶然的人为性永远不能"在原始的未加修饰的状态中"得到充分的"实现"或把握(83/126)——在对我的偶然性加以把握时,如果认为它不过是对某些事实的单纯占有,那么这就等于把我自身构成为自在的团块。我如果想要领会我的人为性,就必须"在前反思我思的基础上恢复人为性",我由此赋予人为性以"意义和反抗"(83/126)。然而,人为性确保意识不能"按照柏拉图《理想国》中的灵魂选择自己处境的方式选择它对世界的依附关系"[86];譬如,自为不能对自身做出"生为资产者"(83/126)的规定。

100

需要指出,人为性不会受到选择的影响。我们必定是在一定的条件下(比如我们所生活的历史年代)作出选择,不过我们并没有选择这些条件;然而,选择并不能减少人为性的数量;我选择的内容承载着由世界的存在向我的虚无所提供的各种特殊性,因此总是以人为性为前提的。(我们将在第 34 节中看到,萨特有关"对自我的源初选择"的想法,将我的各种选择构成一个总体,并赋予它们以相对于彼此的必然性,但是它并没有宣称我的世界的存在是一个选择问题,所以并不与他的人为性理论相冲突。)

我们将在第 31 节中看到,萨特有关人为性的想法直接导向了

84　中译本译为"一种事实的必然性"。——译者注
85　中译本译为"就是在自为中自在的(……)保留下来的东西"。——译者注
86　中译本译为"按照在《理想国》中人们选择自己处境的方式选择它与世界的关系"。——译者注

他对于具身(embodiment)的解释。

17.欠缺与价值(第二卷,第1章,第3小节)

第3小节想要把价值(la valeur)解释成世界的一个特征,并为我们将在第38节看到的动力理论奠定基础。

本小节一开始(85-89/128-133)就对萨特的虚无形而上学做出了极其重要的深化与澄清:自为的虚无被重新规定为存在的(某种)缺陷或欠缺((un)défaut 或 manque d'être)。

萨特的论述表明,从虚无向欠缺的过渡有两条路径。它既可以被理解成一种侧向的移动,是从"我们是虚无"这个命题推出来的;也可以向下进入一个更深层次的解释层面。

萨特首先提醒我们,自为与自在处在一种否定性的本体论依赖关系当中。自为"总是不断规定自身不是自在"[87],这意味着自为只有"根据自在并逆着自在"[88](85/128)才能确立起自身。萨特声称(86/128-129),上面这一点立刻揭示出自为是存在的欠缺:如果自为不是凭着从自在那里接受本体论上的支撑、而是凭着使其自身不是自在才存在(exist),那么自为就(只是)因为不具有、亦即欠缺自在之存在的情况下才存在(exist)。

与此同时,关于自为之起源的目的论叙事提供了另一个角度,从中可以直接将自为把握成欠缺的一个例子,并继而将其把握成虚无。目的论叙事将自为确立为欠缺的基础在于:自在奋力产生自为的存在,但并不是为了自为的存在本身,而是为了摆脱掉偶然性并就此建立起它自身(84/127)。由此可见,自为之存在一开始就是由它的存在(existence)所无法实现的目标构成的:自为为了让

101

---

87   中译本译为"规定自己不是自在"。——译者注
88   中译本译为"从自在出发并且相对于自在"。——译者注

存在得以摆脱掉偶然性而存在(exist)，但是它的存在与自在之存在恰好是同样偶然的，所以它作为目标的非实现状态而存在。因此，自为作为"某物未被得到抑或某物缺失着"这种事态而存在(exist)，也就是说，它带着缺陷、因而作为某种否定地存在着(exist)的东西而存在(exist)。

已经可以引入价值范畴了，虽然目前的表述尚不够精确。由于自为是一种欠缺，因此正面的价值就建立在欠缺的对象上，而负面的价值则建立在这种欠缺的存在上。然而，萨特充分说明了(90-95/133-139)自为的欠缺状态如何过渡到自为对世间价值的具体意识，而在说明的过程中，萨特引入了"作为大写自我之自为"(for-itself as Self)的概念并揭示了它的重要性(我们之前在第14节已经提到了"大写自我")。

如果自为的存在是欠缺，那么被欠缺的究竟是什么呢？当然，从某种意义上说，它就是自为之源初目标的实现，亦即"自在的存在摆脱掉偶然性并奠定自身"。可是自为的存在一旦开始出现，自主地规定和奠定自身，并遵循它发现自身带有的否定本性，欠缺的对象就被重构了，而且需要重新得到说明：萨特认为，自为所欠缺的是作为自在存在的自身，"以同一的形式出现的自身"[89]，自我重合的自身(le soi comme être-en-soi 或 soi-même comme en-soi)(88-89/132)。萨特把它(我们在第14节中已经看到)称为"大写自我"(Self)(Soi)(100/145)。

102

可以对这个"对象"做出更加精细的描述：自为想要的并不是自己"消失于同一性的自在中"，换言之，并不是意识被消除；它想要的是在自在的存在中作为自为被保留下来，换言之，是"成为这

---

89 此处的翻译难以从中译本中截取，这里仅说明英译者与中译者的理解有较大出入，而略去中译者的翻译。——译者注

种作为实体性存在的自我"⁹⁰(90/133)。为了让自为承继自在的源初谋划(自为是这项谋划的预定载体),需要的是"自为和自在之间不可能实现的合题"(90/133)。萨特发现,这种"在自身当中结合了自在与自为的种种不相容的特性"⁹¹的总体所对应的前哲学的常规概念就是上帝,这种存在奠定了自身,并将绝对的自我同一性与自我意识结合在了一起。

我们似乎自然会否认作为大写自我之自为具有本体论上的任何地位,原因恰恰在于它没有被实现且不能被实现;萨特又称它是某种"意义"⁹²(un sens)(87/130)——它是"缺失着的奠定活动所具有的意义"⁹³(89/132),那恰恰属于意识的意义,而非某种由意识传达出的意义(91/134)。这似乎理应让它成为一个非本体性的范畴,但是萨特坚持认为本体论承诺是无法避免的(90-91/134)。一个具有说服力的理由是:作为大写自我之自为如果不拥有某种存在,就不能被认为是自为所趋向的某种超越的事物,只能被看作是"纯粹的观念",而这背离了萨特的纲领——在本体论结构的层面上、而非主观表象的层面上给出哲学解释。根据某种内在的本体论关系——在这种关系中,自为将自身投向作为大写自我的自身(关系中的两项离了对方就无法存在(exist),它们也不具有任何相对于对方的优越性)(91/134)——去设想欠缺,这使得萨特能够宣称:我们在这里发现了一般意义上的"超越性的根源"(89/132)。

作为大写自我之自为的本体论地位为萨特有关价值和价值意识的说明打下了基础。如果作为大写自我之自为拥有存在,那么这种类型的存在必定还没有在《存在与虚无》中得到定义:它既不

90　中译本译为"它是作为实体的存在而是自我的"。——译者注
91　中译本译为"在自我中集合了自在与自为的种种不可并存的特性"。——译者注
92　中译本译为"方向"。——译者注
93　中译本译为"奠定所欠缺者的活动的意义"。——译者注

是自在的存在又不是自为的存在，所以它隶属于全部本体论，但是它既不像那些构成已分化的对象世界的存在物，也不像那些构成萨特所谓的"心内之物"（参见第 24 节）的"退化了的"伪存在。萨特详细论证道：作为大写自我之自为的独特存在方式与价值的存在方式严格对应（92-95/136-139）。萨特所理解的价值并不专门指道德领域中的事物，而是任何对主体施加规范力量的事物，它关联着主体的谋划。进一步而言，萨特此处提出的主张所牵涉到的价值并不是正题意识的对象，即我们宣誓、赞成、确认等的对象（95/138-139），而是我们的在世之在的一个非正题的与前反思性的维度。在这个原初的层面上，价值"纠缠着"自为，"与它处于共实体性的统一中"，但又不由它确立，而且"不可触及"（94-95/138-139）。正如萨特之后所言，价值是"围绕并一部分一部分深入自为的幽灵存在"（203/254）。

　　萨特认为，对"自为是欠缺"这一结论的一个进一步的、独立的、支持性的论证途径是由欲望和痛苦这样的现象提供的，对于这些现象的分析穿插于第 3 小节（分别参见第 87-88/130-131 和第 90-92/134-136 页；参见第 24 节）。

　　萨特的欲望理论特别清晰地表明了他的本体论语汇如何对立于常规哲学思想中那种对人类主观性的各种特征进行心理学还原的顽固倾向。根据萨特的观点，那种认为我们只是在欲望没有得到满足的意义上才有所欠缺的观点是虚妄的，这种观点意味着把我们的欠缺状态还原成我们的欲望状态。毋宁说，我们有所欲望，仅仅是因为我们例证了某物"缺失着"而存在（exist），就像新月欠缺着它缺失着的四分之一而存在（exist）。类似地，以及在更宽泛的意义上，萨特的欠缺理论让超越性能够被把握为自为的客观本体论结构：正如萨特所言，自为"与自在的存在不可分割地联系在一起，并不是作为相对于其对象的某种思维（……）而是作为相对于那对其欠缺加以规定的对象的某种欠缺"⁹⁴(89/133)。注意：这突显了萨特在本体论证明中所断言的"超越性的实在性"(参见第5节)，并不是说我们在我们自身看来似乎是在向对象超越；我们"对存在的倾向"是一个隶属于实在、而非单纯隶属于我们主观性的事件。既然萨特肯定了自为的诸种结构的客观性，这也就例证了我们在第13节中讨论过的、萨特将视角立场认同为绝对立场的做法。我们作为存在的欠缺而倾向于存在，在这种存在(existence)中，事物在人类主体内部之见中的存在方式与它们在无源之见中的存在方式是重合的。

　　虽然萨特没有点出叔本华的名字，但在探讨欲望和痛苦的段落中，萨特显然是有意识地修改了叔本华有关人类痛苦之必然性与普遍性的论点，这种修改去除了叔本华的主张中所包含的经验主义成分，同时也建立在一个可以说是更严格的基础上。根据萨特的论述，"自为本身就是痛苦"这句话丝毫无关于我们对经验中弥漫着的消极享乐性质的内省，而是与我们对世界的意识有着先天的联系。(在这个脉络中，萨特于第90/134页提到了黑格尔《精神现象学》中的"苦恼意识"(la conscience malheureuse)，不过他根据叔本华式的非理性主义，将其重新阐释为一种不可逃避的状态，而非一种可被扬弃的状态。)

　　在第38节中，我们将追寻萨特有关作为大写自我之自为的理论所具有的内涵，而在第44节中扼要探讨伦理价值的诸种条件。(《存在与虚无》并没有辟出一节单独讨论审美价值，虽然它对审美问题做出了很多评论；其中特别值得注意的是萨特在第194-195/244-245页的说明，这段说明把美视为"自为的理想实现"或"在想

94　中译本译为"与自在的存在不可分割地联系在一起，并不是作为对其对象的思维(……)而是作为规定其欠缺的一种欠缺"。——译者注

象中将我自身实现为自在与自为的整体"⁹⁵。)

18.可能性(第二卷,第1章,第4小节)

萨特对可能性的探讨非常类似于他对否定的处理。不管是在人的领域还是在外在于人的经验事实领域,可能性均作为超越的具体实在而被给予我们,而对这些可能性的意识则构成了"可能性"这一抽象概念的前提以及相应形式的模态判断的前提。一方面,绝不能在主观的或认识的层面上对可能性进行带有还原色彩的分析(莱布尼茨的和斯宾诺莎的那些分析),因为这些分析要么是一种循环解释,要么无法把各种可能性与其他非模态的事态区分开。另一方面,萨特认为可能性不能被设想成起源于现实的自在存在。因此,必须拒绝那些按照亚里士多德的潜在性概念对可能性做出的实在论分析。

在排除掉上面那些分析之后,我们必须把可能性追溯到人类主观性的先天特征。萨特的形而上学以下述方式阐明了可能性。首先第9节已经指出可能性以虚无化为前提,继而萨特认为,根据作为自为之结构的欠缺,可能性在世界上的显现能够得到进一步的理解。我们在第17节中看到,自为是作为大写自我之自为所对应的自我重合性的欠缺;自为以"面向世间对象的欲望"这一形式将自身投向这个准存在物,萨特断言这导致了"可能态"(the Possible)在世界上出现(100-102/145-147)。因此,可能性的结构从我的自我关系中派生出作为欠缺的我自身与完整的我自身之间的内在关系:"可能态就是自为为了成为自身而欠缺的某物"⁹⁶(102/147)。(萨特关于各种可能态的本体论又为他有关行动和自

105

95　此处英译者与中译者的理解也有较大出入。——译者注
96　中译本译为"可能就是自为为了成为自我而欠缺的东西"。——译者注

由的理论做出了贡献,参见第 32 节。)

19.认识(第二卷,第 3 章,第 1 小节和第 5 小节)

在相当重要的意义上,萨特在第二卷第 3 章中对认识的处理与认识论无关。萨特探讨的问题并不是我们有没有认识(请怀疑论者见谅),也不是我们在什么样的条件下可以合理地形成具有一定认识可靠性的信念,这是有关合理信念的理论需要处理的任务。毋宁说,萨特关心的是:认识是什么。萨特在思考认识关系时,把它与我们在构成信念时所秉持的规范性旨趣剥离开,如此便得到了有关认知的形而上学,它不同于通常意义上的认识理论。正如萨特所言,"认识被重新吸收到存在中"[97](216/268),"认识的本体论问题是通过肯定自在对自为的优先地位而解决的"(619/713)。

萨特已经向我们解释过,他所设想的意识是一种相对于超越对象的关系,这种关系既不受中介也不具备任何内部结构,不仅如此,它还意识到了它本身;所以在萨特看来,关于认识的基本可能性,就没有什么需要进一步处理或探讨的东西了。比方说,认知并不是一个两阶段的过程,其中第一个阶段感知,第二个阶段则把概念加在感性材料上面,抑或让这种材料变得清楚明白,抑或赋予它以恰当的统一性;所以在萨特那里,没有任何东西对应于经验论中的抽象、唯理论中对于观念的省察以及康德式的综合。在处理有关认识的问题时,萨特可以补充的、也确实提供的是对下述问题的说明:首先,为什么说"存在这种超越性意识"这个命题应当是真的?以及,它在更宽泛的意义上又意味着什么?(注意:由于萨特拒绝对意向性进行因果分析,因此对他来说,认识不可能只是一种

97　中译本译为"认识被吸收到存在中"。——译者注

具有独特的规范性外壳的经验关系。)

作为意识结构的超越性被萨特解释为自为的一种结构：意识意向一个对象，因为自为的目的论要求这种超越性，而这种超越性的其中一个方面就是对对象做出认识。认识是"直观"，是"意识面对事物的在场"（172/221）；又由于自为最初不得不"在与自在的关系的基础上"产生（172/220），也就是说，由于自为不得不使"自己不是事物"（174/222），所以上面那种直接的在场——根据萨特的解释，这种在场必须被理解成否定的：意识认定自身不是对象（参见第 10 节）——便成为必然的了。

因此，根据萨特的看法，认识并不是预先存在（pre-existent）的存在之间的补充性的关系，也不是某种活动、属性或功能，而是主体的一种"存在方式"（174/222），它等同于自为的涌现，因此是一个"绝对的原始事件"（216/268）。

萨特承认，这让他与唯心主义在两个方面达成了共识：自为之存在与认识其实具有相同的外延（216/268），并且认识还起到肯定的作用——自在被认识并在意向中被肯定为"世界"，这是意识的"内在否定的反面"；这一切就好像自在的存在只是为了让自己可以获得肯定而否定了自身并产生了自为（216-217/269）。萨特在这里的立场与绝对唯心主义非常接近，不过仍有两个方面把萨特与后者区分开来：第一，他坚持认为我们已经见识到的目的论过程"只是为自为而存在"，并且"与它一起消失"（217/269）；第二，萨特秉持实在论的、反构成主义的论点，即存在之被认识并没有将任何东西添加到存在上，"除了'存在着自在'这一事实本身" [98]（217/269），所以萨特认为唯心主义无法说明人类主体对自身被"压迫"、被"来自四面八方的"存在"包围着"（217-218/269-270）的那种经验。

---

[98] 中译本译为"除非有自在这事实本身"。——译者注

20.经验实在(第二卷,第3章,第1-4小节)

　　基于对认知的说明,同时也与这种说明密切相关,萨特在"超越性"一章的中间若干小节对处于可理解的已分化状态的对象世界、亦即"世界上的事物"(198/248)进行了说明。这包括:(1)空间(184-185/233-234,211-213/262-265);(2)经验性的规定,即一个经验性的事物之是自身而非其他事物、是如此这般而非其他那般(第2小节);(3)经验实在在质和量上的特征(第3小节);(4)它的时间结构,即由前反思意识所发现的"关于"存在的时间性(204/255),萨特称之"普遍时间"或"世界的时间",其对立于自为的时间性,后者是在反思中被揭示出来的;(5)"世界"的统一性或整体性(180-183/228-232)。萨特还讨论了抽象与具体的区别(188-189/238-239),恒常性(193-194/243-244,204-206/255-257),抽象与经验概念的形成(193-194/243-244),潜在性和或然性(196-197/246-247),因果性原则(207-208/259)和运动(209-214/260-265)。

　　在萨特的分析中,"否定"观念一以贯之———一般而言,经验性的规定体现了"外在的"否定(第8节)———又由于否定是自为的特权,因此正是在这里,世界和自为之间相互依赖的关系(它们的立场在全部本体论当中是互相补充、彼此相关的)明显地表露出来。

　　萨特的说明根据经验实在的形式特征,从经验实在回溯到先天的本体论条件上、亦即自为的存在方式与存在结构上,因此这份说明可以说是先验的。正如之前所注意到的,萨特并不想对这些特征的必然性做出强式的论证,即从概念上表明不可能有其他选择,例如自为不可能有非空间性的感知,抑或经验不可能不符合因果性原则。相反,萨特的分析表明了经验实在的形式特征与自为的诸种结构是如何互相吻合的,以及后者如何让前者变得可以理解;这至少支撑着一些与经验成立的必要条件相关的弱式主张:比如,由于萨特表明了自在的空间化对于我们而言如何使得自为的存在能够让自身与自在的存在共同在场,以及因果性原则如何反映着自为的时间结构,因此可以说他为经验实在确立了空间因果关系的必然性,虽然是在弱式的意义上。

21.工具性(第二卷,第3章,第3小节)

到目前为止,第3章给出的说明似乎表明了、或者说契合于"表象的东西是第一位的"这种观点,也就是说,对世界进行冷静沉思的意识是自为的原初条件(198/248)。但萨特提醒我们为什么要对之加以拒斥,"世界在自身性的环路之内"[99](198/248)显现出来——被感知物"像是一个在自身性的环路中的引导者"[100](192/242)——自为则通过这个环路将自身构成为欠缺,因而是实践导向的。

这直接影响到世界的构造方式。自为相对于欠缺的关系不可能是相对于给定对象的关系——如果是这样,那么欠缺就成了外在的关系,也就是说,它就不会是自为自己的欠缺状态了。萨特承认,某种具有特殊地位的(纯)反思(参见第43节)可能会把自为的存在直接领会为欠缺,但是就前反思意识、亦即对世界的意识而言,欠缺"只能在投射中"[101]显现,作为一种超越的结构。这解释了自为在经验中对具体的确定欠缺(即充斥着世界的任务,"有待填满的虚空")的辨识(199/249-250)。

因此,在原初的层面上,事物固然是认识的对象,但也是工具

99　中译本译为"世界在自我性的圈子之内"。——译者注
100　中译本译为"像是一个在自我性圈子中的引导者"。——译者注
101　中译本译为"只能在计划中"。——译者注

或曰器具(200/250-251)。萨特对经验实在的康德式论述就与那种将世界视为器具性母体的海德格尔式论述由此融合在一起了——对于上述两者而言,萨特均可声称自己为其提供了一个新的(并且是整合过的)基础。

22.时间性(第二卷,第2章,第1-2小节)

萨特对时间性的讨论非常细致,不过我们可以将其最终的论点概述如下:时间必须通过("源初的")时间性来理解,后者是自为的一种结构,而它又必须通过自为的反身性、尤其是自为对自身的"时间化"来理解。以下是萨特关于这个主题的讨论要点。

(1)萨特认为(107/155,124/168),实在论导向的结论是时间不存在(exist),因为它将会表明:过去不再存在,未来尚未存在,而现在的实在性会成为无穷小悖论的牺牲品。

萨特对实在论的限制是有争议的,但是萨特在为其拒绝时间实在论的做法进行辩护时,其中更为微妙、同时也最具效力的一点(符合萨特的基本方法规则)是:一个可理解的时间观念必须表明时间与时间意识之间的联系,然而任何可供实在论利用的材料都不足以达到这个目的。我们的时间意识不能被局限为对时间持续过渡的观察,就好像一个人在观看时钟指针的移动或进度条的前移。时间不是意识的对象:意识在时间之中,时间也在意识之中。进一步而言,我们必然会意识到时间表现在三个维度上——后面是过去,此时是现在,而将来则在前面——并具有动态的特征:时间过渡,现在成为过去等。这种意识如果基于主体当下所拥有的表象(记忆影像,关于未来事态的影像等),就不可能为人所理解,因为主体需要先有时间意识,才能在把握这些精神表象时认为它们指涉着过去或未来(108-109/151-152,124-125/169)。因此,对于过去和未来的意识是存在关系,而不是表象关系(146/192)。

（2）从自为中派生出时间的做法留下了各种可能的选择，其中之一就是像康德那样把时间处理为客观认识的一个先验条件。而萨特则为时间性寻找一个非认识论的基础，这符合他对立于康德式唯心主义的一般立场，也符合他对自为存在的目的论构想。　　110

（3）萨特主张，时间理论必须回答"为什么存在时间？"，"为什么时间有且只有三个维度？"以及"为什么时间存在于变成过去的过程当中，亦即存在于'向过去的过渡'（120/164，142/188，144/190）当中？"等问题。常识通常将时间描绘成一种流动的、无形的、线性的媒介，世界中的事物沿着这一媒介而过渡，抑或被这一媒介所承载；此种描绘仅仅把时间当作一种给定物，因此没有能力回答上面的问题。如果必须按照"过去-现在-未来"的结构来设想时间，那么显然不能把它视为三个独立环节的简单拼凑。由此可见，我们必须"把时间性当作一个整体去加以剖析，这个整体制约着它的次级结构并赋予它们以意义"（107/150）。

既然已经澄清了萨特对时间理论的限制——时间理论应当从自为中派生出时间，但是不应把它还原成认识的条件；时间理论应当解释究竟时间为什么存在（exist），并且是在三个维度上存在——那么也就可以理解萨特为什么要把时间置于一个动态的、目的导向的自为结构之中，而该结构又是从"自为作为自在的虚无化"这一基本性质中衍生出来的。萨特说明的并不是何谓"主体意识到了某个客观的序列（例如一艘轮船顺流而下）"，而是何谓"主体将自身关联于自己的过去、现在和将来，亦即我将我自身关联于属于我的过去、现在或将来的某物"。上述评论让我们理解了为什么这既不意味着萨特在用时间"心理学"去取代有关时间之所是的哲学问题，也不意味着萨特按照贝克莱的方式将时间"主观化"了——当然，萨特沿袭了"时间的最终依据必须被置于主体之内"这一唯心主义原则，但是对于他来说，时间不该被缩减为主观性的内容。

第1、2小节的文本结构相当复杂。（本章第3小节涉及对非源初的、"心内的"时间性的构建,下面第 24 节将讨论这部分内容。)第 1 小节开篇即对萨特的立场进行了一番速写(107/150),之后又在现象学的、"先于本体论的"层面上给出了一份针对三个时间性维度的描述,旨在对时间做出"临时的""预备的澄清"[102](107/150)。不过,所谓"该小节属于现象学而不属于本体论"的说法只在弱的意义上成立,因为它包括一系列基于与现象学的不相容性而得出的、有关时间本体论的否定性结论,它还根据我们已知的自为本体论而描述了每一个时间性维度的意义。

①112-120/156-164。过去意味着某个自为地拥有着一些过去的存在与这些过去发生关联的方式,而在这种关联中,这些过去是这个存在造成的、于当下发现的且"不得不是"的(114/158)——但是它的"存在不再是自为的"[103],因为它不再作为映像—反映者而存在(exist),所以算是"变成了自在的自为";过去是"我所是的但又无法生活于其中的东西"[104](119/163)。因此,与过去的关联体现出了萨特的"矛盾地谓述自为"这一方法:就我所曾是的东西而言,我为了不是它而不得不是它,又为了是它而不得是它。

②120-123/165-8。现在所具有的意义更为简单:"自为对自在存在的在场"。它是一种与所有的自在存在相联结的内在纽带,我们不能根据"此刻"的存在去分析它,它还意味着一种不顾存在的逃遁——"它逃到与之共同在场的存在之外,并从它所曾是的存在逃向"[105]将来(123/168)。

③127-129/172-174。由此可得,将来最初意味着处于现在及过去"之外"的、自为所逃向的存在,故意味着"超乎存在之外"的存

102　中译本将前者译为"预备性的",只将后者译为"澄清"。——译者注
103　中译本译为"在其存在之中,它已不复是自为"。——译者注
104　中译本译为"我所是的而我不能够体验的东西"。——译者注
105　中译本将本段的三个引用分别译为"自为对自在的存在的在场","现在的瞬间"以及"它逃脱于与之共同在场的存在之外,还逃脱于它曾经是的又朝着它将要是的存在的存在"。——译者注

在(126/170)。但是,为了让这个"之外"进一步获得"被等候""被
预期"以及"未实现"之义——也就是说,在与它发生关联时,并不
只是把它当作"由将要到来的时刻所组成的、按先后顺序排列的、
同质的序列"[106](129/174)——萨特论证道,将来所具有的完整意
义必定是自为的将来所具有的意义,亦即我将是的我自身所具有
的意义。然而这个将来的自我又不能与处于过去模式下的我所是
的自我拥有相同的本体论特征(否则"展望未来"就无法与"回顾
过去"相区别了)。因此萨特声称,我们必须根据萨特就作为大写   112
自我之自为和"可能态"而提出的目的论(第17-18节)去理解将
来:将来是自我重合性的"理想点",在这一点上,大写自我"将作为
自为的自在存在(existence in-itself)而出现"[107](128/172)。因此,
这个意义上的将来总是仍将到来的、尚未完成的,并且是"各种可
能态的持续的可能化"(129/174)。

    第2小节正式从现象学过渡到本体论。以"静态的时间性"为
标题的A小节旨在驳斥那些把时间视为一种形式顺序的论述(实
在论的或唯心主义的);以"动态的时间性"为标题的B小节(142-
149/188-196)旨在详述三维时间的本体论,从而解释第1小节针对
过去、现在与未来所描述的意义,并解决由这些描述所引发的一些
难题。第136-137/181-183页和第147-149/193-196页的文字给出
了萨特关于时间性的中心思想。萨特在此将时间刻画成拥有"自
身性结构"的"一种进行统一的活动","那种不得不是它本身之存
在的存在所具有的内部结构"(136/181-182),并且这种活动将"它
自身时间化"为"不完整的总体"[108](149/196)。萨特将这种结构
运用于三个时间维度(在第137-141/183-187页运用于过去,在第
141-142/187-188页运用于将来,在第141/188页运用于现在),表

---

106 中译本译为"按时间顺序排列的一些未来时刻的谐和的系列"。——译者注
107 中译本译为"作为自为的自在存在的自我最后涌现出来"。——译者注
108 中译本分别译为"自我性的结构","一个统一性活动","成为其自己存在的存
     在之内部结构","自我时间化"以及"未完成的整体"。——译者注

明我们可以将时间性把握成存在的统一"变形"。在这个背景下尤为重要的是,萨特论述了:为什么一旦承认了时间与自为的同一性,诸如"为什么有时间?""为什么时间拥有它确实拥有的维度?"以及"为什么时间在流逝?"这样的先验问题就得到了解答(参见第147-149/193-196页)。

或许可以说,萨特是在努力辨识出那种构成时间的"故事"。我们一般所理解的叙事指的是处于时间之内的事件所具备的形式,但萨特的观点是:一种基础性的叙事(目的论)形式定义了时间,它使得时间具备了"过去-现在-将来"的形态。

在有关时间性的章节中,萨特运用了一个借自海德格尔的术语:"出神",它指的是那种"站在自身之外"的状态(在《存在与虚无》的某些语境中,它指的是那种旨在达到这种状态的尝试)。构成自为的三种出神,其一便是时间性,其二是反思,其三是为他的存在(参见萨特在第298/359页的总结)。过去、现在和将来组成了时间上的三种出神(137/183)。

"出神"这个术语携带着一个重要的想法(否则它就只是"非自我重合性"的同义词),它涉及自为的目的论。我们已经看到,在萨特的描述中,自为的目的是大写自我的自我重合性或自我同一性。然而必须要一直记住的是,萨特针对这种运动的论述预设了一个先期的运动,此即对存在的"逃遁",它构成了自为的更基础的目的论,并开始推动自为的分解——部分在变多,它们的统一性在减少,彼此趋于分开(但正如自为的整个目的论,这个趋势没有被完成也不可能被完成)。

注意,直到第二章结束,萨特都没有处理"客观的"时间性:这种"普遍的时间"或"世界的时间"——它与源初的时间性及其"退化了的""心内的"版本(第24节)均不相同(但不独立于此二者)——在第20节中有所提及,它隶属于萨特关于经验实在的理论。

23.自为的矛盾谓述

我们已经看到,萨特针对自为采用了一大堆矛盾的谓述。反思既是又不是被反思意识。自为既是又不是它的过去和将来,它既是又不是构成了自为之人为性的偶然存在。意识的存在"并不与自身相重合"[109],欠缺自在所具有的自我同一性(74/116),而这意味着自为既是又不是它自身。矛盾的谓述之后会在有关身体的讨论中再度出现:我既是又不是我的身体(第31节)。用最具一般性的语言来说,萨特把自为的存在描述成"是其所不是和不是其所是的存在"(58/97)。(萨特认为,表示同一性的"是"和表示谓述的"是"即便不能互相转化,至少也是联系着的,所以我所谓的"矛盾谓述"论题同样可以被称为"非自我同一性"论题。)

这个举动没能帮助萨特赢得那些处于后康德传统之外的哲学家的严肃对待,而在这个传统之内,这种形式的表达更为人所熟知,毕竟会让人联想到黑格尔。但是我们已经看到,萨特对自为的矛盾谓述并不像对自在的矛盾谓述那样空洞和无意义:它们的意义得自萨特针对自为的诸种结构而提出的各项理论,这些理论解释了:反思在何种意义上是被反思意识,又在何种意义上不是被反思意识;我在何种意义上是我的过去,又在何种意义上不是我的过去等。

然而仍有一个重要的问题。当那些与矛盾谓述相关的理论得到了恰当的考虑,严格意义上的矛盾是否会消失?换言之,能否重新表述萨特的形而上学,以便从他对实在的论述中消除矛盾。我们固然需要将萨特的形而上学理解成它们本身是一致的、故而免

114

109　中译本译为"与它自身并不完全相符一致"。——译者注

于矛盾,但更进一步的问题在于这些形而上学是否包括下述命题:某一类型的存在拥有内在的矛盾(它的结构就是矛盾的)。如果这确实是萨特的主张,那么他的理论阐述就没有告诉我们如何去改写那些加给自为的矛盾谓述以便消除矛盾,而是预设了矛盾并对其做了具体的阐发。如若如此,那么举例而言,当我们说自为既是又不是它的过去,就等于说自为以一种方式矛盾地存在着(exist);并且,虽然我们可以把自为的矛盾谓述相对化,比如可以说在某一方面(作为我的人为性)我是我的过去而在另一方面(作为我的超越性)我又不是我的过去,但是为了把握这两个被相对化的谓项之间的互斥关系,我们需要的恰恰还是矛盾性。

如果萨特确实肯定了自为的矛盾性,那么这个主张就不同于并超越于他所提出的有关多种存在模式的学说、虚无形而上学以及"人类主体欠缺主谓形式"这一论点:"我们以独特的模式存在着(exist)","我们的存在是虚无的存在"以及"我们不是属性的形而上学主体"这些说法并不等于说"矛盾适用于我们"。

很难在这个问题上达成某种定论。如果我们倾向于认为萨特对矛盾的实在性抱着严肃的态度,那么可以为此做出如下辩护:萨特先是设想了在自在中持存的某种矛盾,继而仿照这种设想去建立自为的矛盾性。诚然,对一段树根的过去进行思考,这并不能让我们获得支持"我既是又不是我的过去"的理由:"是且不是 F"不可能像适用于我那样适用于树根,因为无论如何,至少在萨特看来,适用于我的谓项无法适用于自在的任何部分,反之亦然。但是在意义的层面上,萨特很可能是在叫我们通过参考何谓"某种矛盾适用于自在"去理解何谓"以自为的存在模式存在着(exist)",就像我们在第9-10节中看到,萨特的"虚无"概念在语义上依附于我们对于自在之存在的把握。

其次,或许可以论证说,如果自为的存在模式并不包含矛盾,那么它就不像萨特多次坚称的那样是成问题的：如果我们的存在模式（我们"不得不是"我们的存在）不带有矛盾，那就有理由认为它不会呈现出深层的形而上学困境。按照这种观点，矛盾让人的存在（existence）成了一个有待解决的问题，并给自为配备了动力引擎。

虽然我们应当一如既往地警惕自己没能充分地再现出萨特观点的奇异色彩，但是除了哲学上的胆怯心理以外，其他一些动机也会引导我们认为：在不打破无矛盾律的情况下，仍然可以正确地处理我们的存在模式所具有的成问题的特征。我们可以认为，萨特之所以运用"既是又不是"这个公式，是想要通过这种方式去强调自为的各个结构之间的相似性，强调它们都拥有某个令自为与自在相异质的形式，不过这个形式无须被等同于某种矛盾的持存。作为一种概念工具，矛盾谓述还擅于给人带来启发：它表明对自为的任何谓述都是成问题的，因此提醒我们人类主体不是某些属性的主体。我们甚至可以怀疑矛盾是否真的捕捉到了自为的存在模式所具有的成问题的特征和内在的动态性：如果矛盾确定无疑地适用于我，这岂不是在概念上达到了某种终极的稳定状态，从而将我归于静止？所以，我们同样可以提出有力的理由供我们从最终的阐释中剔除掉矛盾。

值得注意的是，上述议题密切关联于两个元哲学议题，而我们对后二者的观点会影响到我们对萨特式矛盾的看法。第一个议题涉及萨特与黑格尔的关系。如前所述，矛盾谓述在黑格尔的逻辑学中占据着坚实而合理的地位；因此，如果可以认为，萨特赞同黑格尔的这一部分思想，但对真正的黑格尔形而上学，萨特并未因此接受其中任何（在他看来）站不住脚的部分，那么他对矛盾谓述的使用就可以在黑格尔的基础上得到理解与捍卫。当然，黑格尔辩证法的术语与条件是否真的在形而上学的层面上保持中立，我们

116

可以对此表示怀疑,但对这个问题的思考会让我们离题太远。

　　至于第二个元哲学议题,我们在第 13 节中探讨过。在对待自为的矛盾谓述时,我们自然可以认为它只是论述了"我们必须如何思考",也就是说,它只是辨识出了我们设想和经验自身(人为地,超越地等)的种种方式。这些设想或呈现模式可以不融贯地彼此叠加,或者说我们可以在它们之间交替往复,以至于在我看来,某些时候某一者是对的(我是我的过去),另一些时候则另一者是对的(我不是我的过去)。当然,萨特并没有把自己摆在一个高于这些设想的中立地位上,好像仅限于观察我们的思维模式;相反,他是在肯定它们相互依赖的必然性,所以也是在认可它们;换言之,他是在说:矛盾的设想相关于我们的自我经验现象和自我理解能力,以此来衡量,我们需要承认这些设想是对的。但是,针对萨特哲学蓝图的此番解读完全是视角性的或哥白尼式的,它可没有保证萨特是在实在当中发现了这些矛盾:我们可以说,萨特最终的论点只是我们不能无矛盾地设想或经验自身,换言之,人的主观性无法在理论的层面上清晰地呈现自身。在实在当中,人类主体暴露于"无源之见",此时的它是否具备矛盾的结构? 萨特并不关心这个问题,对这个问题的答案也不置可否。

24.心理学,"心理事实"与内心(第二卷,第 2 章,第 3 小节,158-70/205-18)

　　《自我的超越性》的论点是:有两种互为反题的方式去处理那个可以被我们中性地称为"精神之物"的东西——其一是把它同化为世界中的对象,其二则是通过主观性去把握它、并将它把握为主观性。我们已经看到,《存在与虚无》坚决主张前者是一种误解,尽管这种误解是由自然意识针对自身的某种操作所奠定的。上述主张在萨特的分析中是一个重复出现的主题;特别是,我们可以挑选出一些段落,这些关键性的段落体现出并构成了萨特对他所谓的"心理之物"或"心内之物"的批判,从而对立于现象学对精神之物的构想。

(1)在第14节中我们看到,根据萨特的论证,前反思意识本身包含着目的论上的不稳定性。当映像-反映者的结构在关于快乐的例子中获得了确证(xxx-xxxi/20-21),我们得到的结果是:快乐以及我们对快乐的意识共同形成了"一个不可分割的、不可分解的存在"(xxxi/21),既排除了彼此分开的可能,任何一项又没有还原为另外一项。为了让快乐存在(exist)——为了让我感受到快乐——我必须参与进(更确切地说:成为)这个总体的两个环节所进行的互相指涉的运动。快乐的存在模式所具有的这种独特性——它反映在,我既没办法像是面对异己的对象那样从我的快乐那里后退一步,也没办法全然忘我于其中——防止我们将快乐设想成一个类似于"对象占有某个性质或拥有某种内容"这样的事实。

(2)在关于信念的例子中,前反思我思的法则给出了同一类结果,但带有更为复杂的内涵(参见第68-70/109-111页与第74-75/117-118页)。信念p蕴含对相信p的意识,意识到我相信p就是认识到我相信p。然而,在这一点上,信念p将自身转换成一个关于意识的公认事实、一种对我的心灵的"主观规定",它从它的"外部关联"[110]也就是从p本身分离出来(69/110)。我因此疏远了我的信念,因为它现在对我来说是成问题的:"于是,(对)相信的非正题意识破坏了信念。但前反思我思的法则本身又蕴含着:相信的存在应当是对相信的意识"[111](69/110)。信念的这个特征——

118

---

[110]　中译本译为"外部对应物"。——译者注

[111]　中译本译为"于是,(对)相信(的)非正题意识破坏了相信。但是同时,反思前的我思的法则本身意味着相信的存在应该是对相信的意识"。——译者注

它的不稳定性或者说"被搅动"性(75/117),我以一种非因果的方式去维持信念(世界上的任何事态都无法要求我这么做)的必然与困难——并没有表现在那些单纯经验性的(用萨特的话来说,"被直观地奠定的")信念上,例如"猫趴在毯子上";但根据萨特的观点,它对自欺或自我欺骗(第 37 节)的可能性乃是必需的,而且要为我们充满信念的生活一般无法顺利进行而负责。

(3)萨特主张,欲望也展现出了一个深层结构,该结构没有得到常识心理学的承认,也不见容于心理学对精神之物的构想(参见 87-88/130-131,101-102/145-146,198-199/248-249,以及第 382-398/451-468 页对性欲的探讨)。萨特没有将欲望构想成一种力或是在判断对象是否可欲之后做出的理性反应,而是认为欲望本身——甚至包括那些最"低级"的前反思的欲望,例如口渴或性欲——为形而上学意义上的欠缺结构所调控,也因这种结构而成为可能,我们在第 17 节中已经注意到这一点(参见第 101-102/145-146 页)。萨特论证道:通过自为对自身的否定,欠缺起到了动力的作用——自为将自身作为欠缺而否定自身,以便成为它所欠缺的,导致了"特定的欠缺作为被忍受或被经受的欠缺而在经验中被建立起来"并提供了"感动性的一般基础"[112](199/249)。

心理学将经验性的欠缺重新阐释为"驱力""口腹之欲"[113]或"力"(199/249)。但萨特论证道,欲望目标的复杂性表明这些心理学上的设定只不过是"偶像"和"幽灵"(199/249):口渴当然想要喝水,但是欲望目标并不只是作为对象的一杯水,也不只是去消费能够导致欲望消退的对象。毋宁说,由口渴带来的欲望寻求将自身与对喝水的意识相统一:"欲望要成为的东西,就是被填满的空

112　中译本译为"经验地确认实践的欠缺是痛苦或艰难的欠缺"以及"一般来说,它是情感的基础"。——译者注

113　中译本译为"趋向"与"噬欲"。——译者注

无",而这种空无"形塑着它的充实状态,就像模子形塑着倒进去的铜液一样"114。在这个意义上,萨特评论到,延长自身、而非压抑自身才是欲望的目的("人疯狂地依恋于他的欲望",101/146)。在萨特看来,人类主体的欲望以及它的"被满足",这其中丰富而复杂的意蕴要求我们在形而上学的层面上加以论述,并从中得出"作为现象的干渴、作为对水的生理需求的干渴其实并不存在(exist)"(87/130)这个结论。我们将在第 41 节中看到这其中所涉及的更多细节。

萨特通过这种方式处理了心灵哲学中的一些主题,而如果要对此做出完整的考察,那就要花费非常多的篇幅。在上一章中我们提到萨特早期对想象和情绪的探讨。我们也会在第 37 节中看到,萨特批判性地挑战了"性格"的概念,至少挑战了人们用它来解释经验的普遍做法。在关于身体的那一章中,萨特细致地探讨了心理学中对感觉经验的看法和"感觉"的概念(310-320/372-383)。至于行动和对行动的解释,我们会看到(第 32 节):萨特在第四卷中以自由理论为背景,论证了心理学上的因果规定性根本是不可思议的。萨特接下来又批判了那种基于心理学规律去解释个体的尝试(第 34 节)。

因此,值得注意的是,萨特不厌其烦地沿着两个方向进行论证(从形而上学下降到有关精神之物的常规概念,又从对这些概念的批判上升到他的形而上学),而这对于萨特所提出辩护的效力而言十分重要;所以在评价萨特的立场时,二者都需要得到我们的考虑。

常常有评论说,萨特对精神之物的看法中的某些要点,与维特根斯坦针对精神性概念的逻辑独特性或特殊"语法"而做出的很多评论,两者之间有着惊人的一致。但在进行这种比较时,我们不应

---

114 中译本译为"然而是赋予其充实性以形式的被填满的空无,就像模子赋予人们倒入其中的铜液以形式一样"。——译者注

忽视其中的差异;在萨特看来,必须在现象中重新发现语法的根据,而且对维特根斯坦所认为的我们在哲学中需要的那种治疗,萨特认为只有形而上学体系能够提供。部分原因在于,萨特认为我们对存在上的(existential)转变有着比维特根斯坦所设想的多得多的需要;但同时也因为,根据萨特的观点,如果精神现象能够解释得通,那么我们在把握这些现象的主体时就必须认为他们拥有"非自我同一性"这种不同寻常的形而上学形式(第二卷已经试图阐明),而萨特又相信,这种形式只有基于他的虚无形而上学才能解释得通。

120

萨特对于快乐、信念和欲望的分析表明我的精神状态具有一种隐晦而复杂的特征,此即"属我性"(mineness);根据萨特的观点,心理学要么忽视了这一点,要么主动地把它从精神之物中剥离,这么一来,我们便可以认为人类主体与那些非人类的经验对象均提供了同一类的被解释项;它基于主谓模式设想人类主体,而与此相关的是,它认为:作为事实陈述,那些有关精神之物的真理所涉及的事态与那些非意识性的事态在相同的意义上持存,并共享同一种存在模式。因此,精神之物的属我性成了一种次要的、补充性的、非本质的特性。

因此,萨特不止认为:常规心理学与科学心理学对精神之物的看法是过度简单化的,而更加精致的理论或许可以修正这一点。他的论点在于:没有诸如"心理事实"或"心理状态"这样的东西。[115]有的是萨特所谓的"心内之物"这个准(virtual)现象领域,它组构了科学心理学的对象。

萨特在第二卷第2章第3小节最为完整地探讨了心内之物,这

115　可参见'An interview with Jean-Paul Sartre'(1975),pp.8 and 38,萨特在此断然否定了心理学:"心理学并不存在(exist)";"我不相信心理学的存在(existence)。我没有做过心理学,也不相信它存在(exist)。"

番探讨以他的时间性理论为背景,理由在于:根据萨特的论述,正因为反思的结构结合了时间性,自为才有可能将自身理解成心内的存在物(existent)。

萨特对心内之物的构成方式做出了复杂而细致的论述:(1)150-154/197-201。我们在第 15 节中看到,反思的出现旨在完成对自身的"对象化"和"内在化",但这又是不可能实现的,因为反思是自为的存在而它的结构是非自我同一的。(2)158ff./205ff.。反思无法实现它的目的,这导致被反思意识被理解成心内事实的客观接续,它们被固定在作为正题意识之对象的某种绵延中,这种绵延被萨特称为"心内的时间性"或"心内的绵延",它区别于非正题的前反思意识所具有的源初的时间性。反思把自为的过去所具有的自在特征赋予被反思意识,仿佛把意识放入了过去时态(119/163)。或许可以这样描述:心理学的错误就在于把作为存在模式的过去归于一般意义上的精神之物。(3)160-161/207-208。反思最终切断了反思和被反思意识之间的纽带(它深化了将两者分隔开的无),允许后者下降到自在存在的水平上。

更确切地说,这是那类被萨特称为"不纯的""串谋的"[116](共谋的,complice)(155/201)或"构成的"(159/206)反思所导致的结果,萨特用"纯反思"与这类反思作对照(参见第 43 节)。从不纯的反思中产生了对被反思意识的"退化了的表象",这种表象以一定程度的外在性为标志,以至于它对我意识的在场在一定程度上与我相分离,就像是"拜访"一样(158/205)。当心内之物像是一个带有属性的实体那样被统一起来,从而表现出"有机体的坚固统一"(165/213),我们便获得了萨特在《自我的超越性》中称之为"自我"的、而现在又称之为"内心"的存在物。萨特扼要复述了他之前

121

---

116 中译本译为"混杂的"。——译者注

对该存在物的分析：它被分解为状态、性质和活动（162-163/209-211）。内心对自身的呈现不以任何时间视角为转移（165/212-213），它会引发普鲁斯特笔下的精神"化学活动"[117]（169/217）。

虽然内心与出神的自为是非同一的，但萨特承认内心不能被认为是一种错觉，因为无论如何，它至少拥有"主体间的实在性"：心理事实为人与人之间的具体关系以及某些行动的目标提供了基础；我的计划考虑到皮埃尔对我的憎恨，我尽可能地让安妮爱上我等（158-159/205-206）。根据萨特的描述，内心的存在（existence）模式是"潜在的"但不是抽象的（161-163/208-211），它在纯粹的"理想性"与"被存在"之物的人为存在（artifactual being）之间摇摆不定——虽然内心从某个角度来说是"虚幻的世界"，它还是构成了自为的"实在处境"（170/218）。

25.对弗洛伊德的批判（第一卷，第2章，第1小节）

通过回溯萨特在第一卷中对弗洛伊德的探讨（50-54/88-93），我们可以凸显出第二卷所阐述的有关人类主体的完整构想。

萨特对弗洛伊德的批判自然是很出名的。通过一番简明扼要但又切中要害的论证，萨特主张抛弃精神分析理论。虽然可以为弗洛伊德做出很多辩解，但毋庸置疑的是，萨特在精神分析的解释中辨识出了一个确实成问题的概念特征。

简单地说，萨特的论证是：弗洛伊德的元心理学——无论是关于意识、前意识与无意识的元心理学还是关于自我（ego）与本我的元心理学——从根本上将心灵划分为若干不同的部分，而在弗洛伊德的设想中，各个部分之间的关系就像人与人之间的关系："弗

117　中译本译为"化学历程"。——译者注

洛伊德把内心一分为二"[118]（50/89），精神分析继而"让我与我自身的关系等同于他者与我的关系"[119]，因为它"把主体间性的最深层结构引入我的主观性当中"（51/90）。[120] 为了例证这一点，萨特以一个被分析者为例，后者（用精神分析的话来说）对分析者的分析表现出抵御，以便继续压抑某些承载着本能的、会引发焦虑的精神内容（51-52/90-91）。既然弗洛伊德确实认为心灵拥有若干部分，而这些部分又不必然整合在一起，它们之间形成了非透明的动态交互关系，那么在这个意义上，上述解读就是正确的；但是萨特论证道：弗洛伊德式的解释反映出它在概念上的混乱，它仅仅提供了一些伪解释。这个论证的要点在于：如果一个理论为了解释自我认识的各种失败，便假定心灵拥有若干部分，那么它就要合乎逻辑地预设某种"霍尔蒙克斯"（homunculus）（意为"小矮人"，它埋藏于心内的整个结构之中；而在萨特所探讨的精神分析理论中，霍尔蒙克斯等同于弗洛伊德所谓的"审查机制"）的存在（existence），而为了让它完成必需的解释工作，我们需要授予它满足合理性的能力（capacity for rationality），但萨特认为这就让解释变得无意义且不融贯了——被假定的理性霍尔蒙克斯拥有一个完整的人格所拥有的一切属性，它不过就是以某种描述呈现的意识主体。

具体地说：审查机制在精心协调"防御"与"压抑"这两种功能时需要满足合理性，因此需要自我意识。既然它作为人格中具有意识功能的心灵而起作用（它做的一切都是为了被分析者心灵的平静），既然它又需要接触到被分析者的一切精神状态（它需要认识到受到威胁的是什么，以及构成威胁的方式是什么，以便认识到

118　中译本译为"弗洛伊德才把心理分成了两大块"。——译者注

119　中译本译为"它使我就我本身而言处在面对着我的他人的环境中"。——译者注

120　中译本译为"它把（……）主体之间的结构引入我的主观性最深处之中。"
　　　——译者注

123　防御的对象是什么,以及采取什么防御措施。)——审查实际上把人格复制了一份:虽然名义上它只是人格的一部分,但真相是它与整个人格都无法区别开了。

另一方面,如果我们坚持认为审查并不满足合理性,而是一种实打实的机制,那么弗洛伊德对心灵的划分便面临着一个无法克服的难题,"分析这一整个现象的统一性(以象征的形态装扮自身并获得'通行'的驱力所遭受的压抑)"[121],而为了在不同的部分之间"建立可领悟的联系",弗洛伊德"不得不在每一处都暗示着一种魔法般的统一性,这种统一性越过重重障碍把一些八竿子打不着的现象联系在一起"[122](53/93)。[123]

萨特的结论是:弗洛伊德的"潜意识"观念依赖于一种纯粹的话术,而元心理学所假定的心灵划分不过是由"物性(chosiste)的神话"[124]所设置的一重屏障,位于屏障之后的人格完全是统一的,并对其欺骗性的自我关系以及由此产生的一切行为负责。这就留给了我们一个问题:我们希望可以通过何种方式去解释非理性以及自我认识的各种失败?萨特的回答是:简单地说,虽然自我认识的各种失败或许看上去在迫使我们采纳那种分裂的主体观,但就此而言,这些失败绝不是真正的失败。它们总是选择的产物,是主体自由创造的反身性显象。人们可能会认为这会引发一个哲学问题,一个得到过多次探讨的古典悖论:对自己说谎。不过萨特关于自欺的理论(第 37 节)会尝试解决这个问题,它在揭示非理性背后

121　中译本译为"分析这个统一体(对在象征的形式下乔装改扮和'通过'的意向的压抑)"。——译者注

122　中译本译为"被迫处处暗示一种神奇的统一,这种统一越过种种障碍把一些互相间隔的现象联系在一起"。——译者注

123　可参见萨特先前针对精神分析的批判性探讨(*Sketch for a Theory of the Emotions*, pp.48-55)。

124　中译本译为"物化的神话"。——译者注

的动力来源时保留了自我的统一性以及无条件的个人责任,从而取代精神分析理论。(关于这方面的联系,也可参见之后第 472-476/550-555 页对阿德勒精神分析理论的讨论。)

在此,萨特已经尝试从内部对弗洛伊德进行批判。需要注意的是,它的成功对于《存在与虚无》的整体论证而言可有可无:严格地说,弗洛伊德的理论在萨特眼中直接就是站不住脚的,因为导言部分已经表明"潜意识精神状态"的观念根本让人无法理解。虽然萨特愿意采用这种更加标准的反对方式[125],但他有理由在《存在与虚无》中为弗洛伊德花费一定的篇幅,并对精神分析提出更多的挑战。无论如何,精神分析的解释力给萨特留下了非常深刻的印象: 124 弗洛伊德尝试建立一种深度心理学,精神分析针对心理现象进行阐释,以及精神分析号召人们践履"认识你自己"这个(伦理)任务,这些都得到了萨特的赞同。但是,萨特认为这些成就其实既独立于弗洛伊德的分裂的心灵观,又独立于他的自然主义元心理学。因此,萨特对弗洛伊德的批判进一步出于两方面的目的:(1)通过展示其中的逻辑悖论,萨特直接应对了来自这种自然主义心理学(它所提供的解释给人留下了最为深刻的印象)的挑战,继而进一步削弱了哲学自然主义的可信度:弗洛伊德将自我对象化为一种地形学(它把内心构想为精神内容的总和,在其深处,本能性的自在被转换成意向性的意识),但其中的不融贯性恐怕再度表明自为的存在模式不符合主谓形式的形而上学。萨特承认,弗洛伊德的理论与常识中对精神的种种理解在很大程度上是一致的——它明确扩展了下述常规心理学观念所肩负的解释责任:我们受到情绪的"驱使","无法承认"我们自己的动机,宁可把某些材料挡在"心灵之外"等——所以,在推翻精神分析理论的同时,萨特也凸显出

125　参见 'Consciousness of self and knowledge of self' (1948), pp.138-140。

常规意识中的原始自然主义因素,而它们必须要被抛弃。(2)萨特为他自己的自欺理论和他的"存在主义精神分析"做了铺垫,后者让精神分析的解释模式重新依附于关于自为的形而上学。第37节和第40节将更为详细地探讨这些论点。

思考题:

(1)基于何种基础,萨特发展出他关于自为诸结构的理论?这个理论又是如何与他的意识理论相关联的?

(2)根据萨特的观点,自我是什么?

(3)基于萨特的论述,时间的实在性在于什么?

(4)应当如何理解萨特关于自为的断言"是其所不是"与"不是其所是"?

125

(三) 与他者[126]的关系

不论以何种标准衡量,也不管人们如何看待萨特对人类关系的悲观看法,《存在与虚无》第三卷中针对自为与他者之间关系的论述堪称杰作,在康德之后的哲学传统中,针对该主题的其他论述几乎都无法与之比肩。

萨特从主体间意识的认识论问题、亦即"他人之心难题"谈起,并花费了大量的篇幅。从萨特探讨问题的惯常顺序来看,这次算是一个例外——我们已经见识到,萨特的典型策略是在阐明本体论结构的过程中顺便扫除和解决(消解)认识论问题。这么做有一个结构上的理由。《存在与虚无》从第一人称视角出发,但是主体

---

126   中译本译为"他人"。我们将把 Other 译为"他者",other 译为"他人";其他地方不再一一注明。——译者注

间性似乎要求以某种方式放宽(如果不是全然抛弃的话)第一人称
对哲学反思的限制。进一步而言,当萨特在第二卷论述自为的本
体论结构时,我们在自身态、人为性、超越性、时间性等最基本的形
式结构中根本找不到他者的踪迹。因此,萨特用来处理他人之心
难题的所有资源似乎都已经被耗尽了。任何一个像萨特那样坚持
笛卡尔式方法论的人都面临着唯我论的严重威胁,因此萨特必须
在第一人称视角之内使得他者之意识(consciousness of the Other)[127]
成为可能。光是对这项任务的陈述就已经体现出了这个难题有多
复杂,但下述事实又进一步加深了它的困难程度:要想完备地论述
对他者的认识,我们必须满足萨特所设置的极高的标准——在萨
特看来,如果某个论述没能充分展现出我们的他者之意识(our
consciousness of the Other)所具备的那种直接性,或是没能解释清
自我与他者的交叠(这是主体间生活的特征)何以可能,它就没资
格赢得我们的注意。一种关于主体间性的理论要达到如此丰富、
如此严苛的目标,这与下面这个事实紧密相关:萨特诚然对关于他
者的认识论问题感兴趣,但跟黑格尔一样,他并没有孤立地看待这
个问题,而是把它当成一个一般性问题的组成部分,而这个一般性
问题关涉到自我与他者之间的形而上学关系。虽然认识论上的谜
题得到了周详的探讨,但从某个角度来说,这不过是序曲:萨特的

126

---

127 这个短语中的 of 或许会引起歧义,它既可以理解成"他者之意识",也可以理解
成"对他者的意识";但是,这种歧义性恰好透露出该短语所要表达的两层含
义:"他者之意识"表明我们不是像意识到一张桌子那样意识到他者(否则与他
者的关系没有任何值得单独讨论的价值),而是会意识到他者也是有意识的;
"对他者的意识"则表明我们是在意识领域内建立起他者之意识,或者说"他人
之心"。就此而言,二者之间存在着某种互补关系,以避免对方可能造成的某种
误解:"他者之意识"并不像常识所理解的那样奠定于一个独立于我的身体,而
"对他者的意识"也没有把他者当成一个像桌子那样的对象。我们将根据上下
文酌情换用这两种表达,并提请读者记住它们本质上具有相同的含义。——译
者注

首要任务是展示人际关系在形而上学层面上的必然失败以及主体间冲突的无可避免。

26.难题:为他的存在(being-for-others)(第三卷,第1章,第1小节)

在第三卷第一章"他者的存在(existence)"中,萨特从认识论的角度探讨了自我与他者(Autrui)之间的关系。在对旨在解决他人之心难题的其他方案进行详尽批判的过程中,浮现出萨特自己的解决方案,其通过消除法而得到论证:萨特试图表明他的解说必定会被接受,因为其他一切可能的解说都站不住脚,也因为只有他自己的方案与《存在与虚无》中的形而上学相融贯(故又获得了一份支持)。

第一项任务是用恰当的术语定义他人之心难题。萨特在第1小节以羞耻的经验为参照而引入这个难题:我做了一个不雅的动作,发现我被目击了,继而对自身感到羞耻(221/276)。

分析表明:羞耻是一种意向性的、非立场性的、前反思的自我意识,它当然预设了他者的存在(existence)。以源初的、原始的形态而出现的羞耻自动位于他者面前,它牵涉到我对我自身的意识,但此时的我自身对于他者之意识而言是被给予的对象,而他者之意识中介着我与我自身的关系。凭借羞耻发现的"我的存在的一个方面"(221/275)属于自为的一个维度,此即为他的存在(être-pour-l'autre),《存在与虚无》尚未对此研究过。显然,有一大批性质是自为只能凭借与他者的关系而拥有的——只有通过他者的中介,我才会是值得信赖的或不值得信赖的,友善的或冷酷的等。自为的这种在主体间构成的维度拥有本体论上的独特性:它属于自为(可耻的行为是属于我的)但不面向自为(我的羞耻不是面向我的,而是面向他者的)。

　　萨特论证到,反思不能提供开启这种意识的钥匙。诚然,一般
而言,我可以对我如何向他者显现进行反思,并且这种反思也可以 127
诱发羞耻,但在萨特所描述的这个简单的例子中,没有任何反思介
入,光凭我的反思行为也不可能让我就像我被经验为处于羞耻之
中那样对他者在场(第15节)。事实上,"另一个人在我意识中的
在场"是"与反思的态度不相容的"[128](221-222/276):只要我恢复
镇定,继而反思我的姿势——也许它根本算不上不雅——带有直
接性的他者就被驱逐出我的意识了。因此,为他的存在表象了一
个不同于反思、亦非源于反思的结构。

　　在诸如羞耻这样的例子中(它表象了日常与他者共在的基本
构成方式),我是面向他者的对象,而我的自我与我所是的对象之
间没有任何距离,这一点得到了萨特的进一步强调。并不是说好
像有两个分开的东西,我对它们各自有着单独的意识——一方面,
我按照我面向我自身的样子意识到了我自身;另一方面,我意识到
了我自身在他者之意识中的"形象"或表象——而为了让羞耻出
现,我需要把两者关联起来。我在他者在场时所拥有的充满羞耻
的自我意识根本不依赖于"具体的心内操作"[129](222/276):在判断
或推论中让我的自我相关于另一个人的精神表象。相反,借由他
者而存在着一种直接的、真正反身性的对我自身的意识,这就是为
什么我"被彻底地触及"并把我的羞耻经验为"从头到脚传遍全
身"的"一种直接的颤抖"(222/276)。

　　这直接引发了下面这个问题:他者通过构成诸如羞耻这样的经
验而牵连着我的意识,并赋予我一种全新的存在秩序,这何以可能?

128　中译本译为"他人面对我的意识的在场"和"与反省的态度不可并存的"。
　　——译者注
129　中译本译为"具体的心理作用"。——译者注

27.实在论,唯心主义,唯我论的难题(第三卷,第 1 章,第 2 小节)

　　萨特从诸如羞耻这种牵涉他人的自我经验出发,而不是一上来就把某种精神状态归于另一个人(例如"约翰处于痛苦之中"),由此可见,萨特采取了一个间接的途径去处理他人之心难题。但是难题依旧出现:如果羞耻是可能的,那么我必定有可能拥有对他者的意识,也就必定有可能认识到他者。在第 2 小节"唯我论的礁石"[130]中,萨特试图表明实在论与唯心主义都令我们根本不可能认识到他者。

　　(1)实在论(223-225/277-279)。基于它的本质(第 12 节),实在论不得不断言:之所以对他者的意识会出现,是因为一个在本体论的层面上独立的世界对我的意识施加了影响。但萨特认为,这让他人之心难题变得不可解决了。其中的理由不难让人想起有关类比论证的讨论:实在论者至多能表明他人之心是一个不错的假设,但在这种观点中,我们无法立刻承认对我们在场的他者,更不用说去确证他者的存在(existence),虽然萨特对羞耻的分析已经表明了这种存在(existence)的确定性(也参见 250-251/307-308)。

　　这背后的难题在于:实在论者试图表明对他者的察觉是经由身体而出现的,但在实在论者的设想中,身体只是一个物理对象,它与自为中的任何部分都一样,和意识没有内在的联系——萨特注意到,即便他者的身体与某个思想实体有着内在的联系,它与我的联系也仅仅是外在的(223/277)。即便可以表明他人之心是一个合理的猜测,我们从中也只能得出:我们有很好的理由相信存在着他人之心,最多就像我们有很好的理由相信存在着电子。我们

128

.130　中译本译为"唯我论的障碍"。——译者注

无法得出他者在其身体中的在场,而恰恰是这一点——直观一块石头或一棵树与直观"他者的身体"(224/278)之间的差别——需要得到说明。

我们通过实在论只能或然地认识他者,这与他者的存在(existence)在直观上的确定性不相吻合。萨特表示,实在论在面对他人之心难题时,就"通过一个令人莫名其妙的180°大转弯"把自己融入唯心主义:实在论者只能承认,在他者的问题上,对象的存在(esse)就是它的被感知(percipi)。

(2)唯心主义(225-230/279-285)。萨特较为详细地探讨了康德对主体间认知问题的立场(康德其实忽略了这个问题),并思考了他者是否可以作为经验的一个构成性范畴(就像因果性一样)、还是作为一个范导性概念(226-228/280-283)。萨特表明,不管是哪一种,唯心主义本质上和实在论一样直接处于无望的境地。对于唯心主义来说,"他者就变成纯粹的表象"(224/279),即便唯心主义可以为我调用这种表象提供理性的根据——推动我的经验统一为融贯的表象体系,帮助我预测未来的表象等——它最后肯定还是无法容纳与他者的"实在关系":在唯心主义的设想中,他者可以是实在的也可以是主体,但它绝不会在直观中被给予,并且总是会被视为对象(229/283-284)。如果他者基于我的存在而依赖于我,正如唯心主义对一切意识对象所要求的那样,那么我与他者在形而上学的层面上就是不同种类的事物——我是实施构成作用的意识,而每一个所谓的他者都是由我的意识构成的对象。这就等于说,我是唯一真实的主体或心灵,亦即肯定了唯我论。

就像实在论融为唯心主义,唯我论的威胁也"炸开了"唯心主义,故而,唯心主义要么不得不绝望地抓住"常识"这根救命稻草,要么就回到形而上学实在论,以莱布尼茨的单子论为模型,在没有任何担保的情况下设定众多的表象体系(229-230/284-285)。不管

129

是哪一种,唯心主义都得屈从于独断论。

　　(3)上帝(230-232/285-288)。在实在论与唯心主义做出理解他者的失败尝试之后,萨特辨识出它们的共同预设:二者都把与他者的关系设想成一种外在的否定,换言之,存在着某种原初地被给予的基本要素将我与他者分隔开,而它既不源于我也不源于他者。对于实在论者来说,这种要素与分隔开身体的空间处于同一层次;对于唯心主义者来说,它是不同表象体系之间的分离性。基于这两种论述,他者只有通过"向我的认识显现为对象"[131]才有可能影响到我,这就把面向我的他者还原成了"一个形象"(231/287)。萨特评论道,要想克服这种外在性,就需要在这番论述中引入上帝——上帝既创造出我也创造出他者,这将确立起我们内在的本体论关联——但是这种方式要么导向了一个新的困局(一旦我被创造出来,上帝要如何将他自身关联于我呢?),要么把我们丢给斯宾诺莎主义(他者与我一道溶入神圣的实体之中,从而都被消灭了)。

　　第2小节被称为"唯我论的礁石",因为在萨特看来,实在论与唯心主义最后无疑就在唯我论的难题上触礁了。如果实在论与唯心主义均让我们陷入了唯我论的牢笼,那么看起来怀疑论者就是正确的,我们也就无法认识他人之心。要是实在论与唯心主义是仅有的选择,那就会得出上面这个结论,可我们已经看到,萨特相信二者的敌人是可以被超越的。

28.萨特对前辈的批评(第三卷,第1章,第3小节,233-250/288-307)

　　萨特沿用了在导言部分定下的模式,对实在论和唯心主义之间与之外的第三条道路进行了探索。实在论与唯心主义的失败表

---

[131]　本书作者没有强调"对象"一词,但英译本对此做了强调。这里以英译本为准。——译者注

明"我与他者的源初关系"[132]必定会"以他者规定我又以我规定他者"（232/288）。换言之，"与他者的超越性关联"必须被理解成"在每一个意识的涌现中构成着每一个意识"[133]（233/288）。

萨特认为胡塞尔、黑格尔与海德格尔值得称赞，因为他们曾试图以这种方式理解自我与他者之间的关联；就此而言，萨特也是在追随前辈的脚步。然而，说他者"构成着我的意识"，这只点明了解决方案的类型，而在第 3 小节，萨特恰恰拒绝了胡塞尔、黑格尔和海德格尔的解决方案。

（1）胡塞尔（233-255/288-291）。萨特承认，胡塞尔的方案不同于、并改进了康德唯心主义所提供的方案。胡塞尔旨在表明"求助他者是构成世界的必不可少的条件"，因为"在我所考虑的对象本身所具备的各种意义当中，总有他者构成着其中的一层意义"[134]，甚至，对胡塞尔来说，"他者确实保证了对象的客观性"[135]（233/288）。如果世界的构成预设了并依赖于他者，那么在与任何一个具体的他者发生接触之前，并且独立于这种接触，我都必定拥有主体间的察觉。

131

然而，胡塞尔的论述中有一个深层次的问题，其类似于萨特在康德唯心主义中发现的问题。它缘于胡塞尔对先验主体的保留。萨特指出，在胡塞尔的论述中，他者是客观性的条件，但即便承认了这一点，唯我论还是没能得到克服。有两个问题阻碍了胡塞尔的方法，首先，由于胡塞尔表明他者只是被预设的，那么问题就在于他者的地位。先验主体在胡塞尔那里跟在康德那里一样，是"超

132　中译本译为"我与他人的原始关系"。——译者注

133　中译本译为"与他人的（……）超越的关联"，"任何意识在其自身的涌现之中的构成成分"。——译者注

134　中译本译为"他者就总是作为属于我看着的对象本身的一层构成意义而在那里"。——译者注

135　中译本译为"是作为他的客观性的真正保证而在那里"。——译者注

乎经验之外的"并且"根本不同于"经验自我（234/289）。萨特论证道：由此可见，本身只是被预设的他者不过是"意义（意指）"，一个"不在场者"，一个"增补的范畴"，而不是"实在存在"（234-235/289-290）。

其次，基于萨特的解读，胡塞尔的唯心主义用认识来衡量存在，而既然在胡塞尔的论述中，我不可能像他者认识他自身那样认识他，也就是说，我不可能从里面或是于内部认识他，那么我对他者的认识就不可能不受限：无论我怎样设想他者，无论我自以为获得了怎样的认识，它们必定仍旧只是与我的意识相关的"意义"，从而让我被困于唯我论之中。（还可参见第 271-273/330-332 页萨特之后对胡塞尔的评论：他否认他者可以接受现象学还原。）

（2）黑格尔（235-244/291-301）。萨特赞扬黑格尔超越了胡塞尔而实现了"一大进步"（238/293）。萨特心中想的是黑格尔《精神现象学》第四章中著名的主奴辩证法，或者说关于欲望与承认的辩证法。它采用了故事的形式（以叙事的形式呈现的概念序列），在这个故事中，自我意识的主体想要作为一个自由、独立的存在而得到承认，在这种欲望的驱使下，他与他者进行斗争，最终导向一个主体对另一个主体的支配。根据黑格尔的说法，由此形成的主奴关系最终让位于一种互惠关系——黑格尔认为：主体间的冲突必然会被克服，至少在基本的形而上学层面上如此，取而代之的则是基于相互尊重的、受到权利原则规制的社会生活。

萨特利用这个机会对黑格尔的哲学发起了具有高度一般性的猛烈攻击，一直深入到它的基本原则，我们在此无法详述。不过萨特对黑格尔的批判与主体间认知问题有着特别的关联，就此而言，他的主要反对意见是：首先，黑格尔的唯心主义把对他者的意识（以及自我意识）变成了一种认识关系（238-239/294-295），从而把自我与他者都还原成了对象，可是即便在这个基础上，它也没能表明我们确实可以实现为黑格尔式的承认所需要的认识论目标,亦即相互的认识(240-243/296-299;参见第 39 节)。其次,萨特论证道,黑格尔的方法本身从一开始就错认了那个有待解决的难题:在对众多的自我意识进行思考时,黑格尔采取了上帝视角或者说"极权主义的"[136]视角,没有对他自己的自我意识进行描述,这也就意味着"他不提他自己的意识和他者之意识的关系问题",所以无法处理那个真正的难题(243-244/299-300)。

(3)海德格尔(244-250/301-307)。虽然胡塞尔和黑格尔把自我和他者之间的关系正确地理解为内在的,但他们仍然认为它是"通过认识实现的"(233/288),而这成了他们共同的错误。海德格尔接过了黑格尔的"天才直观",即"我在我的存在中依赖别人"[137](237/293),但在探讨这种本体论关系时终于不再把认识视为第一位的。

海德格尔在《存在与时间》中断言,此在的世界是"共同世界"(Mitwelt),此在拥有着作为基本模式之一的"共在"(Mitsein 或 Mitdasein);我们与对方共处的方式不同于我们与石头或锤子共处的方式。这再次例证了海德格尔的策略,即通过回溯此在的存在(existential)结构来削弱认识论上的疑难,而萨特也同意这让"他者的问题"可以被视为"虚假的问题"(245/301)。

萨特对海德格尔的第一个反对意见是:海德格尔错误地刻画了自我与他者之间的本体论关系,就像黑格尔将主体间存在(existence)的基本模式错误地表象为非冲突性的(245-247/301-304)。海德格尔着眼于本体状关系的一个特定类别——与另一个人共在的关系——并把这种关系投射为处于原初的本体论层面上

133

136　中译本中缺失了这个词。——译者注
137　本书作者没有强调"在我的存在中",但英译本对此做了强调。这里以英译本为准。——译者注

的自我与他者之间的关系。萨特将这种做法斥为武断之举,因为与另一个人共在只是众多可能的关系之一:比如还存在着逆他者而在、为他者而在、他者为我而在等。那么,相较于共在关系,这些与他者结成的非对称关系模式或冲突性关系模式为什么不够原初? 我们并未看到对这一点的辩护。萨特表示,人的主体间性在海德格尔那里的形象是沉默的"一群"[138],是在"肩并肩的相互依赖"中(而不是在面对面的对峙中)团结在一起的众人,是"我们"(而不是"我和你"),是"在本体论的层面上团结一致"[139]的"共同存在"(co-existence)而已(245-246/302-303)。(萨特很久之后才在第三卷第3章中针对第一人称复数的意识给出了自己的分析:参见第39节。)

　　萨特的第二个、也是更重要的反对意见是:即便我们放弃第一个反对意见,海德格尔也无权认为我们可以用一般意义上的"与他人共在"这种本体论关系去解决由"我与任一具体此在的共在"这种本体状关系所带来的问题(247-250/304-307)。既然"与他人共在"这个一般性观念不可能包含着与皮埃尔共在的可能性,那么"对我们来说,在解决'承认他者'这个心理学上的具体问题时,共在关系绝对是没用的"[140](248/305)。

　　由此浮现出一个用以反对整个海德格尔哲学的一般性论点。萨特声称,一般而言,海德格尔无权认为本体状层面上的东西可以得自本体论层面上的东西,而正如康德式的和胡塞尔式的唯心主义,海德格尔对本体论关系和本体状关系的区分也导致了"两个彼此不可沟通的层次和两个有待独立解决的难题"[141](248/305)。萨

138　中译本译为"队"。——译者注
139　中译本译为"本体论的相互关系"。——译者注
140　中译本译为"'共在'的关系就完全不能用于解决认识他人的心理学的和具体的问题"。——译者注
141　中译本译为"有两个不能代换的层次及两个问题要求分别解决"。——译者注

特说,海德格尔哲学中的这个一般性问题在自我与他者的语境内
"显露出来了"(248/305)。可以说,萨特再一次用某个哲学立场在
解决他人之心难题时的无能为力去揭露出该立场的根本弱点。

29.萨特的他者理论(第三卷,第1章,第3小节,250-252/307-310;第三卷,第1章,第4小节)

在《自我的超越性》中,萨特为拒绝唯我论而做出了独创性的
尝试。他论证道:将"我"重新置于世界之内、意识之外以后,他者   134
可以在其直观的认知中触及到我,就像我可以通过自我认识的尝
试而触及到我一样。[142]

诚然,《自我的超越性》所提出的崭新的自我形而上学克服了
某些阻挠着我们去认识他者的重要障碍,因为它不再认为萨特所
谓的我的"状态"与"性质"被锁闭在我的主观性之内;但它也面临
着严重的局限——先验的意识领域本身不在他者的触及范围之
内。即便先验意识可以是无人格的,但它也是个体化的。结果就
是唯我论被改进了、而非被驳倒了,因为我现在的境地是:我于世
界中所认知到的各种心内统一性(状态、性质与行动)当中,只有其
中一种——即我自己的心内统一性——可以被理解成先验意识的
生产过程。萨特似乎进一步将关于他人之心的怀疑论扭转为先验
的唯我论:如果确如萨特所言,某个"意识不能设想除了它自身之
外的任何意识"[143],那么我们甚至都不能构造下述假设——这个意
识,这个被我指明是属于我的意识,或许不是唯一的意识。《存在
与虚无》对意识领域的再人格化(第14节)并没有改变这种境地,
而在第235/290-291页中萨特承认他早先的方案是失败的。

---

142 《自我的超越性》,pp.43-45,50。

143 《自我的超越性》,p.45。

在第 3 小节的结尾几页中（250-252/307-310），萨特概述了他的新方案，并在第 4 小节中从若干不同的角度对之加以详细地阐述。萨特重新描述并分析了关于主体间意识的现象学，直到我们对这种现象学的理解与我们对他人之心难题的抽象的、形而上学层面上的认识（通过批判先前旨在解决这个难题的各种尝试，我们获得了这种认识）有所重叠，此时便浮现出萨特的新方案。

为了让我们能够了解相关的现象学，萨特描述了两个形成鲜明对比的场景，虽然我在两者当中都对他者有所察觉。第一个场景典型地体现出他者显现给我的常规方式：我察觉到公园对面的一个作为主体的身影（254-256/311-313）。这使得世界发生了有限的转变：草坪现在指向一个与我并不等同的远点；随着世界从我的把握中"流出"，我身边发生着"趋向定点的逃逸"[144]。这种"世界的去中心化"[145]（255/313）瓦解了我自己对它的中心化，但一当我把他者限制在他的经验规定性之内（把他者确认为"那个与我隔着一段距离坐在长凳上读报纸的人"等），"世界的去中心化"也就戛然而止了。这么一来，对于我而言，他者就被固定成"世界的部分结构"，也就是被固定成一个对象（256/313）。（在有关身体的那一章中，萨特更精细地论述了这种对他者的意识。）

第二个场景回到了那个关于羞耻的例子（259-260/317-318）。在嫉妒和好奇的驱使下，我透过一个钥匙孔向里偷看，还把耳朵压在门上——世界围绕着我想要知道里面正在说些什么的目的而组织起来。大厅里的脚步声告诉我已经被看到了，"我在我的存在中突然被触及了"（atteint dans mon être）：我自己的结构经受了"本质的变化"，因为我现在前反思地意识到我自身是他者注视的对象（260/318）。

---

144   中译本译为"凝固的逃逸"。——译者注
145   中译本译为"世界的（……）中心偏移"。——译者注

　　这个在萨特的文本中居后出现的羞耻/钥匙孔场景却有着优先性：根据萨特的观点，因为且只因为我对他者拥有这个场景所体现出的察觉，我才能拥有公园场景所体现出的那种形式的察觉。在公园中，我察觉到"作为对象之他者"，而在钥匙孔的例子中，我察觉到"作为主体之他者"；只因为对作为主体之他者的意识（conscience-sujet, of l'autrui-sujet）是可能的，对作为对象之他者的意识（conscience-objet, of l'autrui-objet）才是可能的。对作为对象之他者的察觉是对他者的察觉在形而上学和认识论上的次级形式，是与作为主体之他者的"源初关系发生转化与退化而造成的结果"[146]（257/315），大概类似于心内之物与意识之间的关系。

　　我们很容易就会同意，在诸如钥匙孔场景的语境中，我们能够在最大限度上确定他者的存在（existence）。但是，羞耻/钥匙孔的例子究竟让我们获得了什么样的方案去解决主体间性的难题呢？最终就是下面这个方案："某些特殊的意识，例如'羞耻意识'，见证了我思既关于这些意识自身、也关于他者的存在（existence）"[147]（273/332）；我可以执行某种"与他者相关的我思"（251/308）；"略微扩展的我思（un peu élargi）（……）向我们揭示出他者的存在（existence）是一个事实"[148]（282/342）；"关于他者之存在的我思就融入了（se confound avec）我自己的我思"[149]（251/308）；因此对他者的察觉"分享了我思本身的必然性，亦即它的不可怀疑性"[150]（250/307）。

136

146　中译者译为"它也只能从这种原始关系的转化和蜕变中获得"。——译者注

147　中译者译为"对我思表现出来并证明了它们自身及他人无可怀疑的存在"。——译者注

148　中译者译为"稍许宽泛的意义下使用的我思把我们揭示为他人的存在"。——译者注

149　中译本译为"他人的实存的我思（……）就和我自己的我思融为一体了"。——译者注

150　中译本译为"参与了我思本身的必然性，就是说参与了我思的不可怀疑性"。——译者注

但是,萨特并不是认为我移居他者内部,也不是认为他者的意识及其"我"经过某种心灵感应而进入了我自己的意识。要想把握萨特方案的工作原理,关键在于下面几点:

(1)主体间的察觉原初地取决于一种直接的主体-主体关系:"如果他者能被给予我们,这是通过一种直接的理解实现的"[151](250/307);"他者必定作为主体(尽管与我相关联)而直接被给予我"[152](253/311);"他者作为一种不属于我的超越性而没有任何中介地对我在场"[153](270/329);"他者的不可理解的主观性连同我的存在一起被我直接经验到"[154](270/329);"诸意识是无中介地互相经验到的"(301/362);他者"不是作为我的宇宙中的一个存在物、而是作为一个纯粹的主体而被给予"[155](270/329)。

(2)由此可得,主体-主体关系是物质世界之外的:"不应该首先在世界中寻找他者,而是应该到意识那里去寻找"(273/332);当他者"注视我时,他与我分隔开,但这不是基于任何距离,也不是基于世界中的任何对象(无论是实在的还是理想的),也不是基于世界中的身体,而仅仅是基于'他的本性是他者'这个事实"[156](270/328)。这一点得自对他者察觉(Other-awareness)的我思式描述,而公园场景(我"越过世界"注视着他者)与羞耻/钥匙孔场景(他者

151　中译本译为"他人之所以应该能够向我们显现,是因为有一种直接的理解"。
——译者注

152　中译本译为"他人应该作为主体直接给予我,尽管这主体是在与我的联系中"。
——译者注

153　中译本译为"他人是作为不是我的超越性的一种超越性而没有任何中介地面对我在场的"。——译者注

154　中译本译为"我就直接地并且和我的存在一起体验到了他人的不可把握的主体性"。——译者注

155　中译本译为"不是被给定为我的天地的对象,而是纯粹的主体"。——译者注

156　中译本译为"他注视我时,他之所以能与我公开,并不由于任何距离,任何实在的或理想的世界对象,任何世界之中的物体,而唯是由于其他人这本性"。
——译者注

在我的内部显现)之间的对比也得出了这一点。那种自然的、实在论式的观点——对象世界必须充当主体间认知的认识论载体——错误地认为自为就像一个墨水瓶那样内在于物质世界。

(3)他者的意识是通过对我自己的意识进行本体论上的转变而获得的。这不是一个隐喻,也不能还原成认识论上的任何东西、亦即不能还原成我在思考我的意识时所遵循的任何准则。由他者引发的特定转变在于,在我的意识之外形成了某种带有自在存在之种种特征的东西,其模式正如我自己的不纯粹的反思推动形成了"退化了的"心内之物(第24节),但差别是这里新形成的具有本体论意义的事物拥有一个未被揭示的、本质上不可理解的维度(它们对我来说本身就是"不可认识的", inconnaisable comme tel, 263/321)。在第260-268/318-327页,萨特详细解释了其中的含义:他者赋予了我一种"本性"(263/321),但我并非"曾是"如此或"不得不是"如此,而是"自在地"如此[157](262/320);他者的注视固定住我,让我疏远了我的可能性(263-264/321-322),将我空间化并把我安插进"普遍时间"(266-267/324-326);我最终成为"世界之中的时空对象"[158]。按照萨特的说法,我的存在现在"写进他者的自由并通过他者的自由得到书写"[159](262/320)。在其为他的存在中,人类主体获得了某些新创造出来的属性,而它们正如萨特本体论中的其他事物一样,在将自在的存在与自为的存在区分开的隔阂中持存,而不能被设想成先于主体间关系而存在着(pre-existing),哪怕是以潜隐的形式(222/276):主体间性使得这个全新的本体论领域得到"发现"(221/275),而这种发现是一种非随意的、前反思的建构,它随身带来了一系列全新的可能性,某种程度上就像一个

137

157　中译本译为"不是以曾是或'不得不是',而是以自在的方式"。——译者注
158　中译本译为"世界的时空对象"。——译者注
159　中译本译为"在他人的自由中并通过他人的自由表现出来"。——译者注

人会谈到发明一个新的游戏来玩(萨特之后阐明了与他者的关系和人为性之间的必然关联:288ff./348ff.)。

(4)萨特注意到,在个体的自为之间原初地持存着的关系是一种否定的、内在的本体论关系,而与认识关系截然不同——萨特说,存在受他者之涌现的"影响"(231/286),他者的显现"瓦解着"我对世界的中心化(255/313)。针对这种本体论关系,萨特之后在第4小节(282-297/342-358)给出了完整而复杂的论述,其中为他的存在被描述成"对他者的拒绝"[160](283/343)和"我对我实行的否定"(283/343):他者是一个"被拒绝的自我"、一个"非我-非对象"(Not-Me-non-object),他是把我当作对象、故而是以一种异化的形式来把握我;但是我无法拒绝承担面向"被异化的我"的责任,他者在没有导致"我本身的颠覆"(284-285/344-346)的情况下把它递还给我。所以,自我与他者之间的纽带虽然从某个角度来看只具有我思的简单性,但完整地看则具有一种辩证的复杂性。

萨特所分析的这种动态本体论关系当然可以接受自为在认识上的参与——意识的透明性确保了不管它在本体论的层面上经受了怎样的转变,它都能意识到自身经受了这种转变,因此足以把它当成一个有待认识的事项——但它们本身不是认识事件。因此对萨特来说,在哲学解释的层面上,下述说法就是错误的:我(在钥匙孔/羞耻场景中)感受到羞耻,是因为我认识到(认为、相信等)他者是如何看待我的。换言之,我们不能把"另一个人对我的影响"阐释为凭借我对他者的认识而实现的影响。我们很容易误以为他者的凝视具有认识上的意义;但萨特并不认为视觉具有认识上的力量,而我感受到的羞耻也不是缘于我对他者认识或相信我在偷窥有所认识或相信。相反,他者的注视意味着一种行动。萨特因此

160　中译本译为"否定别人"。——译者注

颠倒了常识中的解释顺序:根据萨特的论述,我们并不是因为获得了对他者的认识而("在心理上")受到了他者的影响,相反,我们是因为在本体论上(而不仅仅"在心理上")受到了他者的影响而获得了对他们的认识。故而,萨特并不否认我确实拥有对他者的认识,但这一点隶属于一个完整的结构——就他人在本体论的层面上对于我的影响而言,认识是这种影响的相关项,但不是它的原因。

这一点对于萨特去构想他者穿透的深度而言是至关重要的:如果他者对我的影响没有为我的认知所过滤,而是为他者的自由所用,那么主体间性就对我的自由设置了绝对的限制(参见第33节)。

(5)由此可得,认识他者的关键不在于身体。身体就像整个对象世界一样,在萨特的论述中不具备认识功能(223-224/277-279,230-231/286,339-340/405-406):它既没有向一个心灵去隐瞒另一个心灵,也没有向一个心灵去解释另一个心灵——"身体不是首先向我表露他者的东西"(339/405)。我们很快就会考虑萨特对身体的正面论述。

139

30.对萨特方案的评估

先概括一下萨特的解决方案:实在论与唯心主义均试图用单向的箭头去说明他者,对于实在论来说,箭头从他者指向我,而对于唯心主义来说,箭头从我指向他者。两者都失败了,所以成功的解决方案必须要用一套能够在一开始就将自我与他者共同确立起来的术语去设想两者的关系。胡塞尔和黑格尔的确做出了这样的尝试,但他们也没能成功,因为他们是用与认识相关的术语去共同建立起自我和他者。所以自我与他者的关系必须是一种存在关系,这意味着给出相信他者存在(existence)的理由并不能解释对他人的意识。萨特则在分析中表明了于我们的现象学中在场的他者具有事实上的必然性,并在形而上学的层面上论述了这种意识是何以可能的,而这些是我们现在求助的对象。

我们由此了解到他者似乎是不可认识的,但这个难题最终只是个错觉。从正确的角度来看,我为他的存在既没有要求、也无法容纳对他者之存在(existence)的"新证明"(250-251/307-308)。针对他人之心的怀疑主义给我们造成了一种印象,即自我和他者之间有着一条不可跨越的认识鸿沟,但这是因为我们把事实上是否定的本体论关系错当成认识论关系的缺席,而这又缘于一个更具一般性的错误:将意识等同于认识,并认为自我与他者的关系是属于物质世界的。

因此,下面这个问题也就用不上了。萨特的论述究竟是表明必定真的存在着他者,还只是表明我的经验迫使我确信有他者存在?因为在萨特的框架内,去提出这个问题,去怀疑他者的存在(existence),就是否认一个人自己的前反思意识的存在,"他者的不可理解的主观性连同我的存在一起被我直接经验到"(270/329),由此"我发现,与他者的超越性关系构成着我自己的存在"[161](245/301)。萨特方案的天才之处在于,它保留并利用了为笛卡尔主义所依赖的哲学直觉,而经过一些微妙的调整,便可表明"绝对的内在性"有望将我们抛进"绝对的超越性"(251/309)。

故而,这种策略与导言部分的本体论证明所采用的策略(第5节)是相同的。至于它为何执行起来如此大费周章,原因在于两件事情:第一,相较于单纯的物理对象,他者在概念上可要复杂得多,所以萨特必须让我们明白究竟在讨论什么——需要表明,如果只是对我们有关他人的信念本身进行长篇大论的辩护,这没有任何

140

---

[161]　中译本译为"我发现是与他人的超越的关系构成了我的存在本身"。——译者注

用处,也就是说这根本触及不了真正的唯我论。萨特不得不让我们承认,"在我的内在最深处,我必定会发现不是我的他者本身,而不是相信他者存在(exist)的理由"[162](251/309)。第二,虽然常规的感知意识在一定程度上解释了它自己的可能性——这意味着我们可以认为本体论证明是可靠的而接受它,即便没有洞察到自为的超越性结构——常识缺乏概念上的资源去把握那个奠定了主体间认知的"关于他者存在(existence)的我思"。所以有必要引入《存在与虚无》中的非自然主义的形而上学工具("内在否定"的概念及其他),以便保证主体间认知不是一种魔法,或者更确切地说,以便表明:虽然从常识的立场看,它就是一种魔法,但这个立场的哲学意义有限。

我们还是可以对萨特的论述提出一些问题。第一个问题涉及对他者的经验规定以及出错的可能性——比如,我以为我听到了脚步声,但其实弄错了;或是,我怀疑自己是不是正被人从山上面的那栋房子里观察;或是,我有那么一刻被蜡像愚弄了等。对这方面问题的思考要求我们把注意力转向萨特在第 275-282/334-342 页的讨论:根据他在此所做的区分,作为主体之他者的存在(existence)是无可置疑的,而世界中的一切对象(包括具体的作为对象之他者)则只具备或然性。

我们或许期望萨特的理论能够进一步回答一个涉及自为之众多性的问题。为什么存在着他者? 为什么存在着众多的自为? 他者的存在(existence)又有着什么样的必然性(如果确实有的话)?

萨特对这个问题的第一部分回应在一定程度上接近了答案。他者的存在(existence)完全是"偶然的必然性"或"事实必然性"(250/307,282/342)。一般而言,现象学本体论所导致的本体论上

141

---

162 中译本译为"我应该在我本身的更深处发现的,不是相信有他人的理由,而是不是我的他人本身"。——译者注

的各种发现会同时拥有偶然性的一面与必然性的一面:所有的存在都是偶然的,因为它无法内在地将自身必然化(没有任何存在是自因的),但某些存在在它与其他存在的关系中获得了必然性(比如,自在存在在与自为存在的关系中是必然的)。因此,说他者的存在(existence)是"偶然的必然性",就等于说他者的存在(existence)一般而言是一个非常高层次的"绝对事实",而萨特的探求在别处已经让人见识到了这类事实。

但萨特似乎又给出过一个不同的答案,因为在第283-285/343-346页,他描述了对他者的"拒绝"过程和随之而来的对自身性的"加强",我们或可认为这表明自为在对彼此进行个体化、并对彼此的存在(existence)共同负责。然而,这会是一个非常黑格尔式的观点,可萨特明确否认了为他的存在是自为本身的一个本体论结构:"事实上,我们不能梦想(……)从自为的存在中抽出为他的存在,或反过来从为他的存在中抽出自为的存在"(282/342)。因此,萨特所谓的"对自身态的加强"直接相关于自我与他者之辩证法的后期阶段,而他者的存在(existence)在此已经得到预设。我们会在第39节回到这一点。

第一章的结尾(第297-302/358-364页)对主体间性进行了"形而上学的"探讨,其中我们可以发现萨特的第二部分回应。萨特评论道:为他的存在可以被视为自为的第三种出神(298/359),并被认为是"被进一步推进的反思性裂殖"[163](299/360):当我成为面向他者的对象时,由我的反思做出的"对象化"我自身的努力(第16节)仿佛最终得到了实现。这就使得对他者的意识可以被视为自为的非自我重合性(non-self-coincidence)的进一步扩展,并允许我们根据它的内在目的论去解释它。然而,萨特对这番论述有所保

163　中译本译为"反思的更进一步分裂增殖"。——译者注

留,它被认为是在形而上学的层面上去解释众多他者的存在（existence），我们将在第46节看到这一点。

142

最后一点。一方面,萨特的他者理论看上去既是后天的又是严格视角性的,它的关键在于我理解到他者通过注视而侵入我的主观性,而我只是发现了这种侵入的发生。但是从另一个角度来看,萨特在详细阐述他的理论时,似乎又利用了超个体的视点,而参照这种视点,穿透彼此的众多自为事实上先天地存在着（exist）——毕竟,萨特的论述预设了那个将目光投向我的他者已经把我把握成自为的存在了。因此,在主体间性的语境内,我们再度发现（第13节已经注意到）在萨特的思考中存在着视角性的与非视角性的双重立场。[164]

31. 身体（第三卷,第2章）

萨特对自然主义的反对和对常规思想的修正态度最清晰地体现在他对身体的探讨和对"心身关系"的处理中。我们这个自然主义时代的常识是：身体是心灵的基础,是心灵背后的实在；被设想成动物性有机体的身体在事物的秩序中是在先的,并通过脑部活动（这又以使得这个奇特的器官成为可能的进化史为条件）产生了精神活动；它甚至有可能（这取决于这种描述在多大程度上接近于彻底的唯物主义）不只是支撑着心灵,实际上还构成着心灵,以至于我们可以通过一系列特定的属性或是对大脑事件的描述来理解心灵,继而把它等同于身体（的一部分）。

萨特对上述描述的拒绝一部分体现在,他否认以客观的、科学的方式构想的身体（用萨特的术语来说,作为自在存在的身体）具

---

[164] 我在论文中更加完整地探讨了第29-30节中的材料,参见'Sartre, intersubjectivity, and German idealism', Journal of the History of Philosophy 43, 2005, 325-351。

有优先性。取而代之的是萨特在第三卷第 2 章提供的论述,这番
论述通过三个环节来探讨身体,顺序如下:

　　(1)第 1 小节:身体作为自为或为我(le corps comme être-pour-
143　soi,mon corps pour-moi),我源初地"存在着"它('exist' it)。

　　这种模式下的身体"使得事物得以被揭示给我"(304/366),
"个体化了我对世界的介入"(310/372),是"世界的工具性对象"
所指向的"参照中心"[165],它与世界中事物的空间定位直接相关。

　　萨特用人为性理论来解释具身(第 16 节):作为自为之身体就
是我的人为性,它是"我之偶然性的必然性所获得的偶然形式"[166]
(309/371),所以我之具身化的必然性就是我之偶然存在(exist)的
必然性。[167]

　　由此也可得出:我与我的作为自为之身体之间的关系再生产
了人为性的一般特征。这意味着:一方面,我"完全是身体",这全
然无关于那种认为自为只是"与身体统一"(305/368)的想法;身体
"不是别的,就是自为"(309/371)。但与此同时,我与我总体上的
人为性(也就是说,我因不得不获得它而成为它)之间的距离在我
与我的身体之间的关系中再度出现了:我"虚无化"并"超越"我的
身体,所以不能把它当成一个被给予之物去认识它,而必须在我的
涌现中"重新把握"它(309/372)。"自为的本性"作为"在虚无化
中对存在的逃离"[168],"要求它是身体"(309/372),而这种目的论上
的必然性(不同于概念上的必然性)——这种由自为提出的要

165　中译本将第一、第二和第四个短语分别译为"诸物赖以向我显露的东西","我
　　对世界的介入的个体化"和"归属中心"。——译者注
166　中译本译为"我的偶然性的必然性所获得的偶然形式"。——译者注
167　《存在与虚无》所论述的身体必然性相悖于《自我的超越性》(pp.40-41)中身体
　　的半偶然地位,在后者提供的理论中,身体只是"指示着'我'的可见与可触的
　　符号"。
168　中译本译为"虚无化地逃避存在"。——译者注

求——把我的身体推开了一段距离,这段距离是与朴素的同一性不相容的。这个复杂的结构在第 328-330/393-395 页得到了进一步的发展,因为萨特在此讨论了何谓"对身体拥有意识"以及身体在何种意义上构成了视点。(正是在这里,当萨特谈及身体时,他认为我们必须说意识是在及物的意义上"存在着"[exist]它。)

第 1 小节还试图细致地表明如何可以运用这种身体观来说明感觉认识(310-320/372-383)、肢体动作(320-325/383-389)以及疼痛和肢体感动性(330-339/395-404)。

(2)第 2 小节:作为为他之身体(le corps-pour-autrui),我的身体具有对象的特点,是"混杂于诸物中的一个物"(304-305/366-367)。

当这种形式的身体为了我而被生产出来时,个中牵涉到什么?为了回答这个问题,萨特回过头探讨我对他者的意识,并细致地刻画了他者的身体(340-349/406-415)。萨特说,当我把他者当成对象、当成"被超越的超越性"时,他者的身体便源初地显现给我,它此时位列由工具构成的秩序当中,我可以"使用"它,它也可以"反抗"我,它还"被我的宇宙的工具性事物侧面地指示"(340-341/406-407)。这种对他者之身体的贫乏理解与他者在身体上的缺席(比如,当我在检查你的写字台时)是相容的,但当他者"有血有肉地"[169]在场时,上述理解就被转变了,此时他者的人为性、他者之存在的偶然性就变得明确起来(342/408-9)。对我在场的他者之身体必然是"处境中的身体",它是"有意义的",虽然这种意义只在于由超越性发出的动作(你举起你的手挥动起来等);这种身体不能被还原为身体器官的任一总和(344-346/408-413)。他者的身体因此"作为他者之所是而直接地被给予我们"[170](347/414)。

144

---

169 中译本译为"肌肉与骨头"。——译者注
170 中译本译为"他人的身体作为别人所是的东西直接抱向我们表现出来"。——译者注

萨特声称,对为我的他者之身体的解释就是对为他的我之身体的说明,因为"我的为他之存在和他者的为我之存在,两者在结构上是同一的"[171](339/405)。

(3)第3小节:为了完成论述,需要下述意义上的我的身体:"我作为被他者认识到的身体而为自身存在"[172]。

他者对我的对象化不只对我的作为超越性的意识产生影响(我对从钥匙孔偷窥感到羞耻);作为主体之他者对我的本体论转变也穿透了"我的人为性本身"(351/418)。因此,沿用那个关于羞耻的例子,我"感到自己在脸红"[173],他者的注视在此被写进了我对我身体的意识(353/420)。

因此,这第三种模式下、亦即异化模式下的身体是我把第二种模式内化于或囊括于第一种模式之中的产物。萨特解释说,"被他者认识到的我所存在着的"我的身体在形成时预设了与他者在语言上的交流(354/421-422),而它的形成意味着我可以进行解剖学意义上的定位,比如判断出"胃部的"疼痛(355-359/423-427)。

或许有人认为,萨特做出这一系列有序的划分,意在描绘出一段纯粹概念上的演进过程,以此说明我们如何从一种幼年的(处于心理上和认识上的原始阶段)身体观发展出一种更加完整的观点,后者使得我们的身体成为自然科学的考察对象,并允许我们形成诸如"我正忍受着椎软骨肋骨骨折所引起的疼痛"这类复杂的念头。如果是这样,萨特就不会与常识性的自然主义观点争辩了,后者反而可能把萨特的论述纳入发展认知心理学中的一个章节。但是,萨特完全清楚他的论述描绘的是本体论上的层次与关系——

145

---

171 中译本译为"我的为他存在的结构是与他人的为我存在的结构同一的"。——译者注

172 中译本译为"我作为被他人认识的东西而存在"。——译者注

173 中译本译为"感到脸红"。——译者注

"我们反思的次序(⋯⋯)符合存在的次序"(305/367)[174];为我的身体与为他的身体构成了"实在的两种具有本质差别的秩序"[175],它们"是根本上不同的"(304/366)。[176] 萨特评论到,我们的常规观点是,为他的身体是实在的身体,而他者"按照我们本来的样子"[177](353-354/421)来看待我们,但萨特的论述整个地表明这种身体不具有本体论上的首要地位。

由于萨特的形而上学总体上是二元论的,而我们刚才又看到了他对于具身的分析,所以人们偶尔会担心萨特可能深陷于那种臭名昭著的身心二元论,而当代几乎所有的心灵哲学都把避免这种二元论视为自己的任务。

萨特直截了当地否认了自为等同于物理主义所理解的身体。但萨特也同样清晰地拒绝了笛卡尔式的以及一切传统形式的二元论:萨特解释说,非广延性不是我们对自为的内在属性或内在结构的认知,而是根据自在的规定性对自为做出的预判——自为本身"不是空间的","既不是广延的也不是非广延的"(179/228)。之所以与空间相关的观念绝对不能运用于自为,根本上是因为它的非实体性的存在模式——具体而言,自为只有在"不得不是它"的模式下才能是身体。因此,当经典形而上学二元论试图根据实体类型上的或本质属性上的差异来表述精神与物质的异质性时,当现代反物理主义诉诸解释形式上的划分去做相同的事情时,萨特把精神/物质之间的异质性一路回溯到存在(existence)模式上的差

146

---

174 中译本译为"我们的符合存在秩序的反思秩序"。——译者注

175 中译本译为"本质上不同的实在的两种秩序"。——译者注

176 因此,萨特的论述并没有还原成下述观点:应该把身体毫无保留地等同于客观秩序中的一个因素,我们只是以两种不同的方式去认识它而已。参见 Gareth Evans, *The Varieties of Reference*, ed.John McDowell(Oxford:Oxford University Press, 1982), p.266n。

177 中译本译为"我们所是的"。——译者注

异。萨特认为,这有望允许我们对人类主体的非物质性做出如下把握:它从根本上与人类主体的自由、实践性、时间性、反身性等统一在一起。

萨特与反对二元论的物理主义确有一定的共识,二者都拒绝笛卡尔的下述主张:心灵可能独立于身体而存在(exist)(306/368)。但是对于萨特而言,这种"同一性"——主体"完全是身体"——依赖于"不得不是"这个彻底的非物理主义观念,而这里所谈到的身体依然不是解剖学和生理学中的有机体,而是作为自为的身体。

这是不是意味着,为了解释"心灵与身体如何互相关联",萨特已经做了所有必需的工作?在萨特的论述中,我们不能再提出实体互动之谜(两种异质的成分如何能够互动)或涌现之谜(精神之流,带着它所有奇特的属性,如何从这团大脑中涌现出来)。而如果有人向萨特提出下面这个问题:除非上述三种模式真的只是在单一的本体论层面上经验与思考同一种存在物的不同方式,否则处于其中一种模式下的身体如何能够与处于其他两种模式下的身体关联在一起(例如,当整形外科医生报告说我的肋骨已经愈合了,这份报告如何能够对应于我的疼痛感的消失)?萨特会回答说,如果我们以为必须要按照这种形式来做出解释,那就只是在用丐辞去反对他总体上的形而上学立场。萨特断言:当我们把握到本体论层面上与身体存在(existence)的三种模式相对应的划分,心身问题(思想、感觉等的所在如何与那个正在进行呼吸、新陈代谢等活动的有机系统发生关系)也就得到了解决(303-304/365-366)。

因此,这里的情况与萨特针对他人之心的论述如出一辙。对于后者来说,如果认为萨特没有解释我们何以能够执行一种涉及他者的我思而反对萨特,那同样是不合适的。萨特给出的描绘再次诉诸那些被常规思想视为魔法的关系,而萨特的辩护再次指出,这种"魔法"已经现实地处于与我们的经验结构当中,常识只有在对主观性进行实体化的条件下才能将其领会,而《存在与虚无》所提供的形而上学术语则使之能够为人所理解。

因此,其实无须担心萨特对笛卡尔的接近,原因在于反对笛卡尔身心二元论的立场认为它无法阐明精神与物质之间的经验因果关系,以及它与自然规律的统一性之间的矛盾是不可接受的;而从这种立场出发,萨特关于身心关系的形而上学似乎会激起多得多的反对,因为它所预设的一般形而上学连物理主义的基本信条都反对。

思考题:

(1)萨特声称,实在论和唯心主义以及他所有的前辈都没能完备地构想自我和他者的关系。请评价萨特的这个说法。

(2)萨特是否为传统的他人之心难题提供了解决方案。

(3)萨特对身体以及身体与意识之间关系的论述是否一致且令人信服?

(四)自由,动力与伦理学

对于许多后康德主义者而言,理论哲学与实践哲学之间的区分相当重要,但是萨特并没有做出这样的区分,理由在于:如我们所见,萨特认为那些被其他哲学家归于"实践哲学"名下的、涉及能动性和实践理性的各种问题其实在本体论的层面上就已经出现了,故而拒绝做出上述区分。不过,把《存在与虚无》中与认识论方面的和形而上学方面的一般问题联系得最为紧密的那些主题、亦即之前我们探讨的那些话题,和与行动以及"我应当如何行动?"这样的问题更直接联系在一起的那些主题——或者更宽泛地说,与

我们对生活的态度更直接联系在一起的那些主题——区别开,这
仍不失为一种有益的做法。在第四部分,我将对后者进行讨论;从
文本上来看,这主要涉及《存在与虚无》的第四卷,不过也涉及之前
的部分章节。

148

32. 关于自由的理论(第一卷,第 1 章,第 5 小节,第 24-45/60-84 页;第四卷,第 1 章,第 1 小节)

我们之前已经注意到,对于萨特而言:

> 我们称为自由的东西是不可能区别于"人的实在"之*存在*的。人并不是首先存在(exist)以便后来成为自由的,人的存在和他"*是自由的*"这两者之间没有区别。(第 25/61 页;另见第 486/566 页)

因此,萨特绝不认为自由是"人的灵魂当中某个可以被孤立地考察及描绘的官能"[178]抑或"人之存在的若干本质属性之一"[179](第 25/61 页;另见第 439/514 页);而意志又是唯一以自由作为其属性的官能,所以意志的概念在萨特的论述中是没有位置的。

在"虚无的起源"一节(第一卷第 1 章第 5 小节)的第 24-45/60-84 页中,萨特首次阐述了他的自由理论,其中构建了一条从虚无通往自由的途径,虽然前者不能直接从概念上推出后者,但两者之间的蕴含关系大体上还是不难把握的:从自为的否定性可以推出,相对于任何存在物(existent),人类主体"都没有屈从于它",他可以"把自身放到关于这个存在物(existent)的圈子之外",因而可

---

[178] 中译本译为"能被孤立地考察及描绘的人的灵魂的性能"。——译者注
[179] 中译本译为"突出地属于人的存在本质的一种属性"。——译者注

以"对它加以改变"(24/61)。[180]

萨特承认:这份速写向我们展现出的自由只是"一个单词"(25/61);只有更为细致的论述才能澄清和证实自由。

萨特首先认为,只有当我们的自我关系包含着自由,我们相对于世界中的事物才是自由的:"人的实在只有以自我摆脱为本性,才能(……)摆脱世界。"[181](25/61)萨特认为这一点不受任何条件的限制——自为不仅必须能够把自己的一部分存在与另一部分存在对立起来,而且必须能够摆脱掉它所是的一切。为了表明这种可能性,我们必须对心理因果决定论(以及所有把自由等同为一种心理因果过程的相容论)做出反驳。

萨特的论证首先(26-27/62-64)回顾了他先前在《想象心理学》一书中的分析,它以想象性意识为参照,直接表明自为有力量做出反身的虚无化(萨特有关自欺的论述也支持这一论点:参见第37节)。关于皮埃尔的精神影像涉及多个虚无化过程:对世界的虚无化(世界不是影像发生的地点),对皮埃尔的虚无化(他并不在这儿),以及对影像本身的虚无化(它不是某种感知)。因此,既然主观的还有此世的否定态都存在(existence),那么至少在意识的一定形式(例如想象性意识)中必定有着某种自我摆脱的力量。

其次(27-28/64-65),萨特在分析能动性或实践理性时分析了作为自为诸结构之一的时间性,从而扩大了论证的范围。扼要地说,萨特的论证是,对普遍认为带有决定论色彩的心理因果序列(例如,动力 M→意向 I→行动 A)的任何描述都忽视了这种时间性

149

180　萨特将否定性视为自由(在某个意义上)的本质,这个构想在他之后一篇复杂的论文('Cartesian freedom',1945)中得到了再度阐述,这篇论文试图从笛卡尔的神圣自由观中寻获对人之自由的正确表述:"多产的否定性。"(此处英译者与中译者的理解有较大出入。——译者注)

181　中译本译为"人的实在只有从根本上挣脱了它自身,才能(……)挣脱世界"。——译者注

结构的主观表现具有何种含义:在序列中的每一点,"心内刚发生的过去与现在之间都存在着一条裂缝"[182],而这条裂缝"正是虚无"(27/64);并且"有意识的存在相对于它的过去而构成的自身必然由某个虚无将它与这个过去分隔开"[183](28/65)。先前的意识"在那里",带着被"过去性"修改的痕迹,所以"它是处在越位的位置上,是在圈外的,它被置于括号之中"(28/65)。不同于心理决定论,过去的意识和现在的意识之间的关系是一种"解释关系",这也就意味着:我应当如何将自身与我过去的心理状态关联起来,这对于我而言就总是、并且必然是一个问题(28/65)。

　　事实上,时间上的延展并不是自由的必要条件:在第 34/71-72 页一段关键性的文字中,根据萨特的分析,在动力的共时结构中也会遇到构成自由的同一条裂缝。我"拥有"一个动机 M——萨特认为意识不带有任何内容,所以可以得出——这指的是有着对动机的前反思意识:因此动机不在意识中,而是有待意识的;动机属于我而不属于外部的空间实在,但它是作为"意识的关联项"而属于我,所以是第 24 节讨论过的心内的"内在超越性"[184]的一个例子,而动机作为一种超越性又蕴含着虚无化过程,由此可得动机只能"作为显象出现"[185],就其本身来说是"不产生结果的"[186](34/71-72)。时间性的结构与前反思意识的结构(当然,在萨特的完整描绘中,两者是彼此蕴涵的)因此均可单独充当自由的充分条件。

150

　　注意,我们确实无法反驳:虽然萨特或许已经表明否定对于心

182　中译本译为"刚过去的心理状态和现在的心理状态之间有一条裂缝"。——译者注

183　中译本译为"有意识的存在应该相对它的过去来构成自身,就像它被一个虚无与过去分开了那样"。——译者注

184　中译本译为"内在性中的超越性"。——译者注

185　中译本译为"作为显现而涌现"。——译者注

186　中译本译为"无效的"。——译者注

理因果性而言是必需的,但是他无法表明否定力量的运用不受因果关系的限定,换言之,他还"没有排除掉决定论的可能性"(27/64)。萨特的虚无形而上学已经表明:否定性不可能是存在的结果,由此可得,"所有虚无化过程都要求只从它自身获得来源"(27/64)。所以就有必要拒绝第9节探讨过的关于否定的判断理论,而这种理论确实与关于否定判断的决定论相容。

第三,萨特注意到,通过他的论述(根据他有关前反思的自我意识的论点)可以得出我们对萨特已描述过的自由拥有意识,但按理说这会构成一项挑战,因为我们平常在察觉到自身是能动者的时候,显然没有再现出萨特所暗示的那种带有裂缝的现象学,故有理由说这种察觉伴随着对心理决定论的确凿信念。

为了回应上述挑战,萨特对他所谓的"焦虑"(anguish)状态做出了细致的分析,在这种状态中可以强烈而明显地体验到自由。萨特举出下述两例作为说明:我在悬崖边感到一阵晕眩,但攫住我的并不是对失足坠崖的担心,而是对"自己把自己从悬崖边扔下去"这种可能性的恐惧(29-32/66-69);某个赌徒感到一阵晕眩,因为他意识到自己有可能放弃先前做出的戒赌决定(32-33/69-71)。在这些场景中,我面对着萨特所谓的我的"各种可能态"——不是世界的可能状态,而是我能够为自身规定的、在本体论层面上与我相关联的可能存在(第30-31/67-68页;参见第18节),譬如属于一个重启赌博生涯之人的可能存在。

萨特进行个案研究的目的是更清晰地呈现出实践意识的基础结构。虽然这两个案例多少有些特别,但它们显然与通常的实践意识并无内在的区别:它们与众不同的地方仅仅在于,反思已经把实践理性的结构主题化了,以至于显示出其中的裂缝所在;我在体验晕眩时意识到"就我的可能的行为而言,这恐惧不是决定性的"(31/68);赌徒意识到他心内的过去与他现在之间的关系是成问题的等。

萨特坚持认为,焦虑并不是"人的自由的一个明证"。按照萨特给出的说明,焦虑仅仅(虽然也很重要)确立了"对自由的特殊意识"的可能性(33/71)。

由此可以看出,心理因果性在自然意识中的显现是缘于一个特定的结构,这个结构在本体论上是第二位的。在这个向非反思性意识呈现的"直接性的世界"里,我们出现"在处境中",即出现在"一个充满要求的世界"中,并从事着谋划(39/76)。在最常见的生活处境当中,我们的意识是"在活动中"的,这指的是我们只有在主动实现它们时才能领会到我们的可能性——"在我的可能性被实现的那一刻,活动才把它们揭示给我"[187](35-36/73-74)。这种结构当然没有取消自由,因为从所有这些活动中退出的可能性并未受到影响(36-37/74),但是它阻碍着对焦虑所依赖的自由做出反思性的领会。

焦虑不是我们的常规状态,即使它意识到形而上学中那个最为基础的那个东西。萨特关于这一点的论述进一步发展为有关"逃避焦虑"的论述,并由此发展为萨特的自欺理论(参见第37节)。

萨特所说的逃避并不是那种试图压制或抑制某种情绪状态的常见经验,而是自为旨在重构其整个结构的尝试。萨特声称,逃避涉及反思层面上的心理决定论,但后者并不作为哲学上的论点,而是表现为一种原始的"笃信",这种笃信建立在主谓式的主体形而上学(《自我的超越性》对此做出过批判)之上:"它断言我们身上有着相对抗的力,这些力的存在类型(type of existence)是与物的存在类型相似的",断言存在着某种在我们的过去和将来之间建立联

187　由于在原文中"活动"一词是定语从句的先行词,故中译本译为"在实现我的可能性的同时向我揭示了这些可能性的那些活动"。此处本书作者对引文有改动。——译者注

系的"某种引发活动的本性"[188]（40/78），甚至断言在我们每个人的深处都存在着一个深层自我（un Moi profond），我们的活动便起源于此（42/80）。

我们现在必须着手处理下面这个棘手的问题：要如何用概念去正面表述萨特的自由观。

我们已经看到，萨特谈到的自由涉及某种与世界的强行决裂——"决定论的永久性断裂"[189]（33/70），主体"把自身从因果系列分离出来"[190]（23/59）——这或许会让我们觉得萨特在有关自由意志的争论中站在了通常被称为"不相容的非决定论的自由意志主义"那一边：按照这种观点，"自由"这一概念指的是（在经验上）不受因果关系决定的事件，它与普遍的（经验性的）因果决定过程不相容，但又确实在人的活动中得到实现。

然而，这种说法非常具有误导性，因为它意味着萨特在方法论上和形而上学上均接受了自然因果秩序的优先性和实在性，这推动着他把自由设想为自然秩序中的因果空缺，自由的能动者从中走出但又/或是介入其中。但这不可能是萨特的观点，因为他从一开始就不认为我们属于自然的或是其他任何带有因果性的存在秩序——他甚至认为，在优先于并独立于我们的作为自由之存在的情况下，不存在任何把我们和自在的存在都包括在内的统一秩序。因此，我们与存在的"断裂"指向萨特的一个形而上学论点，即虚无是对存在的虚无化（参见第 9 节），而不是自然秩序之内的因果断裂。虽然萨特对自由的构想预设了心理决定论无法被人们理解，但并不涉及有关决定过程或非决定过程的任何论点。萨特谈"断裂"和"分离"是为了表明：基于那些以"人的能动性最初看起来可

152

188　中译本译为"产生活动的本性"。——译者注
189　中译本译为"决定论的永远破产"。——译者注
190　中译本译为"脱离（……）因果系列"。——译者注

以被纳入普遍因果决定的母体内"这个(萨特认为是错误的)假定为起点的人所采用的视点和语言,自由要求什么?就算是那种认为"她原本可以不这么做"为真的传统自由观也不足以注解萨特式的自由:按照萨特的看法,它仅仅重申了能动者的自由,但并没有分析这种属性。

当萨特转而面对"这个为自由提供基础的'乌有'(rien)是什么?"(34/71)这个问题时,他首先评论道,从某种意义上说,从他的立场可以推出没有东西[191](没有确凿的结构)有待描述;在之后关键性的一步中,萨特引入了下述观点,从而结束了对自由的分析:"这个'乌有'通过人在他与自身的关系中的存在而被存在(est été)"(34/71),并补充说这种自我关系具有义务的特征——"一种不断更新的义务,即对大写的自我加以重造[192](35/72)。("究其本质,自为在存在[exist]的同时还承担着肩负其存在的义务[193],existe sous l'obligation d'assumer son être,第118/162页。)

我们在第14节中已经遇到了这种难以理解的义务观念,它代表着我们对自为的理解所面临的先验界限(根据对《存在与虚无》的非视角性解读,它也代表着自为之存在本身的最终依据)。

萨特认为,我们在此需要承认一种可以被部分描述、但无法被彻底分析的必然性。它当然不是物理意义上的必然性,但也不是某种合理的必然性:萨特把"义务"一词当成可能范围内最贴切的表述来用,以便凸显出这种必然性所流露的规范性色彩,但他并不是说我们根据道德上的或其他的任何原则——我们应当将存在赋

---

191   此处是一个双关:"没有东西"(nothing)同时也是"乌有",因此这句话还可以被理解为"需要对乌有做出描述"。——译者注

192   中译本译为"对(……)'我'进行再造的不断更新的义务"。——译者注

193   中译本译为"从定义上说,自为是必须担当其存在的情况下得以存在的"。——译者注

予自身,这么做是我们的权利——来做出判断。因此,它在自为的理论维度与实践维度之间提供了一个"中立点":我们不得不将存在赋予自身,这既奠定了我们在认知上的超越性,又奠定了我们的行动。由于这种必然性在最基础的层面上构成了我们,我们就没办法通过让我们对它的遵从受制于我们的选择来把自身与它分离开。所以萨特才屡屡重复道:我们命定是自由的("我们没有停止我们自由的自由",439/515)。

正因为我们是虚无与欠缺(参见第 17 节),我们才有义务(重)造出我们的自我;但"是欠缺"并不是导致我们经验到义务的一个独特的形而上原因。我们并不是先发现自己是虚无,然后在此基础上判断我们需要获得存在。"欠缺"只是以另一种方式表述了对于"我们作为义务而存在"的洞察:只有当我们已经把自身与"有义务将存在赋予自身"关联起来的情况下,我们才欠缺存在(不同于只是发现自身由虚无构成)。

萨特常常用"对存在的减压"来刻画自为(例如在第 xli/32页),而自为的这一形象凸显了义务的本体论特征,但需要澄清的一点在于自为的义务隶属于本体论,物理上的类比无法传达出这层意思。萨特的观点与常识大相径庭(费希特是其重要的历史先驱):"应该"或"不得不"是一种必须要用实践中的命令句去描述的事实或结构,它隶属于实在。(这一点可以追溯到早在第 14 节中提出的一个看法:对于萨特来说,目的论构成了自为的实在性。)

154

萨特在第四卷第 1 章第 1 小节又回到了自由的问题上并发动了一场正面的进攻,在此过程中,以上概述的那些观点得到了极大的拓展。尤其是:

(1)433-438/508-513,445-450/522-527。这一部分扩充了对于能动性或实践理性的说明,不仅提供了一些历史上的例证,更对

mobiles 和 motifs[194] 进行了区分：mobiles 指的是"动机"，是主观的目的投射（"它是欲望、感情和激情的总体，促使我去完成某个活动"，第 446/522-523 页）；motifs 则被巴恩斯翻译为"原因"，以表明它们是外在于主体的（motif 是"客观的"，"它作为由同时期的事物构成的状态而被揭示给意识"[195]，第 447/524 页），不过它被萨特定义为"活动的理由；也就是证明活动正确的理性考虑的总体"（445-456/522）。

萨特坚持认为，困难的地方在于，要把握到理据和动机何以能够在互相结合的同时又没有陷入不融贯的二元论（447/523-524）。他认为，其独特的解决方法是要看到它们"相关联"的方式完全就是正题的对象意识与非正题的自我意识相关联的方式：自为对客观理据的领会不过是它"对自身作为朝向目的的谋划的非正题意识"[196]的另一面，反之亦然（449/525）。由此可得，"理据""动机"和"目的"（une fin）这三个术语形成了一个"不可分割的"整体，这个整体让我们注意到自为在世界上的涌现以及自为将自身朝向其各种可能性的投射；这就再次表明了决定论是不可理解的。（萨特重新解释了决定论的错觉，认为造成这种错觉的原因是动机被变成了经验知识的对象，第 449-450/526 页；动机"被过去化（passéifié）并被固定在自在之中"[197]，第 450/526 页。）

（2）444-445/521。萨特早期作品《情绪理论初探》中对情绪的

194　英译本将 mobile 与 motif 分别译为 motive 和 cause，中译本则译为"动力"和"动机"。我们不采用中译本的译法，理由有二：①如果采用这种译法，读者很可能会混淆前文中的 motive（一直译为"动机"）与此后的 motif；②参照萨特的解释，"动机"一词更适用于 mobile 而非 motif，中译本的译法似不够准确。因此，对 mobile 我们将沿用英译本的译法，译为"动机"；对 motif 我们将根据萨特的原意，改译为"理据"。——译者注
195　中译本译为"作为向意识揭示的东西，它是同时性的事物状态"。——译者注
196　中译本译为"对作为指向一种目的谋划的自我的非正题意识"。——译者注
197　中译本译为"被过去化（passéifié）并固定化为自在"。——译者注

分析得到了重申,重点强调下面这一点:在面对困难时决定采取魔法般的还是理性的策略,这不由世界规定,而必定隶属于自为的谋划:"我的恐惧是自由的,并表露了我的自由(……)相对于自由,不存在任何具有特殊地位的心内现象"[198](445/521)。

155

(3)450-452/527-529。意志的运作指的是为在深思熟虑的自愿状态下采取某条行动路线,但它并不是自由的必要条件:"意志不是自由的专属表现"[199](452/529)[200]。因为自由已经在处境因素和主观因素的构型中,以及在指派给这些因素的价值中得到了表达,其先于我在思虑中"掂量它们",所以萨特认为自愿状态和非自愿的自发状态不过是用以追求目的的两条不同的途径或方法,我在两者之间自由选择。(在第472-476/550-555页可以找到更加细致的讨论,其中论述了所谓的"不能自制"[akrasia]。)

普通心理学中那些指称着行动之心理前提的术语里面,唯有"意向"和"选择"萨特愿意承认是自由的必要条件。第476-478/555-557页解释了它们在自由当中联合扮演的构成性角色:意向"在一次统一的涌现中"[201]既选择并设定了目的,又选择了自身(478/557)。在使用这些术语时,萨特当然不会把它们视为某些特殊种类的心理状态——那种可以在经验层面上探知其存在(existence)、并可标记自由的心理状态。根据萨特的说明,对自由的在场或不在场,是不可能存在评判标准的(正如萨特认为,对他者的意识必须超乎评判标准以便成为可能)。

(4)441-444/517-521。常规思维中的一个明显倾向就是将自由和决定分配给自我的不同部分,继而认为自由行动以心理中自

---

198 中译本译为"没有任何享有特权的心理现象"。——译者注

199 中译本译为"意志不是自由的享有特殊地位的表现"。——译者注

200 自由与意志的分离同样出现在《自我的超越性》第47-48页,《想象心理学》第153-154页和《战时日记》第33-36页。

201 中译本译为"从一个同样的统一的涌现出发"。——译者注

由部分对被决定部分的支配为前提(理性对激情的掌控等);对这种倾向,萨特在一个更具普遍性的层次上提出了批评。

直接的问题在于:我们在此显然是在设想一个既自由又被决定的存在,从而与自为的统一性直接矛盾(就像弗洛伊德那样,参见第 25 节)。除此之外,萨特认为,没有任何方案能够将"无条件的自由和心内生活的被决定过程"[202](441/517)关联起来,因为无法解释自由的自发性何以能够在某个以决定论的方式构成的心内事实中找到必需的直接落脚点,正如它在外部的自在存在中也找不到落脚点一样。由此可得,"有两种,而且只有两种可能的结论:要么人是完全地被规定的(……)要么人是完全自由的"(442/518)。

(5)453-454/530-531,464/542。主体的源初的、更高层次的谋划赋予我的行动以可理解的统一性,而萨特根据这种谋划,对传统上所谓"原本可以不这样做"的自由状态做了巧妙的处理(参见第34 节)。如果我源初的谋划没有发生某种改变,那么我原本不可能不这样做;但是我原本确实可以改变源初的谋划,因此在一定条件下——这个条件不会减少或限制我的自由——我原本确实可以不这样做。所以,关于能动者能否在经验层面上做出其他选择的争论是"建立在错误的基础上的"(454/530)。因此,所谓"原本可以不这样做"的状态仍是自由在概念上的次级含义,这方面的分析并未切中自由的本质。

由于萨特的自由理论的其他组成部分对其做出了重要的扩充,因此我们首先需要补充上这些部分,之后再对该理论进行评估。

---

[202] 中译者译为"不受制约的自由和心理生活的被规定过程"。——译者注

33.自由:人为性与处境(第四卷,第1章,第1小节)

萨特断言"绝对自由"是"个人的存在本身"(581/670),这或许会让我们认为萨特式的主体享有完全的主权,它审视着一个透明的世界,全盘掌控着自己的领地。这种夸张的观点已经被归于萨特名下,并招致了猛烈的抨击,但是在第2小节"自由和人为性:处境"中,针对自由和人为性的讨论已经非常清楚地表明:萨特的自由理论并没有把自我抬升到如此狂妄的地步。

第2小节的文字分为四个部分:(1)第481-484/561-564页论述了自由理论为何与关于自由的"常识性"信念相矛盾,以及为什么这些信念并未提供足以反驳该自由理论的有效依据。(2)第484-489/564-571页对自由理论加以扩展,表明了它与人为性的(factical)被给予之物之间的关系,从而引入了"处境"的概念。(3)第489-548/570-633页详细论述了人为性的基础结构,包括我的"位置"、我的过去、受到他者规定的我之立足点、我与他者的基本关系以及我的死亡。(4)第548-553/633-638页概括了我们的"在处境中的存在"(being-in-situation)是由什么构成的。

157

虽然所有这些内容都非常令人感兴趣,同时也很重要(特别是萨特对死亡的说明,他在第531-548/615-633页中批评了海德格尔的"向死而生"一说),不过对于自由理论而言,第1点和第2点中的讨论更是至关重要。

我们在第16节中已经看到,萨特有关人为性的论述已经表明,当自为开始承担起传递意义和规定处境的任务时,它为什么并不只是碰巧发现自己带有不由其选择的存在:自为不会选择它的"位置",这在形而上学的层面上是必然的(83/126)。对于萨特来说,现在问题就在于:如果是这样的话,似乎可以得出"我的自由是受限制的、有条件的"这一结论,而既然萨特从自由与存在的同一性中得出了"人的自由是无条件的、因此也是不受限制的"这一主张,那么前一个结论就与后一个主张相矛盾并表明了后者是错误的;可是为什么没有得出前一个结论呢?

　　萨特承认"如果我是小个子,我不能选择成为大个子",承认"我天生就是个工人,是个法国人"[203],承认世界对我的谋划构成阻力(存在着"事物的敌对系数":我不能攀爬每一块山岩),承认我或许不可能"逃避我的阶级、民族和我的家庭",承认囚犯并不总是"拥有越狱的自由"(481/561,483/563)。但问题在于应当如何在概念上思考这一切。常识将这些事实视为对我的自由的限制,这种做法并无矛盾,因为常识是根据"力量"(power)来设想自由的,然而萨特对这种构想提出了批评。因此首先需要明确的是,虽然我们平常谈到自由时,会说某个人的自由受到能力或力量的约束,或是会增加或减少,但是萨特在理论上探讨的本体论自由并不与这种自由相对应,他也没有这样的意图:我们必须区分"行动的自由"和"自由本身"(482/562),也必须区分关于自由的"经验性的、流俗的"概念和"专业性的、哲学的"[204]概念(483/563)。因此,本体论自由的遍在并不意味着月球旅行对于我们每一个人来说都像挠挠手指一样自由,否则就太荒谬了。

　　但是萨特承认,把本体论自由与经验性自由分离开并不足以解决这个难题(484/564)。毕竟,他的自由理论断定了"某种事物似乎在本体论的层面上制约着自由"[205],因为它肯定了自由需要被给予之物(478/558);所以,它似乎断定了"一种在本体论层面上的

158

203　中译本译为"我生于工人家庭、法国人"。——译者注
204　中译本分别译为"经验的和通俗的""技术的和哲学的"。——译者注
205　中译本译为"某种事物是本体论地制约着自由的"。——译者注

自在相对于自为的优先性"(484/564)[206]——这似乎会迫使我们接受之前的描述，即自由具有一定的范围，而关于事物究竟如何的事实则限制着这个范围，所以"我们的自由必须相对于事物的某种状态但又不顾及事物的这种状态"[207](486/566)。假如真是这样，那么自由就会受到事物的制约。

从萨特极其细致的讨论中浮现出一个决定性的问题：在被给予之物中是否存在这样的东西，它既独立于我的自由，又规定着我的选择？这正是《存在与虚无》中的形而上学帮助萨特去否认的东西：只有通过虚无化并相对于我自由选择的某个目的，被给予之物才会出现。尽管"某种无法被命名、无法被思考的剩余物"确实作为自在存在而属于被给予之物(482/562)，但这剩余物不属于我的处境，也"根本没有影响到自由的构成"[208](487/567)。萨特在第二卷中已经指出，"人为性"不可能"在纯粹未经修饰的状态中得到把握，因为我们将要在它那里找到的一切都已经得到了恢复并被自由地构成了"[209]；它所表现出来的抗拒并不完全是"事实的抗拒"[210](83/125-126)，而"被给予之物只不过是被自为虚无化了的自在"[211]，并不是"纯粹的材料"[212](487/567-568)。萨特说，"在自由回到人为性上面以便把人为性领会成某种被规定的缺失'之前'，试

---

206 中译本译为"一种自在对自为的本体论在先"。——译者注
207 中译本译为"我们只有就事物的一种状态而言，并且不顾及这种事物的状态才能够说是自由的"。——译者注
208 中译本译为"绝不进入自由的构成之中去"。——译者注
209 中译本译为"在原始的未加修饰的状态中把握的，因为我们在它那里要找到的东西业已被把握并且被自由地建立起来了"。——译者注
210 中译本译为"对事实的抗拒"。——译者注
211 中译本译为"给定物只不过是被那个应成为它的自为虚无化了的自在"。——译者注
212 中译本译为"纯粹的给定物"。——译者注

图去定义或描述这种人为性究竟是'何物'（quid）"[213]完全是没用的（494/575）。

萨特的"处境"概念（正式定义见 487/568；也参见 259-260/317）因此与自由的条件无关——毋宁说，我的处境是对我的无条件自由的表达与实现。

由此也可见，"在我的处境中，哪一部分是人为性，哪一部分是我的自由？"这类问题是有误的：对我的处境的分析并没有把站不住脚的、没有实效的主观意义层层剥去以便揭示出一种具有规定作用的客观性。相反，我们将在第 34 节中看到，它向上通往主观性，朝向自为的"源初谋划"[214]。因此，"不可能在每一个特殊情形中去规定什么来自自由、什么来自自为的纯粹存在"[215]（488/568）。自由和人为性不可能竞争，因为"自由是对我的人为性的领会"（494/575）。

萨特为"自由是无条件的"这一论点所作的辩护意味着自由不像通常所想的那样受到限制，但请注意，这不意味着自由不受限制：事实上，萨特解释说，我的自由面对着一种"实在的""真正的"限制，它源自他者对我的超越，源自"'他者把我领会成作为对象之他者'这一事实"[216]（524-525/607-608；也参见 262/320）。基于自由在主体间性中的分布，所以自由是自我限制的。

从萨特的论述中也不能得出：常规的"自由"概念没有位置。我们必须区分《存在与虚无》着力解释的本体论自由和某种被实现的自由。既然已经区分出了那种使得人的能动性、责任和存在

---

213 中译本译为"企图在自由回到人为性以便把它当作被决定的缺陷'之前'给这个人为性的'怎么办'下定义并且描绘它"。——译者注

214 中译本译为"原始谋划"。——译者注

215 中译本译为"不可能在任何特殊情况下决定属于自由的东西和属于自为的天然存在的东西"。——译者注

216 中译本译为"在于一个别人把我当成对象—别人这个事实中的"。——译者注

(existence)成为可能的自由,接下去就可以表述关于自由的另一个概念了,这个概念更接近于我们通常意指的自由:我们会说自由是某种值得欲求的东西,可以获得或丧失、增加或减少,等等。不过,认为自由肯定是被实现的或被表达的,认为这种实现或表达在一定的条件下是可能的而在另一些条件下则否,这样的构想显然是一个独立于本体论自由的问题,需要得到单独的论述:它需要论述本体论自由在行为的产物、结果、条件或内容中的各种延续;又因为这在萨特看来就把我们带入了伦理学的领域,所以他没有在《存在与虚无》中考虑这个问题(然而,这就导致了一个不幸的结果:人们误解了萨特的自由观,认为他把被实现的自由等同于本体论自由)。

因此,萨特根本没有否认多样的客观结构(文化、传统、语言、阶级、种族、性别等)组成着、分裂着并交织着我们的处境,也没有否认我们在实践上或在认识上可能无法征服这些结构,这些结构产生于没有任何天意引导的历史发展。至于说,个人能否把自己置身于其中的社会历史诸结构把握成它们为个人保留了按照自己的目的重塑它们的力量(经验性自由,一种实践上的力量),而不只是让自己对立于这些结构(本体论自由),这就是更进一步的问题了,属于历史哲学和政治社会理论的范畴,《存在与虚无》并未进行这方面的探讨,虽然在这一文本中已有足够的迹象表明萨特的观点并不幼稚。

在下一章中我们会看到,有理由认为:萨特在《存在与虚无》之后的作品中修正了他对自由的理解,而既然萨特后期关心的是在具体的处境中理解自由的逻辑,这就要求修改《存在与虚无》中关于自由的论述。我们可以发现萨特后期对自由的描述有着更为丰富的层次,他的观点是我们的社会性兼历史性的存在需要把自由与必然结合起来;不过我们可以质疑:《存在与虚无》对自由的论述

160

与萨特后期对自由的描述真是不一致的吗？萨特所无法接受的只是(这让他跟之后的法国结构主义思想家与后结构主义思想家产生了争论)：自由不是优先的,主观性与客观结构之间的关系是完全对称的,也就是具有相等本体论地位的事物之间的一种互动关系(当然,他更不会承认主观性只是这些结构的"产物")。

34.对我自身的源初谋划与选择(第四卷,第 1 章,第 1 小节, 457-467/534-546 页和 479-481/559-560 页,以及第四卷,第 2 章,第 1 小节,557-564/643-651 页)

或许可以表明：虽然萨特关于自由的论述有助于阐明第一人称的实践立场(意识到自己要做出选择的行动者所占据的视角),但也需要从第三人称的非实践立场出发进行心理学上的解释。在这种背景下,我们是否不得不重新引入针对精神之物的心理学解释(第 24 节),即便萨特已经驳斥了这种解释？如果确实如此,那就把基于自由的视角削弱了,至少是把它与一种在看待精神之物时同样不可或缺的观点成问题地对立起来,而后者是一种客观主义的、"心内的"观点。因此,萨特面临的挑战是：表明自由可以同时承担这第二种角色,为针对自为的理论理解提供基础。

"存在主义精神分析"这一小节(第四卷,第 2 章,第 1 小节)一开始就批判了那种试图从常见的心理学角度去解释个体的做法。心理学先是将主体分析为基本的动力因子和带有抽象色彩的倾向,然后诉诸得到归纳支持的心理类型和心理规律,以建构针对个体行为实例的解释。(注意：萨特在此考虑的是不带还原色彩的意向心理学,而不是坚持还原的自然主义;甚至把雅斯贝尔斯也包括在内,559/645。)

针对这种理论建构活动,萨特将他在形而上学层面上的先天反驳放在一旁,转而强调这种解释方式最终必然会设定一些"无法解释的源初的被给予之物"[217](例如,"野心","对强烈情感的需要"[218]),而反对它的理由不是我们因此不能满足充足理由律(萨特承认,"我们必须在某处停止,这就是实在存在[existence]的偶然性本身"[219]),而是这些不可还原之物属于错误的类别:比如,只要"野心"被设想成一种属性,某种或许来自社会领域或生理领域的东西,那么它与主体的关系、继而它的意义必然都是不可理解的,这种解释也就失败了。

之后,针对萨特在《存在与虚无》中最为清晰地重述了《自我的超越性》中的一个论点,即人的主观性不符合主谓形而上学;他论证到,从这种形而上学中可以推出人类主体是一种不受限定的"基底"(substratum)或是一"束"驱力和趋向(561/647),但这两种人类主体观都是不可接受的。其他地方也表述过这两个选项,一者把我自身理解成"支撑着某种流的实体,被剥夺了样态意义的实体"[220],另一者把我自身理解成"水平的现象流"[221](459/536)。

萨特断言,我们需要的是"一种真正的不可还原之物,它的不可还原性对我们来说得是显然的"[222](560/647),而这只能是一种"自由的统一化"[223](561/648)。我们因此被带向一个概念,即一种统一的"源初谋划"(561/648)或"基本谋划",它对于每一个自为来说都是"完全独特的"(563/650)。按照萨特的观点,根据一个个

162

---

217 中文版译为"无法解释的原初的给定"。——译者注

218 中文版译为"敏感"。——译者注

219 中译本译为"恰恰应该注意某个部分,这就是所有实在存在的偶然性本身"。
　　——译者注

220 中译本译为"一个实体,承担着它的样式的没有意义的流出"。——译者注

221 中译本译为"现象横向的流"。——译者注

222 中译本译为"一种真正不可还原的东西,也就是说,一种对于我们来讲具有明显的不可还原性的不可还原的东西"。——译者注

223 中译本译为"自由统一"。——译者注

体的源初谋划去把握它,就是去把握"他趋于存在的全部冲动,即它与自身、与世界以及与他者的源初关系"[224],继而,这种把握方式会让这个整体在其每一个部分当中都能被再度发现——"在每个倾向中,在每个意向中,人彻底地表达他自身,尽管出自不同的角度"(563/650)。

《存在与虚无》很早就提到过一种单一的、定义自身的选择——例如,"我在孤单与焦虑中出现,面对那构成着我之存在的独特而源初的谋划"[225](39/77)——但萨特直到第四卷才为其辩护,并澄清了它的地位。

当萨特首次陈述这个理论时(第四卷,第1章,第1小节,457-467/534-546),他把对我自身的源初选择(le choix originel de moi-même)(464/542)当作自由理论的一个组成部分,而第32节已经注意到,它允许萨特去论述"否则本会采取其他行动"的可能性。再度陈述时(第四卷,第2章,第1小节,557-564/643-651),萨特为它提供了独立的论证:正如我们所见,只有它与"人类主体作为人格统一性"的事实相容,而任何一种经验形式的心理学解释都会破坏掉这种统一性。

萨特借用并修改了康德的一个概念,他说:我们可以把我们的源初选择视为"带有可理解性的选择"[226],只要我们把这种可理解性等同于"主体经验存在(existence)的独特模式",而不在"本体界的存在"(noumenal existence)或"无意识的主观性"这些在本体论上具有优先性与特殊性的层面上去定位这种选择(563-564/650,480/559)。如果我们问对自我的源初选择是在什么时候做出的,

---

224 中译本译为"向着存在的冲动,它与自我、世界和他人的原始关系的整体"。
　　——译者注
225 中译本译为"我孤独地出现,并且是面对唯一的和构成我的存在的最初谋划而焦虑地出现"。——译者注
226 中译本译为"选择可以理解的个性"。——译者注

萨特的回答是它与这里正在讨论的自为的涌现同时发生,因此它不是在某个时间做出的,也不是在时间之外做出的:"我们必须这样设想:源初选择在展开着时间,并与三种出神的统一体合而为一"²²⁷(465/543);源初选择既不是一瞬间的,也不是与整个生命共同延展的,而是"不断被更新的"(480/560)。如果我们又问为什么会做出对我自身的源初选择——为什么是那个选择而不是另一个选择——那么我们不能根据动机或理据来给出答案,因为这些已经预设了某种对自身的选择(462/539)。然而,不能认为源初选择是被剥夺了理由和原因:它是对它们的"自发的发明",在它自己的领域内(470/549)。因此,选择必须表达一种"仅指涉自身"的并且无须阐释的意义(457/534-535),它的可理解性得自下述事实:源初谋划"总是列出了针对存在难题的某种解决方案"²²⁸(463/540)。萨特评论道,我的源初选择因此包括用于阐释的规则,或是用于规定我的经验选择具备何种意义的标准(471/549)。

源初选择构成了"一种非实体性的绝对(un absolu non substantiel)"(561/648)(导言部分曾用这个术语来描述意识,xxxii/23),尽管萨特强调:由于在我们的理解中,选择"并非源自任何先前的实在"²²⁹(464/542),所以我们也必须把选择理解成"无从辩护的",因此是在焦虑中做出的。

至于我们对自己的源初选择的认识,萨特的观点是:我们对它欠缺明确的、正题性的("分析性和有区分的")认识——这是必然的,因为它并不是以先于认识的、无时间性的形式存在(exist)以便随后被认识到——但我们拥有关于它的非正题意识,而这种意识

227 中译本译为"我们应该把源初选择设想为展开了时间,并且和三种出神的统一合为一体"。——译者注

228 中译本译为"永远勾勒出存在这难题的结论"。——译者注

229 中译本译为"离不开任何在前的实在"。——译者注

（因为"我们的存在正是我们的源初选择"）完全等同于我们的自我意识（461-463/539-540）。重要的是，这解释了为什么我们对自己生活的经验并不如同展开一部我们已经熟悉的剧本，为什么"选择我们自身"、亦即责任是我们的存在（existence）所具备的特点，而"被选择"却不是（464/541），以及为什么从一个复杂的角度（萨特对此做过审慎的描述，466-467/544-546，469-470/548-549）来说，对我自身的源初选择加以"彻底的修正"是可能的。因为我对我自身的源初选择既不处在我的过去，也不处在我的时间性之外，所以没理由说我在每一次启动并展开它时却不能背离并逆转我之前的谋划——通过戒赌或其他什么。但与此同时，如果我的源初选择是我的众多经验选择的总体模式（而不只是过去的模式），并且如果这种模式具有格式塔的特征、而不是一种简单的重复，那么就不能严格地说我现在做出了或变成了另一个源初选择——正如一个突然改变情节方向的小说家也不完全是在写另一部小说。如果我戒掉了赌博，我就重构了我的过去，它现在获得了"被放弃掉"的含义。或许可以说：我可以随时修正被我当作源初谋划的事情，但是只要我还能够做出选择，我的源初谋划本身就没有得到最终的规定，就此而言也就谈不上可否修正。

　　因此，由于"对自我的源初选择"这一概念让自由具备了解释效力，所以萨特可以用它来回应挑战，即对心理学解释的可能性做出说明。（萨特后来恰恰把这一点描述成他为让·热内立传的目的："我试图做到以下两点：指出精神分析的阐释与马克思主义的解释所面临的局限，并表明单凭自由便可从总体上说明一个人。"[230]）

---

[230]　*Saint Genet*，p.584。

35.对世界的责任(第四卷,第1章,第3小节)

"自由"一章的第 3 小节篇幅很短,但萨特在这一小节对自由理论做出了戏剧性的、令人意想不到的扩充,尽管他在第 463/541 页对此做了简短的预告。萨特告诉我们"人对世界负责"(553/639),不仅在"世界的存在需要自为的存在"这个一般的意义上是如此,而且在"个体化的自为"这个层面上亦如是:"事实上我对一切都负有责任,除了我的责任本身以外";我发现自己"介入一个我对其完全负有责任的世界"(555/641);"自为的责任就把整个世界(作为一个有人居住的世界)涵盖在内"[231](556/642)。

由于萨特一开始曾说他的这些言论"主要是伦理学家会感兴趣"(553/638),并且由于他在某些地方用了连词"好像"(comme si)("好像我对这场战争负有全部责任",554/640),所以我们或许不会单从表面来看待这些咄咄逼人的言论——比如,我们或许会认为萨特在此给出的说法并不属于形而上学,而只是一种虚构,它在一定程度上能够劝诫或规范我们的伦理倾向。所以我们可以将萨特的观点与尼采关于永恒轮回的学说相提并论,萨特肯定知道这个对生命加以肯定的著名学说,而且人们一般同意这个学说不是宇宙学中的一个论点,而是一个假设性的想法,对这个假想的接纳则具有存在上的(existential)重要意义。

165

萨特之所以宣称我们对世界负有责任,无疑是为了清除掉我们身上的某种态度——认为生活的肌理是由偶然性或是由外部历史所组成的,从而与我们的生活拉开距离,把它变成某种异己的东西。但是,以反实在论的方式去解读这一学说则是错误的,因为萨

---

231 中译本译为"自为的责任就扩展到作为人民居住的世界的整个世界中"。——译者注

特十分清楚地说过他"把在常规的意义上所使用的'责任'一词当作'(对于)作为事件或对象之明确作者的意识(553/639)'"[232],而对"世界责任"这个论点的思考则表明它是以一种可以得到理解与辩护的方式发展了萨特的自由理论。

显然,我们不能把"每个人都对世界负责"这一论点与每个人对其自身所负有的责任放在相同的基础上去理解,因为世界并不是作为一种负有"不得不是"这一义务的虚无而被给予我,它是作为存在而被给予我;甚至也不能在"对象世界是依赖主体的"这一基础上去理解上述论点,因为不管萨特最终会如何论述客观性(第12节),他都不是一个经验唯心主义者,他的观点是:自为作为与它的自由相关联的人为性而对立于客观领域(第33节)。因此,世界责任必定是间接出现的。

下述论点在萨特的讨论中非常引人瞩目:对这个世界的责任源自我对我的世界的责任,而对我的世界的责任又源自"它反映着对我自身的自由选择"[233](554/639)这一想法。这可能会使我们认为:关于世界责任的论点只是从萨特关于源初谋划的学说中得出的逻辑推论,前者获得的全部支持都来自后者。尽管这个推论确实得到了萨特的肯定,也可以得到辩护,但在这一小节中还有更多的内容,并且重要的是世界责任应该得到独立的支持(只是为了让人们不要把它当作"对自身的源初选择"这一观念的某种还原[reductio])。

萨特肯定了我作为世界的创作者而对世界负责,这份肯定意在得出"这场战争是我的战争",但当然不是说我宣布了这场战争(554/639)。这种创作者身份兼责任(authorship-cum-responsibility)

232　中译本译为"(对)是一个事件或者一个对象的无可争辩的作者(的)意识,这个平常的意义上使用'责任'这个词的"。——译者注

233　中译本译为"我自己自由选择的形象"。——译者注

的先验意义是什么？

首先需要记住的是：有神论或自然神论中的世界创作者被排除了（见第 47 节）；世界在萨特的论述中并不只是把其自身强加在我的被动性之上；以及，我不能基于下述理由而拒绝承担世界责任：我独立于世界而规定了我的存在，且已经处于规范上的完整状态。不过，有人可能会问：我为什么不得不在此采取任何准实践的态度？我为什么不能只是沉思"这就是关于这个/我的世界的事实"？（承认或许它的显象在认识论上以我的主体性为条件，但丝毫不考虑责任方面的问题。）

166

在这里，萨特对自然主义和实在论的拒绝仍然是至关重要的。如果萨特的观点是理论认知是一种独立的、自足的、自律的意识模式，而世界只是它的对象，那么除了认识世界之外，就不会有其他的要对世界采取某种态度（attitudinise）的强烈冲动。同样，如果世界是哲学自然主义中的那个在本质上与人无涉的自然，那么正如萨特所指出的（554/639），关于世界的责任也就不可理解的。但世界隶属于人的实在，并且正如我们在第 17 节和第 19 节中所看到的，在自为对自在的关系中，认知只是一个次级结构，但这个关系的一般特征则是实践的。因此一般而言，用实践范畴去思考世界既是可能的也是必要的。这就意味着，某种东西必定填补了当我想到"那个在责任关系中面对着世界的东西"[234]时所出现的空白。

基于这番论述，自为的不可辩护性（它的存在［existence］缺乏理由）和世界的不可辩护性（它仅仅是"被给予的"、偶然的）虽然在常识中恰恰可以充当拒绝世界责任的理由（"我没要求过被生出来"，555/641），但现在完全颠倒过来：因为我不是我之存在的基础，所以必须先验性地"背负"我所依赖的世界，以完成我将来的义

234　中译本译为"对世界而言是一种责任关系"。——译者注

务;也因为世界欠缺斯宾诺莎式的唯一实体所拥有的自足性;最后,也因为没有别的东西可能承担起对这个世界的责任,而我有义务这么做。

换个稍微不同的说法。萨特的主张关注的是:当我们在解释"我的世界是属于我的"这个想法所涉及的东西时,究竟什么会浮现出来?浮现出来的是:由于实在论是要被拒绝的(世界不因为施压于我、或是在时空上容纳着我、或是其他什么而属于我),这种关系必须兼具内在性与实践性;而只有以责任(尽管是一种相对来说不太确定的责任)为原型去构想这种关系,才能接近我们所需思考的东西。

最后要注意的是,如果萨特关于世界责任的论点独立于他关于"对自我的源初选择"的论点,那么就可以认为这两种对自由理论的扩充是相互支持的。它们联合起来有助于清除掉诸如"悔恨,遗憾和托辞"(556/642)这些常见的态度,让我们不再沉湎于反事实的假设、不再把自己与那些本可以实现但并没有实现的人生轨迹画上等号,如此等等。结果就是实现了对斯多葛主义的去芜存菁,并把它与一种得到强化的、积极主动的自我规定综合起来。

有待思考的是,这种对世界负责的全新态度,除了具备"让我不再异化于我的充满偶然性的生活"这种净化功能以外,是否还具备关涉他人的道德内涵?我们将在第44节中看到萨特认为它确实如此,在这一点上他的世界责任就与尼采的永恒轮回分道扬镳了。

36.评估萨特式的自由

萨特最早的批评者之一加布里埃尔·马塞尔(Gabriel Marcel)提出了如下反对意见:萨特关于自由的想法既"没办法得到阐明"也"根本无法让人理解",而萨特认为自由遍在于人的实在当中,这反而"贬低"了自由。[235]

作为最初的反应,这是可以理解的,但是只有弄清楚萨特究竟说了什么和没说什么,并把这个理论放在由萨特的哲学蓝图和"人本身的自由"这一难题共同构成的语境当中,才能决定萨特的自由理论价值几何。囿于篇幅,这里没办法提供这样一份报告,但是我们可以提出一些要点,它们补充了第二章中的某些评论(围绕着自由难题在方法论上引发的一般困难以及萨特就此给出的极端回应)。

首先,关于"能否得到阐明和理解",需要强调的是,一份哲学解释究竟算是成功的还是失败的,这必须相对于当前的语境来谈——而萨特的全部计划就是把自由重新定位成一个终极的解释项,并说明为什么在最终的分析中把自由当作某种被解释项是错误的。这并不意味着"自由"的概念不能像其他东西那样得到定义,而是意味着"自由"与其他的基本概念处于水平的关系中。如果萨特的策略是成功的,我们就会看到这些概念彼此融为一体,而萨特宣称,基于他的论述,它们确实如此:"于是,自由、选择、虚无化、时间化便只是同一回事"(465/543);"选择和意识是一回事"(462/539);"我们在第二卷中根据欠缺所表达的东西也完全能根据自由来表达"[236](565/652)。

相对于常规的经验性概念,"自由"的概念由此获得了一个奇特的地位,不过萨特承认了这一点,并在第 438-439/513-514 页的相关探讨中解释了为什么这并不是成问题的。自由可以"没有本质",因为认为它有本质就相当于把它当成一个对象——把它设想成是被构成的,就像被做出的事情或行动一样——于是问题又回到了"究竟是什么力量构成了它?",从而引发无穷倒退。哲学反思

235　Marcel, 'Existence and human freedom', pp.61-63。

236　中译本译为"我们在第二卷中以欠缺这术语解释过的东西同样能很好地用自由这术语来解释"。——译者注

所能做的,不是辨识出某个本质或共相,而是让我们反身回到"我的特殊意识"(438/514),特别是回到在非正题的前反思意识中所揭示出的我的存在(existence),自由在此被把握为"纯粹的事实必然性"(439/514)。我们因此拥有了"对自由的某一种领会"(439/514),而基于萨特的自由形而上学可知:我们在哲学上有望实现的正是这一程度和这一种类的领会。

　　需要注意的是萨特的观点如何与关于自由的独特认识论相一致。我们对我们的自由的认识与我们对我们的自身态和存在(existence)的认识一样,都是直接的、明确的,但又是没有内容的、透明的。我对自身加以反思,努力找到那个与我相关或在我之内的、让我自由的东西,结果必然是一无所获;通过内省或"内"直观没办法揭示出任何能是我的自由的东西。

　　从"我们是自由的"这一认识当中可以得出我们的自由必须有
169 一个依据,但我们无法确定地构想这个依据。一个选项是:根据我们所拥有的一种特殊的理念来阐释关于自由的认识论,这个理念不带任何经验性的内容,而人的认识所必需满足的那些感知性条件绝不允许我们将它把握成一个已经得到实现的理念,但我们在理性上被要求根据它来设想我们自己。萨特没有采用康德的这一策略,而是把我们的自由等同于被他称为"虚无"的存在模式,由此将现象学的描述(自由是没有内容的、透明的)转化为形而上学的解释(自由以虚无为依据):当我试图把握我的自由取决于什么的时候,如果我找不到任何确定的东西——除了我的自身态的轮廓以及自为的其他结构之外,别的什么都没有——那么,我之自由的依据只能是我的存在(existence)和存在模式本身。

　　其次,关于"萨特对待自由的方式过于随便"这份指控,我们在第33节中已经看到,萨特并不想让他的本体论自由对应于我们通常谈到的自由:我们通常会谈到一个人的能力和力量划定了其自由的边界,会谈到一个人的自由可以增加和减少,更会谈到政治自由具有或大或小的范围。本体论自由(在目前这个探求阶段)与作为一种善的自由同样是无关的。因此,假如萨特声称奴隶已经拥有完整的自由所以不需要得到解放,这其中确有荒谬或"贬低",但本体论自由的遍在不蕴含这种荒谬或"贬低"。

由此可见,萨特的自由理论意在违反常识,对这个理论的接受则要求我们修正有关责任和罪责的判断,根据一个不同的模式去称赞或责备,在给出针对人类行为的心理学解释时也要区别于以往那些被认为是正确的解释。(在运用存在主义精神分析的过程中还会出现另外一批变化:见第41节和第42节。)

然而,去确定萨特的理论对常规思维的影响并不是一件十分容易的事情。弗洛伊德发现了性动力无处不在,马克思发现了经济动机对道德信仰体系和宗教信仰体系的决定作用,但对本体论自由的把握并不如同这类经验性的发现。它是一个哲学上的发现,在不同的层面上以不同的方式引起变化。首先,在先验的层面上,它改变了一切,同时又什么都没改变:人的实在一方面整个地保持不变,另一方面又以一种新的、非经验性的方式被阐明,我们就此承担起对世界的责任。其次,针对心理学中的和实践中的描述与评价,它导致了一种有区分、有选择的改变,从而消除了一些(带有决定论色彩的)构想与思维模式。常规心理学的一部分用语不得不得到修改,至少我们得承认:诸如"懒惰""同性恋"等谓词所具有的真正含义,以及有关心理能力和心理缺陷的判断所具有的真正含义,它们都是不明不白的,需要对它们进行更加细致的规定。《存在与虚无》并没有提出一套规则去指导我们修正常规的判断,而萨特的理论也解释了为什么不可能制订出这样一套规则:如果本体论自由是一个先验的、而非心理学中的概念,那么就没有任何算法可供我们从中提取出确定的经验内涵;虽说这给萨特的理论留下了一个空白,不过我们可以认为他的小说填补了这个空白。本体论自由所引发的第三个变化并不要我们去把握哲学理论,它表现在萨特的"纯反思"概念当中(参见第43节),这个概念指的是对一个人自己的本体论自由的一种非话语性的、直观的发现,这种具有特殊地位的反身认识会改变一个人的实践取向。

如果把萨特关于自由的讨论与当代关于这个主题的许多文献加以比较,我们就会惊讶地发现萨特对"合理性"这个主题没有任何明确的指涉。这并不是因为萨特认为自由与理性没有联系:我们已经看到,理性在萨特式自由的范围内得到了确切的领会,因为理据、动机和目的三者的统一体(它构成着行动)预设了理性;如果没有合理性,任何事情都不会具备谋划的特点。

萨特没有说合理性是自由的构成性条件,这有几个解释。萨 171　特不认为自由与行动理由一道填补了因果秩序中的空白,也不认为理由是心理序列中的要素。《存在与虚无》总体上更是很少论及理性或合理性,这一方面反映出萨特对认识论的态度(第8节),另一方面则是缘于下述事实:萨特的方法论和形而上学让他没必要利用我们所拥有的某种额外的"理性官能"来解释我们与动物和其他非自由存在之间的区别。最终,萨特没有把合理性当作一种独特的能力而进行专门的论述,因为他认为合理性必然伴随着自由而出现:自由是本身不受规定的对于规定活动的责任,因此构成了理由的空间——这就是为什么自在的存在不属于这个空间,亦即自在的存在既无法拥有、也不会欠缺理由。我们不久就会看到:萨特究竟是在何种意义上让自由优先于理性(第37-38节)。

因此,基于有利的估计,萨特的自由理论摆脱了"不可理解"和"荒谬"的罪名,而面对《存在与虚无》对于人之自由的有力辩护,如果有人还要否认自由是以萨特所断言的形态存在(exists),那么必须担起论证重任的人就是他了。在这种情况下,要想挑战萨特的论述,他要么以另一种方式论述责任的依据和人之存在明显独有的性质,要么证明这些观念都是错觉。

37. 自欺(第一卷,第 2 章,第 2-3 小节)

我们在本章第二部分中曾看到,萨特认为人的动力有着形而上的来源;这个论断确实可以回溯到他给出的公理:意识只能从自身获得动力(第 3 节)。《存在与虚无》分几个阶段详细论述了一个关于人的动力的理论,其中第一个阶段是关于自欺(mauvaise foi)的理论。

萨特用两个小节的篇幅讨论自欺,在前一小节(第 2 小节),萨特在一系列的描绘中概述了自欺的"各种渠道"(conduites)。最为人所熟知的是萨特描述的那个侍者,他努力让自己的存在成为"侍者性"(waiter-ness)这一本质的纯粹体现:"他的一切行为在我们看来都像是一场游戏(……)咖啡馆的侍者应付着他的生活环境,以便去实现它";他想要"像一个墨水瓶是墨水瓶那样是咖啡馆的侍者"(59/99)。一个更复杂的案例是:某个约会中的女人,她的同伴牵着她的手,但她还没有决定如何回应同伴的性邀约: ₁₇₂

> 这个年轻的女人把手放在那儿,但她没有注意到自己把手放了那儿(……)她的手呆呆地留在同伴温暖的双手之间,既没同意但也不抗拒——成了一个物件(……)她把同伴的行为缩减为仅仅是其所是,就是说,缩减为以自在的模式存在(existing),从而消除了其中的危险(……)她让她自身不是(comme n'étant pas)她自己的身体,她仿佛居高临下,把这具身体想成一个被动的对象,事件可以在它上面发生,但它却既不能引发这些事件也不能避开它们,因为它的一切可能性都在它之外。(55-56/95)[237]

---

237 此处对中译本略有改动。——译者注

进一步给出的例子则体现出一种复杂的辩证法(63-66/103-106),它处于"同性恋者"和"捍卫真诚之人"之间(63/104),前者因内疚和害怕公众谴责而拒绝从他的行为事实中得出"这些事实强加给他的结论"(63/104),后者鼓动他坦诚自己的同性恋倾向,因为这么做会使他实现自我超越;自由与性心理上的事物状态在他这里(不融贯地)混杂在一起(64-65/104-106)。

所有这些例子(以及关于精神分析中的被分析者的例子,见第25节)的共同之处并不是它们都包含着赤裸裸的自我欺骗(self-deception)——这种描述对于侍者或者捍卫真诚之人来说就太苛刻了——而是它们都包含着一种根据自在的存在而把人的主观性当作事物来看待的意识。这种意识是有意的,是自为的一项谋划:所有的自欺都表现为选择,它不是在反思的、意愿的层面上做出的,而是作为"对我们的存在的自发规定"前反思地做出的[238](68/109)。而且,由于对自身的诚实意识被保留在前反思的层面上,所以自欺理论维护了萨特的"自我认识是不可逃避的"这一说法,从而确保了个人责任仍然是完整的。(自欺是自由无法肯定自身的第一种形式,第二种形式则是伦理上的失败:在自欺的情形中,是自为自己的自由没有得到肯定;而就伦理上的失败而言,则是他者的自由没有得到肯定;参见第44节。)

因此,自欺和自我欺骗不表达相同的概念。自我欺骗把信念以及(有理由认为包括)意向成问题地安排在一起,是一种在某些例子中我们发现有必要采用的心理归因模式。虽然萨特也在一种较为肤浅的、描述性的意义上使用"自欺"一词,用它表示"一个人对自己不诚实",但就其完整的意义而言,它是萨特的一个完理论性的概念,是不能与他的人类主体形而上学相分离的。不过这两个概念是相互关联的——至少自欺的某些例子包含着明显的自我

238　中译本译为"存在的自发的决定"。——译者注

欺骗——它们引发的问题也是密切相关的。

　　萨特充分察觉到自我欺骗的悖论特征,他事实上以十分清晰的方式说明了这种特征,以至于其他的哲学家在寻求以非悖论性的方式去重新阐释自我欺骗所包含的命题态度时常常引用萨特的描述。不过,萨特并没有着手为自我欺骗提供一个形式的解决方案,可是我们发现关于自我欺骗的大量文献都探讨过这类方案。这是为何?

　　萨特想要论证的是:把握到这类态度何以可能的唯一方法,就是把人类主体把握为非自我同一的自为。如果自我欺骗的悖论正如萨特所认为的那样在形式上是不可解决的,那么这对萨特是有利的,因为这意味着自我欺骗的现实性对传统的人类主体形而上学构成了压力。具体地说,它之所以如此,是由于它表明了信念不能被理解成"心理事实",而要被理解成我们在第24节中曾见识到的那种成问题的结构。萨特在第3小节中论证道,关于信念的这种构想允许我们去把握自欺的"可能性条件"(68/109)。正如萨特所言,自欺中的"信任"(faith)[239]——它指的是:当我们在自欺中追求某个谋划时,我们对待信念本身的态度,我们理解"我们所相信的是什么"这一问题的方式——在于规定"不信服是一切坚定的信念所共有的结构"[240](68/109)。这只有根据信念本身所具有的那种"自我毁灭的"目的论才是可能的,"因此,自欺的原始谋划利用了意识事实对其自身的毁灭。"[241](69/110)自欺的这种微妙的自我虚无化——"我为了相信而不相信"和"我为了不相信而相信"——

239　无论是法文原文中的 mauvaise foi 还是英译本中的 bad faith,两者都包括表达"相信"之义的单词,但是中译本中的"自欺"则没有凸显出这层意思。由于"自欺"已成为约定俗成的翻译,我们将继续使用这个词,但提请读者注意其中的"相信"之义。——译者注

240　中译本译为"不信服是所有坚信的结构"。——译者注

241　中译本译为"因此,自欺的原始谋划只是由于意识而使用了这种自我解体"。——译者注

174　"存在(exists)于一切信任的基础之中"(69-70/110)。

　　因此,关于自为的形而上学从两个层面或两个方面来解释自欺:(1)它解释了自我欺骗在信念上(doxastic)是"如何"(how),即自欺中的"信任";(2)它确认了自欺是"为什么"(why)——其目的是成为自在。自欺的各种渠道可以通过不同的方式组合起来:(i)对于"成为自在"这一目的的追求可能只是出于这一目的本身,以信念的形式(同性恋者,捍卫真诚之人),或是以接近信念的形式,在意识的层面上而不是在信念的层面上(侍者)。(ii)某些动机具有常规的、非形而上的目的,如果这类动机为某项谋划提供了目的,"成为自在"在这项谋划中便有可能被用作工具(约会中的女人)。(iii)自欺可能仅仅在于"自欺中的信任",正如那种常规的、非萨特意义上的自我欺骗,在这种情形中,我在某个常规动机的要求下扭曲了自己的信念,并且不采用其他与信念无关的手段;例如,我知道自己不勇敢,却又相信自己是勇敢的。

　　因此,自欺之所以令人特别感兴趣,萨特之所以在《存在与虚无》中那么早就详细地论述了自欺,是因为它指出了常规心理学的局限:我们通常认为信念属于"心理事实",但它不是。这一点值得进一步阐发。

　　信念上的矛盾仅仅处于自欺的表层,而在一个更深的层面上,自欺包含着一种实践上的矛盾——自由寻求否定它自己,却在这种寻求中体现了它自己。我们将在第38节中见到萨特的一个更为深刻的论点,我们由此能够理解自由的自我否定,尽管这种否定是矛盾的。

　　最终的结果是:我们不得不认识到常规心理学并不像我们以为的那样具有基础性和独立性。按照常规的描述(在心灵哲学的许多观点中都得到过表达),心理学解释依赖于一种形式的理性结构,这种结构表现在实践三段论的执行过程中,其内容得自能动者所形成的特定信念和欲望,但它本身是无条件的;基于这种相关性与非偶然性,没有任何东西优先于它。

　　自我欺骗和其他形式的非理性为这种构想提出了一个解释上的难题,萨特的策略正是利用这一难题给上述构想提出哲学上的挑战。萨特并不否认心理学解释依赖于合理性:他承认,是理性(而不是涌动的激情或其他什么东西)必然推动着我们去行动并解释着我们的行动。萨特否认的是那种把能动者视为实践推理者的常规构想具有自足的解释效力。根据萨特的论证,自欺表明了人的行动本身的合理性并无依据可言:自我欺骗的"悖论性"其实是一个支撑着人的一切行动的特性;在常规心理学之外,我们在体现为基本谋划的自由中、在否定自身的自由中发现了一种"悖论性",而常规心理学无法阐明这种特征。

175

　　从这个意义上说,自由超出了理性,并为常规心理学的任何应用提供了条件。我们的合理性立足于一种超越理性的自由,而不是独立的。(在第 570/657-658 页的描述中,萨特认为对我自身的源初选择是"先于所有逻辑"的,是一种"前逻辑的综合";"一切基础和一切理由都借由选择而诞生",479/559。)因此,既然自由有它自己的结构,其独立于理性的结构并比理性的结构更加宽泛,所以难怪我们心理上的各种存在(existences)涵盖了自欺;是"理性具有自足的解释效力"这一幻觉让自我欺骗似乎"无从理解"。

　　值得注意的是,这个策略也让萨特比弗洛伊德更胜一筹,后者同样热衷于使用那些不受常规心理学重视的、很难被实践推理容纳的现象,以便深入到位于常规的理性解释之下的领域。针对人之非理性的精神分析解释返回到各种无意识过程,这些过程受到某些非理性法则(快乐原则、原初过程、幻象的法则等)的支配。它没有在概念上阐明的是这些过程与具有意识功能的自我(ego)两者之间的接口,而后者听命于合理性的各种规范。相比之下,萨特的形而上学则允许我们把非理性把握成自我意识的存在所固有的;这就解决了一个难题:作为一个拥有自我意识的理性存在,我如何能够(心甘情愿地)让我自身"屈服"于非理性的动力。

最后在这个语境中提一下"性格"(character)的概念,萨特认为它非常重要。萨特在形而上学的层面上拒绝假定基础性的精神倾向与持久的人格,由此可见:他拒绝赋予"性格"或"人格特质"这176些概念以解释上的实在性,拒绝基于个体性格的归因方式。如果性格特质可以用作解释,那么在萨特看来,用它们来解释行为就像用玻璃的易碎性来解释玻璃的碎裂一样。但是,"同性恋者"和"捍卫真诚之人"之间的冲突性辩证法已经表明,萨特不认为性格是一种我们可以抛弃的虚构——我们不能只是避而不谈"同性恋者"和"捍卫真诚之人"之间的竞争。萨特也不认为性格归因缺乏客观性:至少在一定范围内,事实确实决定着什么样的性格刻画对我是成立的;对人的性格刻画并不是武断的,我不能随心所欲地去决定关于我行为的事实具有什么样的意义(第33节)。根据萨特的说法,我们把自己当作懦夫、英雄、同性恋者、异性恋者、成功者、失败者等,这件事不只具有心理学上的、还具有形而上学上的必然性。因此,我们就像小说中的一些人物,他们知道自己是虚构的,并发现自己一面沉浸于、一面又寻求离开自己所承担的这种虚构性存在(existences),总是在这两者之间左右为难。(性格的必然性当然预设了我们的为他之存在:见第 349-351/416-418 页和第 552/637 页。)

由此可见,萨特虽然否决了"性格",但他不否认有人真的勇敢过或真诚过。[242] 萨特不像法国的道德家那样在常规心理学的范围内思考,而是超越了它。他旨在表明:某种张力如何内在于并困扰着关于性格的常规看法,前者可以在反思性省察的层面上得到揭示,而后者对人类生活的推动作用以及在我们身上唤起的兴趣则离不开前者。萨特关于性格的理论的重要性在于:(1)它解释了我

242　马塞尔似乎就以这种方式误解了萨特,参见 'Existence and human freedom', pp. 46-49。

们为什么要玩"刻画人的性格"这类语言游戏,还如此乐此不疲;
(2)它确认了这种游戏所包含的内在可能性,确认了我们会经验到
这种游戏令人困惑、令人沮丧、背离目的之处,甚至会经验到它的
全盘崩溃。

38.自为的基本谋划(第四卷,第2章,第1小节,564-568/651-655)

自欺理论表明了人的某些行为在形而上学层面上的动力,但
并未表明人的动力本身最终是形而上的。然而,萨特断言"不可能
赋予意识异于它本身的动力"(xxxi/22),这直接意味着人的一切动
机最终都有形而上的来源:萨特指出,每个个体自为的源初谋划就
是"对存在的源初谋划"(un projet originel d'être),它"只能针对它
的存在"(qui ne peut viser que son être)(564-565/651-652)。

现在,萨特进一步断言——这是从他的价值形而上学(第17
节)中演绎出来的——自为的动力在根本上只有一类:

> 正是作为意识,它才希冀拥有自在的不可渗透性和无限
> 密度;正是作为对自在的虚无化、作为对偶然性和人为性的永
> 恒逃避,它才希冀成为它自己的基础。这就是为什么对可能
> 态的谋划一般把可能态当作自为为了成为"自在自为"(en-
> soi-pour-soi)而欠缺的东西;并且掌控这种谋划的基本价值恰
> 恰就是自在自为,当一个意识想要凭着对于自身的纯粹意识
> 而成为它自己的自在存在的基础时,自在自为就是它的理想。
> 正是这个理想可以被称为上帝。因此,设想关于人之实在的
> 基本谋划的最佳方式就是宣称人是谋划着成为上帝的存在
> (……)从根本上来说,人就是"成为上帝"这一欲望。[243](566/
> 653-654)

177

243　此处对中译本略有改动。——译者注

"成为上帝"这一基本谋划是普遍的——自为存在本身的谋划或"关于人之实在"的谋划——从而与定义了每个自为的个体源初谋划相对照。后者之与前者,犹如变奏之于主题。

"从单一的动机中衍生出我们所拥有的每一个动机"这一观点看似站不住脚,但在进一步讨论这一点之前,有一个潜在的混乱需要澄清。萨特并不打算否认我们因为口渴而想要喝水,或是因为疲劳而停止徒步。然而我们已经看到,萨特承认口渴和疲劳是我们人为性的一部分,它们自身起不了推动作用:动力仅仅始于我们又把它们构成为动机时,而萨特关于形而上动力的论点也只有从那时起才具备效力。换言之,下述想法是错误的:萨特的动力一元论保证让他宣称人类主体的形而上结构直接提供了一切行动理由的全部内容。毋宁说,萨特的论点是关于:(1)人的全部动力的形式,也就是说,具有推动作用的一切内容必须接受的限定方式;(2)人的动力的某些直接的内容以及我们最重要的动力的所有根本的内容。萨特解释说(567/654),具体的经验欲望与"成为上帝"这一根本欲望之间的关系牵涉到我们的处境所起到的中介作用以及每个个体自为对自身的源初选择所受到的"象征化",个中方式则需要存在主义精神分析去处理(第40-41节)。

那在对人进行阐释的时候,上述内容具体意味着什么?为了认清这一点,我们应该去读一读萨特的小说和传记研究。不过,关于这个话题,我们在《存在与虚无》中还会有更多的发现:为了表明我们为什么应当认为我们的动力确实具有他所断言的形而上特征,萨特还详细论述了人际的动力(第39节),并系统分析了欲望的基本范畴(第41节)。

39.人际关系(第三卷,第3章)

萨特有关人际关系的论述可见第三卷第3章"与他者的具体关系"[244]。究其本质,萨特在此试图在形而上学的层面上对人的关系展开分析,从而对立于单纯的心理学或人类学。同性恋/真诚之间的辩证法(第37节)已经预示了第3章中的内容,萨特将这种辩证法与黑格尔的主/奴辩证法进行比较(65/105),它深层的论点随着萨特批判黑格尔关于他者的论述而浮现出来(242-243/299)。黑格尔对自我与他者的关系抱着乐观的态度,萨特在此与他有着深刻的分歧:互相承认真的可能吗? 我承认他者是一个承认我为主体的主体(subject-recognizing-me-as-a-subject),这真的可能吗?在萨特看来,主体间性的困境就是"或超越别人或被别人所超越。意识间关系的本质不是'共在',而是冲突"(429/502)。

179

萨特的论点是:就其本性而言,与他者的关系在存在上(existentially)是成问题的。这个论点汇集了两种原先截然不同的、但又能够复杂地结合在一起的因素。

第一重要的是萨特在第 283-285/343-346 页中详细阐发了一种随着他论述关于他者的认识论而浮现出来的基本区分:在意识中将他者作为对象抑或作为主体。

我们在第14节中看到,萨特认为存在着一种先于主体间性的"自身性的环路"。这里他者则在"加强"(用萨特的话来说)这种自身性。这种加强之所以会发生,是因为当我遇到他者时,我遇到了他者的自身性,这允许我将我的自身性区别于他者的自身性:我辨识出那个自我不是我的自我。用萨特的话来说,我"拒绝"他者的自身性。通过这种方式,主体间的关系便与自我意识的目的论

244　中译本译为"与他人的具体关系"。——译者注

密切相关,而他者使我能够更完整地成为我自身——由于我不仅能说"我是我",还能说"我是这个我"以及"我是我,不是你",我就有了更加深刻的关于自身态的经验。

仅当他者也是一个反过来拒绝我的自我,上述经由他者的中介而实现的自我肯定才是可能的,因此出现了问题。他者必须这样做,否则他就不会是一个自我,也就不会为我提供自我肯定的机会。正如萨特所言:"我使自己不是一个使他自己不是我的存在"(285/345)。

但这就使得自我与他者的"双重否定"(我对他者的否定,他者对我的否定)在"毁灭自身"(285/345):他者让我可以加强我的自身性,但当我拒绝他者时,我就把他者缩减为一个对象,结果破坏了我的自我肯定,因为他者不再是一个为我提供了某个等着我去拒绝的自我的主体。因此,自为为了重复实现源初的自我肯定,就不得不把他者频频复活为一个主体,这就需要——既然我肯定了他者的自我——对我自己的自我加以否定,接着又要重新加以肯定:整个过程会无限地重复下去。

因此,我在两极之间来回摇摆——要么把他者缩减为对象并肯定我的自由,要么被他者缩减而失去我的自由;要么加强我的自我,要么被他者否定掉自我。这不是黑格尔意义上的辩证法,因为它从未得到过调和——没有取得过进步——相反,在萨特的描绘中,它是一个一直盘绕下去的"圈环"(363/430)。(可参见第363/430页和第408/478-479页,萨特在此扼要陈述了这个矛盾的过程以及我对他者可能采取的"两种原始态度"。)

这就确定了自为在动力上根本不可能对他者无动于衷:我不能只是把目光从他者那里移开。他者拥有某种我需要的、属于我的东西,此即我的更为完整的、得到加强的自身性。

我的自由和他者的自由之间的矛盾足以生成第三章所描述的主体间的相互作用,但它还包含第二个因素,这个因素源自第38

节所描述的自为存在的基本谋划。萨特表明，这种谋划在人际关系的语境内呈现出繁复的形式：既然主体间性必定既包括我的自为存在又包括他者施加于我的自在方面，它就提供了一条承载基本谋划的渠道，我们可以在这个范围内寻求实现"成为自在自为"这一目标。例如，既然在他者的注视中我是自在而他者是自为，并且我与他者的关系是一种内在的本体论关系，那么"我与他者"的总体（如果我能以某种方式把我自身等同于它）就会把我确立为自在自为。

第1小节和第2小节（在此无法过多涉及其中的细节）表明了自我与他者之间的辩证法如何吸收了"寻求被加强的自身性"和"自为存在的基本谋划"这一对动机并将之融为一体，它具体表现在爱意与憎恨、受虐与施虐、冷漠与欲望这些谋划当中。简单地说，在发现我自身被他者占有之后，我一开始试图通过吸收或同化他者的自由——即"正在注视着我的他者"（364-366/431-433）——来恢复我的自由，首先是在爱的谋划中（366-377/433-445），接着是在受虐的谋划中（377-379/445-447）；由于这些努力必然失败，我又试图通过把他者变成对象来重获自由，这导致我对本身作为自由的他者"视若无睹"，又把我带向性欲（382-389/451-468），带向施虐（399-406/469-477），最终带向恨（410-412/481-484）。尽管萨特采用了叙事的形式按部就班地进行解释，但他明确指出这里不存在真正的时间先后问题（379/448）：爱、恨等形成的"关系圈环"在一定程度上"融入对他者的所有态度之中"（408/478）。

在第三章第3小节中，萨特分析了集体的、第一人称复数的意识；他承认，人们或许会认为这份分析不仅表明他的他者理论到目前为止是不完整的，而且表明萨特错误地把主体间关系封闭在关于注视的辩证法之内，因为一想到"我们"在共同地行动或在共同地经历，就"没有人是对象"：在这些情形中，我的为他之存在体现为与他人共在（être-avec-l'autre or Mitsein），因此我似乎"不是在与

他者的冲突中,而是在与他者的联合中",并且按照黑格尔的"精神"概念,所有人都"承认彼此都是主观性"(413/484)

因此萨特在第3小节的目标是:给出针对集体的分析,但这份分析既要承认集体是一种本真的现象,又要缓和上述反对意见。

萨特的论点是:集体反而确认了超越/被超越的辩证法。对萨特的目的来说,关键要区分两种截然不同的经验形式:一种是作为对象的"我们"(le nous-objet),或者说宾格的"我们"(us),比如当我们把自己理解成被压迫阶级的成员时;另一种是作为主体的"我们"(le nous-sujet),比如当我在公共场所经验到各种标语时。

萨特指出(415-423/486-425),当我独自面对他者时,只要在这个简单的情境中添加一个正在目击的第三者,就可以实现前一种经验形式。根据这个"第三者"(le Tiers)是注视我还是注视他者,它的实现途径又有所不同;但不管怎样,最终的结果都是我转而从外部对我自身和他者一起加以平等的把握:我们构成了"位于第三者的世界当中的客观处境-形式"——"我存在(exist)于一个我跟他者一致构建的形式之中"[245],比如"我们在打架"(418/489)。

根据萨特的说法(423-429/495-501),当我与被制作出来的对象打交道时,作为主体的我们(nous-sujet)就会在这类处境中得到显露:例如,地铁中的一处标志告诉我(我们)想去塞夫勒斯—巴比伦站的人必须在莫特—皮奎特站换乘,或是告诉我(我们)出口在左边。这类经历中的标记与限制意味着:我发现我自身"被针对"了,但不是在我个人谋划的自由状态中,而只是因为我是一个"没有区别的""某个人",是"人这个物种"的一个例子,或是汇入人潮的"随便什么人"(quelconque)(427/499-500)。这种匿名化的自身体验在海德格尔的理论中被称为"常人"(They),即德文中加了冠词的"人"(das Man)或法文中的泛指代词"有人"(on),但与海德

245　中译本译为"我借以介入一个我像别人一样促进它构成的形式而存在的对等团体"。——译者注

格尔截然相反,萨特声称,这种体验转瞬即逝、动荡不定,自然不会为对他者的意识提供基础。

既然关于"我们"的经历确实存在,"我们"—意识就是实在的;但对这些经历的分析并没有揭示出任何与萨特的论述不一致的地方:作为对象的我们"仅仅充实了"由萨特的他者理论所说明的为他的存在,作为主体的我们(nous-objet)则是没有任何形而上学意义的"纯主观"经验(429/502)。

因此,这一章的结果是个体自为原初地依赖着的运动(即逃离自在的虚无化运动)同时伴随着一种逆转上述运动的反向运动:只要他者显现,自为就"又被自在完全攫住且被固定于自在当中",并"作为诸事物中的一个事物"而接受"某种没有世界的自在存在"——"这种由他者的注视所造成的在自在中的僵化就是美杜莎(Medusa)神话的深层意义"[246](429-430/502)。

如果萨特确实在理论上正确地说明了对他者的意识,那么困难也就很清楚了。虽然个体可以在某些工具性的方面成功地联合在一起(你可以帮我搬动这个衣柜),但人的关系本身似乎没办法得到圆满,这有两个方面:(1)在形而上学的的层面上,在主体间确立的目的(例如,基于爱和互相尊重而实现和谐的伙伴关系)是不可能实现;(2)他者的源初涌现导致了我相对于我自身的异化,而人际关系是不能消除这种异化的,更谈不上通过完成我的自身性的环路来实现自为的目的论。

183

从萨特的角度来看,这个沉重的结论究竟在多大程度上是确实无法避免的? 诚然,抽象地说,对作为对象之他者的察觉和对作为主体之他者的察觉完全是互斥的,正如一盏灯必定是要么开要么关。但萨特强调(408/479),自为不能把自身固定于这两种情形中的其中一种而把另外一种排除在外:相反,它们代表着主体间经

---

246 中译本译为"这种在别人的注视之下的自在的僵化就是'美杜莎'神话的深刻含义"。——译者注

验的两极,这两极彼此对立但又互为前提;主体间的生活就取决于一种在两极间不断来回的运动,意识在一种或另一种模式下的重构一般不是瞬间性的,而是一个在时间中延展的过程。

就此而言,我们或许可以合理地认为对他者实施的对象化和由他者实施的对象化两者之间的拉锯战并不是唯一的可能性,还可以想象主体间意识的一种模式,在这种模式当中,对对象之主体存在与客体存在的察觉便处于某种均衡(就像萨特说过:人为性和超越性作为人之实在的两个方面,"是且应该是能够有效地协调的",56/95)。

从萨特的形而上学中得出的结论是:首先,这种均衡即便能够得到实现,它也永远不会成为一种综合(302/364)——与黑格尔的看法相反,源初的张力永远不会得到克服;其次必须要承认,只要自为与他者的纠葛是依照第 38 节所描述的基本谋划而得到规定的,那么拉锯战就不可避免。因此,如果均衡能够得到实现,这也并非由于它是自为的"自然状态":要让主体间关系的目的论通往新的方向,就需要从动力上对基本谋划施加一种反作用力,而按照萨特的论述,只有对自由的肯定才能提供这种反作用力(见第 44 节)。

如果这是正确的,那么"与他者的具体关系"这一章就向我们表明了所谓主体间性的"初始设定"或"天然要素",对它们的克服将让我们获得在伦理上臻于成熟的社会性,这在《存在与虚无》中并未得到描述,而是属于后续的伦理学著作(见第 44 节)。《存在与虚无》向我们展示的是:合乎伦理的社会性不能基于"同情"或"对人类的爱",只能通过否定萨特所描述的冲突圈环来实现。同时,萨特的论述让我们明白了主体间经验中的某些重要飞地——包括性关系(至少是某些性关系),以及人际关系中的那些引发混乱又充满激情的病态——其实是一种退化,它们退回到了主体间性的冲突性基础上面。萨特在此采用的是《存在与虚无》中的典型解释策略:先是分析常识中所认为的异常状态,继而通过这种分析推翻常识。

40.存在主义精神分析(第四卷,第 2 章,第 1 小节,568-75/655-63)

关于个体对自身的源初选择,萨特告诉我们的一切都与它的不可认识性完全相容:可能,我们至多只能偏狭且模糊地做出我们的源初选择。不过即便真的如此,萨特的自由理论也没有陷入困顿,我们也不必把它仅仅当作范导性的概念:我对我自身的源初选择完全可以是实在的,即便我去把握它的种种努力(去讲述我的生活有什么意义或等同于什么)总会余留一团迷雾。

尽管萨特强调"对一个人的源初选择加以规定"是一件相当棘手的任务,但他确实认为我们可以在一定程度上完成这个任务,而存在主义精神分析(对立于弗洛伊德式的或"经验性的"精神分析)提供了必要的手段。

之前在第 458-460/535-537 页有一个重要的段落涉及存在主义精神分析与经验性的精神分析之间的差别,萨特在此宣称,他只把"精神分析方法"当作自己的灵感来源,对它的应用则"在相反的意义上"(458-459/536)。在第四卷第 2 章第 1 小节中,萨特阐述了存在主义精神分析的方法论原则(568-569/656),并描述了它与经验性的精神分析之间的相似(569-571/657-679)与差别(571-575/659-663)。

可以看出两者在方法论上有相当大的重叠:存在主义精神分析着力对心内生活的"象征"(symbols)进行诠释性的"破译"(deciphering),从概念上确定由此得出的意义,将人类主体理解为一个带有历史的结构,认为幼年期的事件对心结的成形"十分关键"(569/657),并把"梦、错误的行为、强迫症和神经症"连同清醒生活中的想法与成功行动一道视为重要的材料(575/663)。不同之处在于,存在主义精神分析旨在最终揭示"一种选择而不是一种状态"(573/661),认为象征化的过程属于一个人的源初谋划,并在

185

一切层面上都拒斥机械因果性（572-573/660-661）——根据萨特的观点，如果要把主体视为"一个总体而不是一个集合体"[247]（562/656），就必须如此。

萨特多年以后说，在他关于福楼拜的传记研究中（我们在《存在与虚无》中可以发现这份研究的萌芽），他原本想要"呈现出一个整体，这个整体的表层完全属于意识，而其余的部分对这个意识则是晦暗的，但又不属于无意识，它对你是隐藏起来的"[248]。萨特在这里使用的语言——晦暗，居于表面的意识，隐藏起来的内容——很容易让人联想到弗洛伊德，所以有人可能会问：萨特在《存在与虚无》中把他的思考方式与弗洛伊德的元心理学如此尖锐地对立起来（如同我们在第 25 节中所见），这种做法是否正确？[249] 通过存在主义精神分析揭示出来的主体之深层构造，到头来真的与弗洛伊德的无意识有那么大的差别吗？这两种构想之间的差别会不会只是语词之争？

答案是，从常识的角度来看，萨特和弗洛伊德自然看上去非常接近，因为他们都背离了常规的心理学，某些修正的方式也很类似。但他们在哲学上的差别则是无法缩减的。萨特对精神分析理论的最大不满是它没有考虑到它所谓的"无意识"如何在意识的视角中得到呈现。认为精神分析理论应当把无意识呈现为意识，这个要求是不融贯的；合理的要求则是它应当向我们解释我们应当如何看待自己与我们的无意识之间的关联——需要回答的问题是：对我来说，无意识是什么？就弗洛伊德对于这个问题的回答来说，我应该透过自然主义的眼光去看待我的无意识，正如他者去看待我的"精神状态"一样。萨特对这个问题有不同的回答。他对

247　中译本译为"一个整体而不是一个集合"。——译者注

248　参见 1971 年的访谈'On The Idiot of the Family'，p.127。

249　萨特后来对弗洛伊德的许多评论，语气趋于和缓、态度更为复杂；例如，可参见'The itinerary of a thought'（1969），pp.36-42。

"被呈现给意识的晦暗整体"的看法与他在《自我的超越性》中的
看法是一样的,他曾用这种看法去说明有关超越性自我的理论,[250]
该理论已经发展成《存在与虚无》中有关内心的理论。因此,萨特 186
提供了一种思考"我无意识中的内容"的方式,我们由此能够明白
那些"内容"是我的。

这番论述把我的"无意识"与我的状态和性质放在相同的地位
上,从而解决了弗洛伊德的难题——无意识的精神状态何以可能?
它更为深远的伦理意义当然是:既然萨特从存在主义的角度对精
神分析进行了概念重构,我就不能再把我的"无意识"看成我背后的
某个东西(经由意识的中介,它像物理中的力一样表现出来),相反,
它声称我的"无意识"只有在我自由地接受它时才是属于我的。

41. "做""有""是"[251](第四卷,第 2 章,第 2 小节)

我们发现欲望的质料对象与形式对象是不同的:我可以欲望
这个苹果或那个人,去写小说或去散步,去获取知识或发现某个解
释,去成为世界领袖或侍者,等等。然而,从萨特的形而上学可以
得出:人类主体的至高欲望是去成为"自在自为"(第 38 节)。因此
需要表明(这仍然是为了让萨特的形而上学免于承受后天的反
驳):萨特的动力一元论可以与常识心理学中欲望种类的多样性相
一致。因此,在"'做'与'有':占有"一节中,萨特提出如下论证:

(1)575-576/663-664。一切欲望都可以归为三种基本的类型,
即去做[252](faire)的欲望、去有(avoir)的欲望、去是(être)的欲望。

250　见《自我的超越性》第 36-37 页。

251　中译本译为"作为,拥有和存在"(doing, having and being),这里译为"做,有,
　　　是",主要是为了规避"作为"一词可能导致的歧义;在用作名词时,三者均用引
　　　号标出。——译者注

252　这里的原文是 to do or to make,由于中文中的"做"已经包含了这两层意思,所以
　　　这里只用"做"来翻译。——译者注

（2）576-585/664-675。萨特论证到，只有当主体与被做出之物的关系被计入为欲望对象时，去做的欲望才可为人所理解（576-577/665-666）。萨特断言，这里正在讨论的关系总是"有"的一个例子——我想要把我做出的产品与结果、或是"做"本身当作属于我的东西而有（have-as-mine）。这个图式也适用于认识上的欲望——认识挪用它的对象（577-580/666-669）。萨特表示（他心里想的是席勒）：我们必须认为游戏（纯粹形态的游戏无论如何都不涉及"有"）指向着"是"，即指向着作为绝对自由的我之存在（580-581/669-670）。因此，去做的欲望完全可以直接被还原成去有的欲望或去是的欲望。

（3）586-597/675-688。"占有"指的是我与我有的或属于我的对象之间的关系，萨特认为"占有"指的是一种实现了（尽管只是以一种象征性的方式，在"通过象征表达的意义"这个理想的层面上）"自在自为的存在"（being-in-itself-for-it-self）这一价值的"内在的本体论联系"：欲望去有对象 O 就是欲望我与 O 相统一，而这种"占有者-被占有物"的统一体叠加了自在的特性与自为的特性，而这种叠加恰好对应着"作为大写自我的自为"——O，一方面是某种"流溢"，另一方面又全然独立于我（590-592/680-682）。换言之，如果人类主体要符合某种主谓形而上学，那它就会在概念上体现为"占有者-占有-被占有物"的结构：我对对象的"有"或拥有（ownership）反映出对于因意识退化为内心而导致的心理状态的"有"或拥有；通过占有事物，我象征性地成为了一个实体性地存在着（exist）的存在，作为其自身的基础，亦即作为上帝。因此，去有的欲望可以被还原为去是的欲望，因为前者是特定形态的后者，在这种形态中，自身性的环路借道于世界而被建立起来（598-599/689）。萨特补充道——既然自为在世界中并经过世界而存在（exist）——去是

187

的欲望必然伴随着去有的欲望（599/689），也就是说，"是"工具性地牵连着"有"。

因此，"是"是人类欲望最根本的形式对象。萨特的分析最终提供了可供阐释具体个体的规则，因此提供了"存在主义精神分析的第一原则"（575/664）。

要想正确地理解萨特的分析，就一定要从萨特的角度、而非常识心理学的角度去理解"是"这一范畴，因为从常规的角度来看，"一切欲望都以'是'为目标"的观点显然要么错误的、要么是不可理解的。我们通常倾向于认为：基本的情形是那个指向着对象且由需求推动的根本欲望、对象以及心理状态三者互为因果，而各种各样的欲望一般只是阐发了或在概念上修饰着这种基本情形——苹果激发了我身上的某种倾向，导致我去吃它。对于把欲望主体囊括在欲望内容或欲望对象之中的那些欲望、亦即那些反身性的欲望，人们则认为它们在概念上是次要的，是特殊的情形。然而，由于萨特考虑到我们在经验中发现的欲望没办法得到完整的理解（第34节），所以他颠倒了上述顺序，把反身性摆在第一位并让它成为欲望的必然特征，而实现这一点的方式就是把反身性当作针对"为什么存在欲望这种东西？"的先验解释的一部分（第24节）。因此，萨特在第2小节中的讨论有力地表明了：对于"我们为什么会欲望？"以及"欲望是什么？"这两个问题，我们的常规理解是不完备的。

42. 事物的存在主义象征主义（existential symbolism）：性质（第四卷，第2章，第3小节）

萨特有关"存在主义精神分析如何阐明了个体形态的自为存在之基本谋划"的论述，特别是他的关于占有的理论，两者都把象征主义当作人之实在的一个结构而引入。萨特认为，如果不求助于存在主义精神分析,这里正在讨论的象征就"不能被主体自己破译"[253](595/685)。这意味着主体在自我认识的问题上会遭遇虚假的失败(我并不明白自己的具体谋划所承载的本体论意义),而在说明这种虚假的失败时,萨特当然不是根据无意识,而是根据认识与意识之间的区分以及反思意识与前反思意识之间的区分。

第四卷最后一小节为萨特的象征主义理论又增加了一个层次:事物也承载着"本体论意义"(599/690),并构成了一种形式的且先天的(606/697)"存在主义象征主义"(603/694)。

萨特仿效加什东·巴什拉(Gaston Bachelard),也给出了一组特定的分析(针对雪、水、黏质或黏性(le visqueux)还有洞),这些分析解释了为什么会把第3小节的主题放在"性质"(qualité)这个标题下面。萨特所关注的现象并不是由物质对象的第一性的质或第二性的质构成的,而是由某一类的现象性方面(phenomenal aspect)构成的,这一类的现象性方面怀有直接的、非话语性的、感动性的意蕴——洞因为张着大口、有待被填满等而具有存在上的(existentially)象征性。

与带有象征性的欲望对象不同,性质既不是选择的对象也不是某个谋划的目的,所以不一定是自在自为的存在的象征性实现,也不一定是经过乔装打扮的愿望满足。毋宁说,它们以直观的、感知的形式代表着自为与自在之间关系的多种可能性——例如,黏质是对"自为的存在被吸收进自在"的一份具体体现,这是一种以反价值(Antivalue)为意义的存在模式(611/703)。萨特承认性质与儿童的意识(612/703-704)、性欲(613-614/705-706)以及人的身体(见400-402/470-472,关于优雅和淫秽)密切相关。这里的性质与超越性的情绪性质和电车的"需要被赶上"(我们之前在第12节

189

253　中译本译为"无法被主体解读"。——译者注

中讨论过）大体占据相同的本体论地位（见 606-607/698）——它们的存在（existence）缘于主体的超越性，但绝不是主观性的内容或来自主观性的"投射"（604-605/695-677）——不过，它们的特别之处在于它们是"普遍的"（605/697），亦即独立于任何个体自为的特定谋划。

对于全部本体论的这最后一点补充具有重要的意义：它论述了世界的审美维度——萨特明确提到了个体的鉴赏力，也就是个体与事物性质之间特定的感动关系，正如我们现在所讨论的（614/706）——而且它所采用的论述方法表明了审美维度在形而上学的层面上根植于世界的本性与人的主观性。

43.纯反思与彻底的转化

萨特所构想的存在主义精神分析在原则上可以让人类主体最终得到理解，但它本身并不是一种治疗方式——它为传记研究提供了基础，但没有为治疗实践提供基础。这一点的理由是：在存在主义精神分析中，甚至当主体把它运用于自身时，主体也是"从他者的视角被领会"，[254]所以是作为拥有"客观的存在"（existence）的、而非拥有自为的存在（existence）的"对象"（571/659），因此它并不处于自由模式，而这种模式对主体谋划的修正来说则是必需的。弗洛伊德式精神分析学所起到的转变主体的功能，在萨特的体系中则由"纯反思"和"彻底的转化"这两部分内容承担。

我们在第 24 节中看到，反思的默认类型是萨特所谓的"不纯的"或"串谋的"反思（155/201）。与此相对，纯反思则依赖于"反思的自为面对被反思的自为而单纯在场"[255]：它拒绝对意识进行任

190

254　中译本译为"按他者的观点被领会"。——译者注
255　中译本译为"反思的自为面对被反思的自为的单纯在场"。——译者注

何实体化,也拒绝构成内心(155/201)。虽然纯反思是不纯的反思的"基础",也就是说,它是不纯的反思所预设的反思的"源初形式"(155/201),但纯反思绝不会"在日常生活中首先被给予"[256],"只有当它对自身实施一种表现为宣泄的修正时,它才能作为这种修正的结果而为我们所获得"(159-160/206-207)[257]。纯反思会将自为的存在直接领会成欠缺,领会成"为⋯⋯的存在"(être-pour),领会成处于源初的、"非实体性的"(non-substantial)时间性当中,而非处于心内的时间性当中(158/204)[258]。

　　萨特把有关纯反思的"动力和结构"[259]的内容放到了后面(160/207),尽管他在第150-158/197-205页中描述了源初的、形而上的反思形态(参看第15节),但《存在与虚无》几乎没有讨论何谓"在反思使得自身变得不纯之后去恢复它的纯粹性"。不过萨特确实谈到了一个被他称为"彻底的转化"(conversion radicale)的事件(464/542,475-476/554-555),它似乎对应于当纯反思得到维持和实现时所出现的结果,此时便摆脱了自欺的影响:彻底的转化需要我在焦虑中做出"对自己和我的目标的另一种选择"(464/542),需要我的源初谋划在一个"非凡而不可思议"的瞬间发生坍塌和变形(476/555)。在第70/111页的注释,萨特谈到了"对存在的复原"(reprise de l'être)以及消除对意识的败坏,它们彻底脱离了自欺。萨特在此将这种情况称为"本真性"(authenticité)(他在其他地方批评了海德格尔对本真性的理解,531/614,564/651),而在第412/

256　中译本译为"在日常生活中最先表现出来的东西"。——译者注
257　中译本译为"只有通过它在自身上进行的一系列变革并且是在涤清形式下的变革才能达到"。——译者注
258　也可参见《自我的超越性》第41-42页和第48-49页对纯反思的描述。
259　中译本译为"动机和结构"。——译者注

484 页的注释,萨特又将彻底的转化与伦理学明确地联系起来。[260]

因此,萨特对"被纯化的自我关系"的构想在整个体系中非常重要,尽管可以说萨特对这部分内容着墨过少。按照萨特的想法,自为的基本谋划指向自为的存在与自在的存在之间的不可能的融合,这让人联想到休谟和叔本华。如果这种谋划为全部动力提供了外部边界和根本条件,那么理性就是奴隶——即便不是屈服于多种多样的经验性激情,至少也是屈服于单一的、至高的、先天的形而上激情。并且萨特与叔本华都认为理性是"盲目"意志的工具,原因在于:既然自为的激情所指向的目的在形而上学的层面上是不融贯的,那么自为就无从追寻它。但是萨特肯定了纯反思的可能性,这表明他同时认为(与休谟相对,但与叔本华相同)上述情况是可改变的,人类主体在原则上可以克服其"无用的激情"(615/708),而当它这么做时,它将会获得伦理上的定向。

44.伦理学[261](结论,第 2 小节)

萨特声称,对纯反思(或"进行纯化的反思")的完整描述属于"伦理学"(Ethics)的范围(581/670)。虽然萨特已经参照斯宾诺莎的著作去安排《存在与虚无》的结构,但他无疑想要走得更远,把伦理学体系也纳入其中。然而,在《存在与虚无》中,萨特关于伦理

---

260 在萨特的《伦理学笔记》中,纯反思居于核心地位;特别地,可参见第 5 页和第 471-482 页;"自为旨在去存在的每一次尝试都会失败,而转化可以从这种持续的失败中产生。"(第 472 页) *Saint Genet* 似乎为我们描述了此事的实现,参见 "我的胜利是口头上的……"一章(特别是第 577 页之后)。也可参见萨特在 1971 年的访谈中所做的评论(*On The Idiot of The Family*, pp.122),其中把"非串谋的"反思称为"一个人终其一生可以通过实践(praxis)而对自身进行的批判工作",而不是《存在与虚无》所表明的那种突如其来的动荡。波伏娃在《模糊性的伦理学》中强调了彻底转化的重要性,见第 1 章。

261 中译本译为"伦理"。——译者注

学的陈述在数量和细节上都相当有限——除了组成结论部分第 2
小节的那两页左右的篇幅之外,我们只发现了有一个段落论述了
"日常"道德对"伦理性焦虑"的排除(38/75-76),另一处简短地探
讨了善是属于"是"的范畴还是属于"做"的范畴(431/507),以及
零零散散的一些评论(见 80/122, 92/136, 94/138, 409-410/480,
441/517,444/520,553/638, 564/651)。《存在与虚无》的结尾则
说,关于伦理学的问题交给"以后的作品"(628/722)。

　　然而我们有必要去追问《存在与虚无》与伦理学之间的关系,
因为萨特断定确有可能从这部作品中派生出一种伦理学,还因为
有人声称(我们之前已经注意到)从《存在与虚无》中必然得出的
实践前景是一种站不住脚的价值主观主义,它完全没办法与虚无
主义区别开,而如果真是这样,那么萨特在《存在与虚无》中的哲学
立场就非常成问题了。(在一些人的描述中,萨特断定一切无一例
外都是允许的;可举一例:马塞尔声称萨特关于"价值创造"的学说
192 与尼采的学说同属一类,又说尼采的立场反而"没那么站不住脚",
因为尼采至少告别了关于理性基础的问题,但萨特没有。[262])

　　我们需要审慎地对待萨特在《存在与虚无》中关于伦理学的陈
述。有人是出于对萨特理论的误读而认为这些陈述在暗示极端的
主观主义,第 36 节曾提到过这种误读:它把萨特理论中的本体论
自由当作任何意义上的自由(这也就意味着:既然自由遍在于自为
当中,那么在自为可能选择的任何谋划中,善都会得到实现)。然
而我已经论证过,《存在与虚无》试图聚焦的自由被埋藏得如此之
深,以至于它与任何道德-政治学说都没有直接的联系——比如,
它本身既不蕴含着解放政治,也不蕴含着关于个体权利的理论。要
想从中引申出任何这样的意思,就需要用到另一个阶段的哲学反思。

―――――――――

262 ' Existence and human freedom ', p.64。

在追问"《存在与虚无》可能支持或不支持什么样的伦理学?"时,一旦添加上这另一个阶段,我们就不只可以从文本进行推断,还完全可以考虑之后的两份作品:1946 年的一次很短的演讲《存在主义与人道主义》(*Existentialism and Humanism*)[263],以及身后出版的写于 1947—1948 年的《伦理学笔记》(*Notebooks for an Ethics*)和写于 1948 年的《真理与存在》(*Truth and Existence*)。此外,我们还可以考虑波伏娃同时期的一部作品《模糊性的伦理学》(*The Ethics of Ambiguity*)(1947),其中也暗含(虽然明显没有陈述)萨特的伦理学观点。

第 17 节所考察的萨特关于价值的论述表明:从一个重要的角度来说,把萨特描述为主观主义者是再离谱不过了;相反,萨特的价值形而上学最好被描述为一种康德化的柏拉图主义:价值作为意识的超越对象而存在(exists),不仅它的存在(existence)对于人的主观性来说具有形而上的必然性(正是那个让我存在(exist)的无条件自由让价值存在,94/138),而且它的必然性最终也得自一个超主观的依据,此即自在奠定自身的尝试。

不过,关于主观主义的指控其实旨在断定萨特无法在任何程度上限制自为对确定价值的选择。但这一点肯定也有争议。

193

结论部分告诉我们,通往伦理学的关键在于一种把自身当成价值或目的的自由,这种自由着力于、肯定着且意识到自己(627-628/722)。正如《存在主义与人道主义》所言:"我宣称自由(……)除掉其本身之外,是不可能有其他的目的的;而当人一旦看出价值是靠他自己决定的(……)他在这种无依无靠的情况下就只能决定一件事,即把自由作为一切价值的基础。"[264]这当然很像是康德的观点,而《存

---

263 即《存在主义是一种人道主义》。——译者注

264 *Existentialism and Humanism*,p.51。(此处译文引自中译本《存在主义是一种人道主义》,周煦良、汤永宽译,上海译文出版社,1988 年,第 27 页。——译者注)

在主义与人道主义》这份演讲又以一种故意的、彻底的方式借用了康德伦理学中的核心概念——道德有多变的内容,但只有一种普遍的形式,说谎"蕴含着它所否定的普遍性的价值",我在考虑自己的行动时必须觉得整个人类都会根据我的所作所为来规范自身,"我不能不去意愿他者的自由",我们有义务去追求自由的集体实现,依照康德的目的王国,如此等等。[265]

然而,在这份文本中,萨特与康德的关系并没有那么简单。萨特一边努力重现康德的绝对律令的各种公式,一边拒绝了康德的下述观点:伦理判断在于把个例纳入普遍的伦理原则之下。萨特认为伦理思考不能排除具体的特殊性。因此给人的印象是:萨特想要坚持康德伦理理论的精神,同时又放弃其大部分的字面意义。

尽管不清楚在《存在主义与人道主义》中行动是如何在具体的层面上得到规定的,但确实清楚的是,萨特相信《存在与虚无》的伦理内涵并不弱于康德道德形而上学的伦理内涵,它与武断的主观主义同样是不一致的。萨特认为实践判断可以抛开康德提出的那套普遍原则,他在这一点上或许弄错了;但这里要考虑的更基本的问题是:他是否有理由认为,在《存在与虚无》的基础上能够把康德式的道德能动性确立为基本的立场——它关心的是一个人的行动理由满足"客观性"这个条件,从而要求以一种跨越个体的、无私的方式致力于一切理性能动者的自由。既然萨特没有指涉康德对实践理性的分析,他又怎么能够指望自己表明:我必须设想自己是在选择,是"对所有人负责""对整个人类负责"[266],并因此根据他者的自由来约束自己的谋划。

194

---

265 同上,第31-32页与第51-52页。也可参见《什么是文学?》第203-206页,其中萨特采用了康德的"目的王国"一语和"善良意志"的观念,只是在"它们的实现条件"这个问题上与康德有分歧。

266 *Existentialism and Humanism*, p.29。

或许可以认为,萨特又是通过排除法并大体上是像康德那样来推进:

(1)我们首先假定:某个自为已经实现了纯反思并经历了彻底的转化,至少它不再认为自己的具体谋划赋予自身以有效性。这是萨特伦理学的完善论前提。通过运用存在主义精神分析,或是通过普通的非哲学主体也可获得的对人之动力的类似洞见,就可以进一步看到:由于人的一切行动都显示了自为存在"成为上帝"的基本谋划,故这些行动是"等价的"和"注定要失败的";就此而言,人们会认为"成为一个孤零零的醉鬼和成为各民族领导人都是一码事儿"[267](627/721)。

所以似乎可以选择"断念"(resignation),这是由叔本华提出的理想;但萨特关于自为的形而上学排除了这个选项:如果自为之存在就是某个谋划的存在,那么只有死亡才能通过熄灭主体的自由而将它从目的论的拉扯中解脱出来。因此主体面临的任务是:在与《存在与虚无》中的形而上学相一致的基础上规定它的行动理由,即对"我该如何行动?"做出回答。

(2)这种形而上学直接要求我们去拒绝价值的一切依据(柏拉图主义的、亚里士多德的、神学的或形而上学实在论的);更有趣的是,如果有任何理论要求甚至允许我们去经验处在自在存在的模式当中的价值,它也要求我们去拒绝这些理论(见 38-39/75-77)。萨特的批判因此涵盖某些形式的人道主义,[268]事实上涵盖那些把自由当作善的基础、但又不按萨特的角度去构想自由的理论。[269]

(3)有人会把价值当作随着感动性的主观状态而变化的函数,

267　中译本译为"沉迷于孤独或驾驭人民到头来都是一样"。——译者注

268　同上,第 27-28 页与第 33-34 页,以及《存在与虚无》第 423/495 页。

269　有理由认为康德本人也涵盖于其中。参见《伦理学笔记》第 49 页,以及第 246-258 页和第 469 页对义务论价值观的详细批判:萨特论证道,义务和责任是一种带有异化作用的对自由的神秘化。

但萨特对"心内"主体观的批判（第 24 节）同样排除了这个选项
（626/720）。由于萨特论述了自由对"心内之物"的渗透，功利主
义、价值感觉主义（如休谟）以及任何把奠定审美判断的众多主观
状态同样视为价值判断依据的观点（基于某些论述，比如尼采的观
点）都遭到了削弱；意识不能按照这些立场所要求的那样填满了欲
望或充盈着激情。

（4）利己主义作为实践理性的一条原则，从若干个角度遭到了
削弱：我的各种倾向作为心内的事实，在动力上没有任何分量可
言；没有什么实体性的自我（ego）会通过提供某种应当作为行动缘
由的对象而在形而上学的层面上将利己主义合理化；以及，既然我
的存在与他者的存在没有任何经验性的或形而上的内在差别，那
么就没有理由将我的利益凌驾于他者的利益之上。[270]《存在与虚
无》迫使我们达到的反思层面已经"超然于利己主义和利他主
义"[271]（626/720）。

（5）既然动力已经成了一块干净的白板，而自我和他者之间的
不对称性也被消除了，那么有望成为价值的就只剩下自由了。由
于必定有评价活动（我必须肯定某种价值，而这种价值不能相对于
我特定的自我），因此也必定会肯定自由本身，而不只是肯定我的
自由。这不只是一个默认的做法（毕竟好像没有更好的选项），也
是因为它内在地适合于成为价值论中的主角：自由是自为存在所
是的一切，它是使得价值问题得以出现的目的指向性，亦即行动的
本体论成分。因此，根据萨特的论述，不需要进一步的理由把价值
建立在自由上——正如我们所见（第 36-38 节），自由先于一切理

270　关于这种联系，参见《自我的超越性》第 16-21 页，其中论证道：意识领域的非人
　　格化削弱了法国道德家（比如拉·罗什富科）在道德心理学中采用的"利己的
　　（由自爱驱使的）动力"这一观念。

271　中译本译为"处在利己主义和利他主义之外的"。——译者注

由,任何能动者只要完全纯化了自己的现象学视域,就会直接地、非推论性地把自由作为一种价值来把握。对萨特来说,就像我们无法给出针对他人之心的论证,我们既不可能也无必要长篇大论地说服人们接受这片伦理领域:《存在与虚无》的伦理内涵纯粹是直接的,所以也就无须进一步为伦理上的事情单独提供带有论辩色彩的解说和辩词(这一点继而解释了为什么人们会误认为《存在与虚无》对伦理上的事情漠不关心)。

(6)萨特必须采取的最后一步——这让我有可能在某个具体处境中现实地肯定某个具体他者的自由——要求我能够与他者无冲突地发生关联。我们在第39节中已经看到,虽然《存在与虚无》给人以"冲突是主体间性的最终形式"的印象,但从萨特的观点所蕴含的逻辑中可以推出:只要我放弃了"成为上帝"这一基本谋划,我就有望在与作为主体之他者发生关联的同时不尝试将其对象化——被纯化的自为在原则上既能够意识到在主体间构成的他者之"准自在存在"(quasi-being-in-itself),同时又不把他者缩减成这个"准自在存在"。 196

当然,这只是一份粗略的概述,需要得到进一步的阐发;对《存在与虚无》之后的萨特伦理学作品(以及波伏瓦的《模糊性的伦理学》),"存在的显露或揭示"(le dévoilement d'être)成了进一步的目标,它对于解释"为什么要对自由、继而要对伦理学做出肯定?"来说具有核心意义。另一件事情则是从"我应当着力于他者的自由"这种必然性出发,萨特如何能够,以及是否能够得到一个更强的断言:我的自由预设着他者的自由——《伦理学笔记》阐发了这条思路,波伏娃在《模糊性的伦理学》中也强调了这一点。[272]

272　针对《伦理学笔记》,William McBride 在 *Sartre's Political Theory* (Bloomington : Indiana University Press, 1991), pp.60-84 中做出了有益的论述。

45.拯救

假定我们可以把萨特解读为一个康德主义者——康德主义者认为自由既是伦理学的基础,又作为目的而准确规定了我应当如何相对于他者而行动——那么就出现了另一个问题,盖因萨特把《存在与虚无》所筹备的规范性前景描述成"一种关于解脱和拯救的伦理学"(une morale de la délivrance et du salut)(第412n/484页注释)。

萨特在使用这些宗教术语时并非语带反讽,他是为了指出下述主张:《存在与虚无》的哲学拥有与宗教教义处于相同层次的内涵,进一步而言,它至少意味着人有可能实现自己的善。考虑到《存在与虚无》已经论述过自为的基本谋划在形而上学的层面上是无望的,上述主张的后半部分似乎尤其令人惊讶:即使彻底的转化是可能的并提供了伦理上的约束,《存在与虚无》又如何将内在的价值重新赋予人的存在(existence)?在萨特看来人的处境具有明显的悲剧性质,那又在何种意义上,关于救赎的某种承诺会克服、抑或增添这种悲剧性质?自为对自由的肯定真的足以算作它的拯救吗?

当我们的自由肯定自身时,被把握到的是什么,在价值论的意义上牵涉到的又是什么?最好比较一下看待这个问题的两种观点。波伏娃在《模糊性的伦理学》中倾向于强调第一种观点,这种观点认为:自由进行自我肯定的环节就是理性启蒙的环节。波伏娃表示,当我们摆脱了常识中幼稚的价值实在论以及它在形而上学(有神论等)中的对应物,并过渡到一种存在主义的伦理学,我们就从错误中解脱出来了——我们正确地理解了价值是什么,并且不再受困于一幅虚假的图景,根据这幅图景,仅当价值是由上帝规定的或是以别的什么方式刻进自在存在的纹理当中,价值才能是客观的。[273] 根据这种观点,《存在与虚无》提供了一种人们所熟知的"康德式启蒙",这种批判和治疗让我们在清醒地察觉自我并变得成熟之后接纳我们的存在(existence),同时不会经历任何根本性的损失。因此,虽然借由萨特的眼光来看,人的存在(existence)似乎带有一种悲剧性质,但这不过是表面现象而已,所谓"人的存在(existence)需要得到'拯救'抑或可以得到'拯救'"的说法也就没多大意义了。基于这番描述,我们需要认识到我们已经具备了我们在价值论上所需要的一切,因为所谓"人类主体的存在(existence)有可能以人们可以理解的方式拥有价值",这仅仅意味着人类主体要以自由为基础将自身表象为有价值的并在此基础上规定自身;我们应该意识到,对于拯救而言,我们不可转移的自律本身就是存在着的或有可能存在的一切。这样看来,我们似乎已经解除了概念上的某种混乱(这种混乱导致我们玩了一场根据规则我们注定失败的游戏),可以自由地开启一场新的游戏,一场原则上我们可以获胜的游戏。

另一种观点则更应该被归于萨特名下,它解释得通那些有关拯救和解脱的讨论,但稍微有些绕。从萨特的论述中当然可以引申出波伏娃的观点,但是萨特坚持认为目的论上的失败定义着人的存在(existence),而第一种观点则撇开了萨特的这种坚持。根据萨特自己的论述,拯救的环节预设了、而并未取消人之存在(existence)的悲剧性质及其在价值论上实实在在的不足。通过肯定我们的自由而有望实现的价值始终补偿着我们源初的、形而上的损失:我们承受着形而上的压迫,故在价值论上退而求其次。但它依然保有某种确定的价值:我们可以对产生了自为存在的失败

198

---

273 例如,可参见波伏娃在《模糊性的伦理学》第 57 页对"虚无主义态度"的批评,以及在第 157 页对"虚假的客观性"的批评。

目的论加以约束,并将另一个可理解的目的引入存在,此即我们的
自由;上述事实等同于一种拯救。

　　这两种观点意味着不同的体验自由的方式。波伏娃暗示,对
自由的肯定是一种圆满。萨特则认为,我们绝不可能意识不到我
们的形而上的失败,[274]基于这个理由,我们必须同时认为自己被迫
承担我们所肯定的自由。[275]

　　我们要注意到这两种观点如何再次与第 13 节中所区分的两
种元哲学立场联系在一起。如果《存在与虚无》确实采取了哥白尼
式的立场,那么波伏娃对萨特观点的解释就是正确的。相反,萨特
的悲剧性看法预设了我们可以采取一种不仅仅属于人类主体的立
场:如果说,抛开了人类主观性自身的视角,就谈不上人类主观性
的存在(existence)具有正面的或是负面的价值,那么"人的存在
(existence)本身就是荒谬的"这个观点也就毫无意义了。因此,这
种悲剧性的看法要求下述观点必须是有意义的。就某个角度而
言,我们最好真的能够成为上帝;而萨特似乎准备好要去捍卫这个
想法。萨特的思路似乎是要在形而上学的层面上正确且彻底地与
善相关联,其方式就是成为(be)善、化身为价值,而只有上帝能够
做到这一点;我们只能在"设定价值"这种劣等的模式中与善相关
联。(如果上帝存在[exist],那么他的自由就是善;他不需要肯定
他的自由,但我们需要肯定自己的自由。)

　　萨特想要采用一种超哥白尼式的、非视角性的方式去看待价
值,这种意愿反映在他对"存在的显露"(作为对自由进行肯定的依
据)的探讨中。波伏娃对萨特观点的解读明显更为乐观也更具有

274　例如,可参见《什么是文学?》第 23-25 页注释 4 和《克尔凯郭尔与独一之普遍》。
　　　正如萨特后来所言:"自由不是凯旋。"('The itinerary of a thought', p.35)。

275　马塞尔在'Existence and human freedom', pp.56-57 中反对萨特,他认为只有当
　　　自由是一种损失或匮乏时我们才能被迫承担自由。但这正是萨特的观点。

人道主义色彩。萨特的悲剧性看法则包含着一种反向的神学残余。

思考题:

(1)萨特对"人的自由"这个概念的处理有何独特之处?萨特的自由理论在多大程度上优于其他的理论?

199

(2)萨特针对下面两个主张的辩护是否完备:我做出了"对我自身的源初选择",我"对世界负责"?

(3)萨特有关"人的动力"的论述有哪些长处与不足?

(4)《存在与虚无》中的形而上学蕴含着什么样的伦理学前景,如果确实蕴含的话?

(五) 作为整体的存在

46.作为一种"去总体化的总体"[276]的存在统一性(结论,第1小节)

在第7节中我们发现,萨特在导言部分的结尾提出了自在存在与自为存在的统一性问题;而在第11节中我们又发现,对萨特所宣称的自己已经提供了一个统一本体论的说法,我们可以表示怀疑。梅洛-庞蒂详细阐发了后一种看法,他认为萨特根本无权提出"作为整体的存在"这一概念——既然《存在与虚无》中的虚无和存在"总是绝对异于彼此",它们不可能"真的得到统一"。[277]

在结论部分,萨特又回到了这个问题:作为"属于所有存在物

276　中译本译为"去整体性的整体",下文所引中译本中的"整体"均改为"总体"。
　　——译者注

277　*The Visible and the Invisible*, pp.68-69;也可参见 pp.74ff。

(existents)的一般范畴"[278],存在是否被一道裂隙分割为"两个不可沟通的领域,而在其中每个领域,'存在'的观念都承载着某种源初的、独特的意义"[279](617/711)的问题上。萨特宣称,随着《存在与虚无》的展开,我们最终能够说明这两个领域如何彼此关联:"自为和自在是由一个综合联系重新统一起来的,这综合联系不是别的,就是自为本身"(617/711)。这种关系的特点是:一种"起源于存在内部的细微的虚无化"[280],一种"由自在使之存在"[281]的虚无化,它"足够带来一场发生在自为中的总体的动荡。这种动荡,就是世界"(617-618/711-712)。

这使得我们可以理解存在如何形成一个整体:自为存在与自在存在真的得到了统一,两者不是没有沟通的,因为(1)自为存在是作为自在存在的虚无化而与后者相关联,(2)自在存在又包含着这种虚无化的起源。我们需要从这两个方面把握作为整体的存在所具备的统一性,以便回应华尔和梅洛-庞蒂。

萨特承认,这番论述直接引发了下述"形而上学难题:为什么自为出离自存在(à partir de l'être)?"[282](619/713)。自为所依赖的虚无化在存在中的依据是什么?

在讨论这个问题时(619-625/713-724),萨特同时批判了一些试图回答这个问题的尝试,而且说明了为什么我们其实应该认为这个问题并不需要回答。萨特论证的关键之处在于他针对本体论和形而上学所做的区分(上述引文蕴含了这一点),而萨特宣称形而上学问题即便不是空洞的,在哲学上也只是第二位的。

278　中译本译为"属于一切存在者的一般范畴"。——译者注
279　中译本译为"两个不通往来的领域并且在每个领域内存在的概念都应该按原始的、特有的用法被采用"。——译者注
280　中译本译为"起源于存在内部的一个细微的虚无化"。——译者注
281　中译本译为"自在者所制造出来的"。——译者注
282　中译本译为"形而上学的问题:为什么自为从存在中涌现"。——译者注

是什么区别了形而上学与本体论？萨特写道："其实，我们称为'形而上学'的那类研究，它们关注的是那些产生这个世界（这个具体而特殊的总体）的某些个别过程。就此而言，形而上学之于本体论，正如历史之于社会学。"[283]（619/713）正如他稍后所言，本体论关注的是"某个存在的各种结构"（structures of a being），而形而上学关注的是"事件"（events），虽然这明显不具备严格的时间意义（620/714）；因为"时间性是通过自为而产生的"，历史的生成不在形而上学的关注之内（621/715；还要注意：第297/358-359页以不同的方式区分了本体论和形而上学）。

萨特对本体论和形而上学的正式区分多少有些模糊，不过这没那么重要；更重要的是，他试图表明我们应当重点关注"自为"的涌现为什么发生。萨特确定这个问题只有一个答案，而我们在第16节和第17节中已经见识到了：自在的存在为了摆脱掉偶然性而产生自为的存在，从而"奠定自身"，成为上帝或成为其自身的原因。萨特进一步论证到，存在只有令自身成为自为，才能指望成为其自身的原因，"如果自在要奠定自身，它只有令自身成为意识才能做出如此尝试"[284]（620/714）。

自在寻求摆脱掉偶然性，这个动机为自为的涌现提供了充分且必要的条件。然而，这种说法所蕴含的意思又与萨特的基本信条截然相悖。首先，如果自为存在与自在存在的"综合联系""不是别的，就只是自为本身"，那么自为就既是两个存在领域之间的关系中的一个关系项，又是"关系本身"（624/719）。从表面上看，这几乎就是说自为是自在的自我关系，是自在与自身相关联的方式。

201

283　中译本译为"事实上，我们把形而上学称为对使这个世界作为具体的特有的总体产生的诸个别过程的研究。在这个意义下，形而上学之于本体论，犹之乎历史之于社会学"。——译者注

284　中译本译为"如果自在应该奠定自身的基础，它就甚至只能在把自己造成意识时尝试这么做"。——译者注

但按照萨特的论述,这是不可能的,因为在自在中占据支配地位的同一性是绝对的,它完全消除了反身性(第6节)。

其次,不管怎样,自在对自为的生成已经被设想成一种带有目的的谋划,而把某种谋划归于自在的做法当然是与萨特所构想的自在存在相矛盾的。所以:

> 本体论在此遭遇了一个深刻的矛盾,因为正是通过自为,某个基础才有可能出现在世界上。为了成为一种奠定自身的谋划,自在必然不得不源初地成为面对自身的在场,也就是说,它不得不已经就是意识。[285] (620-621/715)

所以,当萨特表明了那个能够解释自为之出现的唯一可能的条件(也只有在此基础上,我们才能设想存在构成了一个真正得到统一的整体)之后,萨特拒绝肯定这个前提。萨特说本体论"因此仅限于宣称:万物的发生就好像自在在一种奠定自身的谋划中将自为的样式赋予了自身"(621/715)。[286]

但是这个命题中的"好像"(as if)具有多少效力呢?人们也许以为萨特会宣称针对自为之起源的形而上学探究是不可能的,因为根据他自己的论述,这个问题只有一个可能的答案,但这个答案又与本体论探究的结果处于"深刻的矛盾"当中,这个被他视为不易之论的结果就是"自在"的非意识性。其实萨特要做的是:承认我们确实可以进一步着手形而上学的探究,同时又暗示它即便不是无用功,其价值也相当有限:

> 我们要靠形而上学去创立一些假说,这些假说允许我们把

---

[285] 中译本译为"本体论在这里遇到了深刻的矛盾,因为正是由于自为,一个基础的可能性出现在世界上。为了成为奠定自身基础的计划,自在应该一开始就自我在场,就是说,它已经是意识"。——译者注

[286] 中译本译为"只限于宣布一切的发生就如同自在在一个要自己奠定自身基础的谋划中表现为自为的样式"。——译者注

这个过程(即自为的涌现)设想成绝对的事件(……)毋庸置 202
疑的是这些假说仍是假说,因为我们不能指望去证实或推翻
它们。它们的有效性仅仅来自:它们使我们有可能对本体论
中的被给予物加以统一(……)但是形而上学必须试着去规定
这一前历史过程的本性与意义(……)形而上学家尤其要处理
的任务是:决定这一运动是否是自在为了奠定自身而实施的
第一份"尝试"(……)(621/715)。

第一小节的其余部分重新考虑了存在的统一性问题,萨特声
言我们关于这个问题的处境如下。为了赋予"一般的存在"这个概
念以意义,必须先有"存在的总体"这样一个概念,这个总体作为一
个整体,其各个部分既不能独立于彼此、也不能独立于整体而存在
(exist),也就是说其各个部分内在地相互关联。因此,萨特接着
说,把存在设想为一个总体就等于把它设想为一个"自因的存在"
(ens causa sui)(622/717);但这个构想对于萨特来说显然是不可
接受的,不仅因为在他看来"自因"的概念本身就是矛盾的("不可
能的",622/717),而且因为,如果把存在设想为一种包含着自为存
在和自在存在的总体,自在在本体论上就依赖于自为了:"自在从
虚无化的过程中获得它的存在(existence),这种虚无化导致对它的
意识出现"(622/716)。存在的总体就会是一个"理想的存在",其
中"自在由自为奠定并与奠定它的自为相同一"[287](623/717)。这
与萨特的下述主张相矛盾:虽然意识与自在绑定在一起,但自在绝
不依赖于自为。

萨特接着提议,我们因此必须把存在的总体设想为一种"去总
体化的总体"(detotalised totality)。为了解释这一点,他提供了若
干不同的说法和类比。"去总体化的总体"是从总体的瓦解中产生

---

[287] 中译本译为"是被自为建立并同一于建立它的自为的自在"。——译者注

的形态,这种瓦解是不彻底的,并不影响到其组成部分的存在(existence),而只影响到它们的相互关系,所以瓦解的只有形式而不包括内容。萨特称其为"一个被砍掉了脑袋的观念,处于不断的

203　分解中"[288];"一个分崩离析的集合体"(623/718);等等。

　　然而,萨特在"自因"概念当中看到的矛盾并不能就此避免,原因在于去总体化的总体理应出自一个源初的总体,而我们只有至少真的能够设想这个源初的总体,才能将某物设想为去总体化的总体;这就要求这个源初的总体本身是无矛盾的。与此前一样,萨特使用"好像"(comme si)一词去陈述自己的主张,从而避免了"只能通过矛盾的概念去思考存在"这种悖谬性的断言。

　　　　万物的发生就好像世界、人和在世之人只是成功地实现了一个缺席的上帝。万物的发生就好像自在和自为都在一种相对于理想综合的分解状态中表现出来。[289]　(623/717)

　　讨论快结束时,萨特再度提及本体论与形而上学的区分;他提醒我们有关总体的问题"不属于本体论的领域";他还指出我们认为存在究竟是"截然划分的二元还是一个被解体的存在"(624/719),这其实无关紧要。

　　然而,萨特告诉我们,二元论的观点是站不住脚的,这使得"去总体化的总体"成了我们唯一可以采纳的概念。然而这个概念又是矛盾的。似乎还要在某些事情上做出让步,我们会在第 48 节考察萨特的选择。

288　中译本译为"一个不断瓦解的无头概念","一个分崩离析的总体"。——译者注

289　中译本译为"一切的发生就好像世界、人和在世的人,都只是去实现一个所欠缺的上帝。因此一切都好像是自在和自为都在就一个理想的综合而言的一种解体的状态中表现出来"。——译者注

47.上帝

　　显然,"自为的起源"和"作为整体的存在"这两个紧密纠缠的问题,以及形而上学家所面对的任务(如前所述),这些自然会导向神学。所以我们现在完全可以考察一下《存在与虚无》对于上帝的探讨,并澄清萨特的无神论。

　　《存在与虚无》论述了"上帝"的观念是如何形成的,这番论述的含义是:宗教信仰把一个概念实体化了,而这个概念恰恰指称着那个处于理想形态的人性本身(90/133-134,566/655-656;见第 17 节,以及第 423/495 页把人性和上帝视为相辅相成的、互相关联的极限概念)。

　　但是这种费尔巴哈式的或青年黑格尔派的策略并不等于直接对上帝的存在(existence)提出理论上的反证,不过我们可以认为《存在与虚无》在其他地方提供了两个这样的反证。第一个认为"自因"(causa sui)或必然存在(existing)的存在是不可能的(80-81/123),但传统的有神论者认为这种反证的前提失之偏颇,故拒绝接受。第二个则更有趣也更具原创性,它试图表明:从概念上说,"上帝"是某种"自在自为"(见90/133),但根据基本本体论,这又是不可能的,所以"'上帝'这个观念是矛盾的"(615/708)。

204

　　无论这些论证具备多大效力,重要的是要看到,诸如此类的考量并未从根本上支撑着萨特的无神论。萨特的无神论并不是借由有关形而上学解释的论证而获得的,它的前提其实与雅可比的断言——上帝的存在是被直接直观到的——处于相同的层次,但内容却恰好相反。在后来的一次采访中,萨特断言《存在与虚无》中的无神论不是"唯心主义无神论"(它只是把"上帝"的观念逐出世界,代之以"上帝缺席"的观念),而是一种"唯物主义无神论":在萨特的描述中,自己已经意识到"到处都可以发现上帝的缺席,一切都是孤独的,人类尤其孤独,孤独得如同一个绝对"[290]。这份启示呼应着《恶心》中那段描写树根的段落:"荒谬不是我脑袋中的一个观念,也不是一种声音,而是我脚下的这条长长的死蛇(……)后来我所能把握到的一切都归于这种根本上的荒谬(……)我想在此确立这种荒谬的绝对性质。"[291]

对萨特来说,具有启示意义并带有确定内容的基本经验有二:人的绝对性和自在存在的"荒谬"性质。其中没有任何一者直接地或明确地直观到上帝的缺席,但两者都与上帝(作为人及其世界的创造者本身)的存在是不相容的:如果在对人的揭示中我们发现人既不能被超越、也不能与某个超验的善[292]形成任何可理解的关系,并且如果自在的存在表现出它自己纯粹的非设计性和它对人的无条件冷漠,那么,即使某个实体性的自因(causa sui)或某个自在自为可能存在,它与我们或我们的世界之间的关系也是不可思议的。

因此,上帝从世界中的缺席并不类似于皮埃尔从咖啡馆中的缺席。这一点很重要,因为如果这是萨特的主张,那么就可以用萨特自己给出的原理去论证:上帝的缺席出现在我的意识中,这也是一种意识到上帝(Him)的方式,也就是说可以基于《存在与虚无》发展出一种否定神学。[293] 但是萨特并没有给这个世界留下一个形如上帝的空洞,人们也就不能认为上帝会透过这个空洞而显现。萨特在《存在与虚无》中屡次提及上帝,其目的是表明人与上帝之

290　'Conversations with Sartre'(1974),p.435。萨特将《存在与虚无》当作一份尝试,通过论证"自在自为"的不可能性来"证明"这种直觉(第437页)。

291　*Nausea*,p.185。

292　《战时日记》第108页:"道德的存在(existence)远不能证明上帝,反而使他与我们保持距离。"——原注

293　参见 Christina Howells,'Sartre and negative theology',*Modern Languages Review*76,1981,PP.549-555。

间的任何关系将会如何毁掉自由、主体间性以及人之实在的一切
结构;换言之,人在世界中的处境明确排斥有神论或自然神论中的
上帝的存在(existence)(可参见 232/278-8,其中涉及莱布尼茨针对
他者问题而给出的有神论方案)。[294]

48.超越萨特的形而上学?

第 13 节曾区分了视角性的立场与非视角性/绝对的立场,《存
在与虚无》中的不少地方都体现出这种区分的重要性。某些语境
似乎要求一种立场而不是另一种立场,在另一些语境中这两种立
场以可理解的方式交叠在一起,而在某些语境中它们好像又关系
紧张。萨特最终采取了哪种立场? 抑或萨特能否兼有两者(我曾
表示萨特有意向这么做)? 上述问题在"作为整体的存在"这个语
境中变得尤为突出,它决定着我们是否接受萨特的下述主张:《存
在与虚无》在形而上学的层面上臻于圆满。

我们在第 46 节中看到,有关存在之总体或存在之统一性的问
题、亦即有关自为之起源的问题给萨特造成了严重的困难:它有待
解决,但就我们所知道的一切而言,它唯一可能的解决方案包含着
矛盾。这就迫使萨特对本体论与形而上学做出了权宜的区分,并
对后者的必要性与合法性含糊其词[295]。需要考虑的是:是什么导致
了萨特的困境? 又是什么让他有望逃离困境?

似乎有一种方法本可以让萨特为这些问题提供一个一致且清
晰的结论,我们在第 46 节中已经看到《存在与虚无》的结论部分若
干次暗示过这条思路。也就是说,萨特本可以采取如下立场:我们

---

294 正如萨特所说,上帝的存在(existence)是被拒绝的:参见 ' Materialism and
revolution ' ,p.187。

295 原文是 equivocation,应该是 equivocate 的笔误。——译者注

206 如果不能从人的视点所具有的内容和目的出发去回答某个问题，那么就应当抛弃这个问题；因此，我们必须把有关"自在对自为的生成以什么为依据"的探究与思辨仅仅视为没有真正内容的概念形式的空洞游戏。萨特的形而上学推理所揭示出的"深刻的矛盾"因此也就丧失了全部的意义。

令人惊讶的是，萨特在第三卷曾探讨"他者为何存在"这个"形而上学"问题（297-302/358-364），而我们在他的这番探讨中确实发现了上述哥白尼式的解决方案。萨特在此声明了他的信念，"一切形而上学都必须结束于某个'彼在'（that is），亦即结束于对那个偶然性的直接直观"[296]（297/359）。他继而表明，我们在完成了有关"意识的众多性以什么为依据"的"形而上学"探究之后，会得到一个"矛盾的结论"（301/362）；最后，他又解释了为什么这个有关"众多自为的总体"且会引发矛盾的形而上学问题是毫无意义的（302/363）：它假设"我们有可能对（众多自为的）总体采取一个视点，也就是说，我们有可能从外部去考察它"，但事实上这是不可能的，因为我自己只有"以这个总体为基础并在卷入这个总体时"（301-302/363）方可存在（exist）。（我们也不能认为上帝把握着这个总体，因为对他来说它并不存在[exist]。）

那么为什么在结论部分中萨特没有说出同样的话呢？有一个深刻且清晰的理由是关于一致性的，它解释了为什么至少在"作为整体的存在"的语境内（就算没有在"为他的存在"的语境内）哥白尼主义不可能成为萨特的最终立场，另一个强有力的理由则是策略性的，它解释了为什么采取哥白尼主义会在总体上削弱萨特的立场。

为了理解第一点，我们只需看到：萨特自己已经表明人的视点

---

296 中译本译为"一切形而上学都应该完结于'那个存在者'，就是说，完结于对那个偶然性的一种直接直观"。——译者注

本身就要求我们融贯地设想作为整体的存在,换言之,人的视点从自身引出绝对的立场。为了解释虚无、自身态、人为性以及自为的欠缺,萨特发现有必要参照那个讲述"自为在自在中的起源"的人类发生学叙事。所以我们不可能把人的立场与针对存在之总体的思辨完全分隔开。

策略性的理由则可以回溯到第 2 章"主题概览"中的一些评论:萨特想要逆着斯宾诺莎去确立人之自由的实在性,他的做法则是在本体论的框架内对人的实在做出全面的论述。如果萨特本体论的基础是哥白尼式的,而这又是为了排除掉有关存在之统一性和存在之总体的问题,那么他的立场在一个重要的方面就是脆弱的。我们已经看到,基于萨特自己的论述,哥白尼式的立场引导我们去肯定自为在本体论上是第一位的,而当我们试图理解自由如何能够产生于那个在本体论上居第一位的事物时,一个"深刻的矛盾"就出现了;这完全足以激发下述带有斯宾诺莎主义兼取消主义(Spinozistic-cum-eliminativist)色彩的思想:关于所谓"人的实在"的一切教导都不过是巨大的错觉,换言之,萨特关于虚无、自由、自为的存在模式等的整个理论均为空谈,实在中只有自在的存在。

如果这是正确的,那么萨特的唯一出路就是接受并试着满足非视角性/绝对的立场所提出的要求:萨特必须补充说明自为的起源。这最终会导向何处则是另一个问题,但如果认为这必然会迫使萨特去放弃他的本体论框架中对他的哲学目标至关重要的一切东西,甚至去拥抱某种"在本体论上是乐观的"、有神论的或黑格尔式的形而上学立场(所有这些立场都是《存在与虚无》所坚决反对的),这就把选择的范围理解得太过狭隘了。

思考题:

(1)萨特声称《存在与虚无》具有无神论的、而不只是不可知论的内涵,这个断言是否成立?

(2)《存在与虚无》中的本体论是完整的吗?

在完成了对《存在与虚无》的解读之后,可以读一读萨特的《对自我的意识和对自我的认识》(Consciousness of self and knowledge of self)(1948),这是他在法国哲学学会(Société Française de la Philosophie)上所做的一次讲座的文字稿,其中提纲挈领地总结了《存在与虚无》的主要论点。

接受与影响

战后的世界乃一片废墟,而萨特对人类生活的清醒认识正与之相契合;战后重建成了时代主题,这一代人重新承担起决定自身未来的责任,并直面由过去的作为与不作为带来的责任问题,而萨特的自由学说也与这种时代情绪相契合;既然如此,也就无须惊讶人们在接受《存在与虚无》时理应表现出的浓厚兴趣,其程度之高,自柏格森在世纪之交发表《创造进化论》以来,还没有其他法国哲学家享受过如此殊荣;事实上,整个哲学史上也鲜有其他伟大的作品能够在此与之相媲美。

不过,人们并没有立刻承认《存在与虚无》的重要性(它在1943年至1944年间几乎没有引起任何关注),而是在解放后萨特开始走红时才承认的。[1] 因此,我们就很难厘清《存在与虚无》对于萨特在战后声名鹊起这件事究竟贡献几何,因为这只是他那迅速增长的、具有内在统一性的作品集合中的一部分而已——虽说是最具学术性的、理智上要求最高的那一部分。萨特在四十年代的文学作品包括戏剧《禁闭》(*Huis clos*)(这部作品于1944年5月

---

1 参见 Janicaud, *Heidegger en France*, vol.1, p.79。

首演并获得了令人瞩目的成功）和小说三部曲《自由之路》（*Les Chemins de la liberté*）；萨特还于 1943 年与波伏娃、雷蒙·阿隆和梅洛-庞蒂共同创办了左翼（但没有政党联系）杂志《现代》（*Les Temps modernes*）并自此担任编辑，这份杂志赢得了大量的读者。1944 年，萨特决定以写作为生并放弃了教职。战后的岁月见证了萨特日益频繁地参与活动，除了文学上的规划之外，还有北美和欧洲的巡回演讲、政治评论、艺术批评、电影剧本邀约以及国家电台上的全国性广播节目；萨特甚至于 1947 年还短暂地领导过一个新的不结盟政治运动，即革命民主联盟（Rassemblement Démocratique Révolutionnaire）。[2]

随着萨特人气高涨，各方面的敌意也接踵而至；考虑到萨特的观点犀利且富于批判意蕴，这些敌意不但不可避免，而且恰如其分。[3] 1944 年，共产党主办的《行动》周刊谴责萨特[4]，后者在二三十年代与马克思的观点以及共产主义的政治实践保持距离；谴责持续多时，直到 1952 年。[5] 体制内的全国性媒体也对萨特进行抨击。罗马天主教会则于 1948 年认可了萨特的重要性，而认可的方式是把他的作品列入《禁书目录》。[6] 萨特于 1945 年在巴黎进行过一次题为"存在主义与人道主义"（标题可以更直接地翻译成"存在主义是一种人道主义"）的演讲并于 1946 年将其出版，盖因先前围绕着他的存在主义

2　欲了解存在主义在二十世纪四十年代是一场多么新颖且充满希望的哲学运动，参见 Wahl, 'The roots of existentialism' (1949)。我们可以观察那个时期的艺术活动以及萨特对这些活动的参与，以便更好地了解作为一种文化运动的萨特式存在主义：参见 *Paris Post War: Art and Existentialism* 1945-1955, ed. Frances Morris (London: Tate Gallery, 1993)。

3　列维生动地描述了萨特毁誉参半的声名，参见 Lévy, *Sartre*, pp. 17-38；并参见 Beauvoir, *The Force of Circumstance*, pp. 38ff。

4　参见 Poster, *Existential Marxism in Postwar France*, pp. 109-112。

5　因此，在《什么是文学？》第 186 页以下，萨特曾反思过"1947 年的作家处境"。并参见 'Materialism and revolution' (1946), esp. pp. 188-189，萨特在其中指控辩证唯物主义消灭了主观性，从而把人变成了对象。

6　Leak, *Sartre*, pp. 59ff.，Cohen-Solal, *Sartre*, Part III 及 Hayman, *Writing Against*, chs. 15-18 提供了《存在与虚无》发表以后不久的那段时间内关于萨特的传记信息。

而展开的各种论战已经模糊了存在主义的面目,萨特要在这份演讲中澄清他的存在主义观点,并正面回应批评者对他的指控:虚无主义、伤风败俗、政治冷漠。[7]

即便过了第二次世界大战刚结束的那几年,人们对《存在与虚无》中的哲学依然兴趣不减:它对二十世纪下半叶的智识文化的影响(如果不单单是由文本造成的,那就是由萨特的演讲、哲学小品文和文学作品接续造成的)不逊色于那一时期的任何一本哲学著作。萨特于 1945 年至 1946 年多次访问美国,还去了种族隔离的南方,美国之行和南方见闻让他印象颇深:既然可以把《存在与虚无》当作对被占领时期法国人的意识与困境的一份呈现,那么同样可以把它视为用来阐释其他被屈服群体的处境的一份模板。1946 年,萨特公开批判反犹主义,发表《反犹与犹太人》(*Anti-Semite and Jew*);虽然当代读者或许能够清楚地认识到这本书的局限性,但放在当时的语境来看,由于这本书独创性地分析了主观性因素在建构具有压迫性的、拒绝给予承认的社会身份时所起到的作用,所以仍然得到了高度的重视。[8] 就萨特的自由哲学所造成的那些最重要、最知名且最持久的社会政治影响而言,其中一者便是对女性主义思想的影响:波伏娃的《第二性》(*The Second Sex*)(1949)在很大程度上以《存在与虚无》为立论根据,确立了一条已被后世视为常识的原则:一个人不是生来即为女人,而是逐渐成了女人;[9] 作为主体的男性单方面地将女性确立

210

---

7 《唯物主义与革命》也是萨特对存在主义的辩护,他在其中特地反驳了来自马克思主义阵营的批评者,参见 'Materialism and revolution' (1948)。

8 也可参见列维的评论(*Sartre*, pp.301-306)。

9 *The Second Sex*, p.295;参见 Gutting, *French Philosophy in the Twentieth Century*, pp. 165-180。至于说波伏娃在这部作品中只是单纯地运用萨特的思想而没提出任何批评或修正,这种说法可能会引起反对意见:参见 Sonia Kruks, 'Simone de Beauvoir and the limits of freedom', *Social Text* 17, 1987, 111-122。(习惯上将波伏娃的这句名言翻译为,"女人不是天生的,而是造就的"。此处的翻译严格按照英译。——译者注)

为对象性的他者,通过这个过程,一个人成了女人。

1.对《存在与虚无》的哲学批判

如果我们不去追溯胡塞尔和海德格尔对萨特的影响,只是沿着历史长河顺流而下,那么下面这些哲学家因与《存在与虚无》中的哲学展开批判性对话而尤其值得我们注意:

(1)马塞尔:基督教存在主义。在战前的岁月里,法国天主教哲学家马塞尔独立于海德格尔而发展出一套现象学的存在主义哲学,他的《存在与人类自由》(1946)从这一立场出发,比较早地对萨特的《存在与虚无》进行了犀利的批判(第36节和第44节提到了来自马塞尔的一些批评)。在这篇论文中,马塞尔承认人们对存在的特性会获得某种基本的、天启式的经验,这种在《恶心》中得到描述的经验正是《存在与虚无》的基础;可是,尽管必须承认这种经验的本真性,萨特(第一)赋予了它太多的权重,过度阐发了它的意义,(第二)独断地排除掉其他能够与上述经验相竞争的基本经验,特别是指向马塞尔自己的基督教存在主义的那些基本经验。根据马塞尔的诊断,《存在与虚无》以一种不融贯的方式把唯心主义叠加在隐秘的唯物主义基础之上。归根结底,马塞尔持有强烈的否定态度,他认为萨特的价值虚无主义给当时的青年造成了精神上的威胁。[10]

我在第47节表明,或可认为萨特是在挑战雅可比的主张;如此说来,我们也可以认为马塞尔是在替雅可比回复萨特。在后期的法国现象学运动中,让-吕克·马里翁试图再度把存在主义现象学的领地交还给神学。在这个语境中,或许能看到一个正在浮现的重要问题:我们对世界和人类价值的常识性看法遭受到《存在与虚

10　参见'Existence and human freedom', pp.33,47,49,52,53,61。

无》的挑战,那么究竟需要多少东西才能应对这种挑战。虽然马塞尔在对萨特的批判中没有诉诸任何神学预设,但他确实认为:为了应对萨特,需要诉诸某些具有特殊地位的、天启式的经验——关于"交往"(communion)和"蒙恩"(grace)的经验。马塞尔并不认为"常识的"立场能够单枪匹马地对付萨特:他和萨特一致认为不存在什么中间立场。[11]

　　(2)梅洛-庞蒂:一元论。我们在回顾《存在与虚无》的各个主题时能够看到一个反复出现的问题:如何看待包含在《存在与虚无》的全部本体论之中的现象?它们看似结合了两种类型的存在,即自在的存在与自为的存在;但在最终的分析中,萨特认为两者彼此排斥、不相融合且穷尽了存在的一切类型。像具身与感动性这样的现象看上去必定牵涉两种形式的存在,表面上对萨特构成了挑战;但我们已经看到,在试图解释它们的时候,萨特所使用的术语能够维持基本本体论之中极其鲜明的二元对立。

　　姑且不论萨特的解释是否成功,我们或许注意到,在这种不断复现的模式中还存在另一种选择,就是把萨特的二元分析方法颠倒过来:我们不要从两个分离而异质的存在形式出发,继而去解释它们为什么会在某些语境当中看似融合在一起;相反,或许可以先设定一个源初的存在模式,它随后开始分化,最终形成两极,这时我们就能说,萨特误以为这两极是一种基础性的本体论对立。

　　梅洛-庞蒂的《知觉现象学》发表于1945年,仅仅比《存在与虚无》迟了两年;这本书当然有其他的读法,但我们确实可以把这本书读成一份沿着上述思路进行的针对萨特的长篇批判。萨特认为某些事物在本体论上的暧昧只是一种有待澄清的表象,但梅洛-庞蒂则从中看到了一种源初地被给予的统一性,只有借助于抽象活

11　这与英美分析哲学对萨特的批判截然不同,我们之后会看到这一点。

动与概念重构活动的各种反思性操作,我们才能按照形而上学的
二元论来设想这种统一性。因此,以这部作品的中心主题为例,在梅
洛-庞蒂看来,知觉是一种原初的、不可分解的主客(自为与自在)
统一点,分析性的反思是没办法穿透的。类似地还有身体,如果我
们对身体做出恰如其分的设想,亦即把它设想为意向性的原始承
担者,那么根据梅洛-庞蒂的观点,身体在一种牢不可破的统一性中
结合了肉体与精神的双重特征,哲学反思却把它们错误地区隔开并
物化成两个迥然不同的实体:心灵(自为)与物质(自在)。

　　若要判定梅洛-庞蒂的方法是否融贯以及它是否优于萨特的二
元论,我们还要做很多工作。先不谈梅洛-庞蒂的学说中的种种细
节,就他的一元论策略而言,一个重要的批评是:它并不承诺像萨
特那样牢固地确立起自由的实在性——既然我们所追求的这种方
法把形而上学概念当作抽象活动的产物,我们恐怕难免会认为它
们偏离了实在,也就是说,难免会反实在地(anti-realistically)理解
它们。为了判定这种指控是否成立,有必要考察《知觉现象学》的
最后一章:“自由”。这一章虽然只在一处提到了萨特,但它明显是
直接针对萨特的极端立场,并捍卫一种反对萨特的观点:人类能动
性受到世界的紧密纠缠,但仍然是自由的。或许可以替萨特回应
说,梅洛-庞蒂在这一章的说法把自由缩减成一种无从成为现实的
极端情况;如若不然,至少他没有解释自由何以能够与除了自由以
外的其他同样基本的事物结合在一起却又不被摧毁;无论两者中
的哪一个,下述说法都是成立的:梅洛-庞蒂给自由的实在性打上
了问号。[12]

　　不管对梅洛-庞蒂野心勃勃的计划做出什么样的评估,《知觉
现象学》中对萨特的批评仍然需要处理,因为这些批评可以被单独

12　列维很好地表达了这种怀疑:参见 Lévy in *Sartre*, pp.199-200。

拎出来、也确实常常被单独拎出来使用。十年后,在梅洛-庞蒂的《辩证法的历险》(1955)一书中,题为"萨特与极端布尔什维克主义"的一章以一种更直白的半论战形式重提自己对萨特的批驳。如题所示,在这篇论文中,梅洛-庞蒂的首要目标是萨特对待苏联的态度,但他把所谓萨特在政治上的误导性和不负责任追溯到《存在与虚无》中的主体哲学,他试图论证这种哲学奠定了萨特的政治学,并称这种哲学为"我思的疯狂"。[13]

梅洛-庞蒂在《探究与辩证法》一文中对《存在与虚无》展开了最为细致的批判,该文成稿于 1959 年至 1961 年,并在他去世后被收录于《可见的与不可见的》一书中出版。他在这篇文章中提出的论证特别微妙又非常翔实,用以支持他对萨特的反驳:《存在与虚无》的基本本体论所蕴含的极端二元论对它的哲学目标——证实自由的真实性、解释清楚主体间性等——构成了致命的伤害。梅洛-庞蒂得出的结论是:必须抛弃那种被他称为"分析性的反思"的非视角性的元哲学立场,暗指萨特的根本错误在于他延续了传统形而上学的解释框架。[14]

我在第 48 节中表明,的确有理由认为萨特在本体论上的二元论最终应当回溯到一个源初的统一点,但这与接受梅洛-庞蒂所谓的"暧昧哲学"并不是一回事儿。在把萨特的二元论推向极端之后,

213

---

13 前文已经提到过梅洛-庞蒂对萨特的一些批评。

14 由斯图亚特(Stewart)主编的《萨特与梅洛-庞蒂之争》(*The Debate between Sartre and Merleau-Ponty*)收录了与二人之争相关的一手文献,包括波伏娃替萨特进行的反击(指控梅洛-庞蒂从根本上误解了萨特的立场);该书还提供了有用的批判性评论。对这些争议的概览,参见 Margaret Whitford, 'Merleau-Ponty's critique of Sartre's philosophy:an interpretative account', *French Studies* 33, 1979, 305-318, reprinted in Stewart ed.;更详细的内容,可参见 *Merleau-Ponty's Critique of Sartre's Philosophy* (Lexington,Kentucky:French Forum,1982),以及 Monika Langer, 'Sartre and Merleau-Ponty:a reappraisal', in Schilpp ed., *The Philosophy of Jean-Paul Sartre*, and reprinted in Stewart ed.。

我们承认它受制于某种终极的形而上学一元论,但这不等于质疑二元论的路径,也完全可以拒绝梅洛-庞蒂的一元论现象学。

(3)列维纳斯:他者。我们已经看到,《存在与虚无》中最令人瞩目的一个论题是人类关系的存在性(existential)特征,出于这个原因,列维纳斯(他关于胡塞尔的早期著作对于萨特来说很重要)代表着现象学传统中与《存在与虚无》有着特别联系的第二种动向。列维纳斯非常关注萨特的哲学,并在四十年代的论文中涉及了萨特关于想象和犹太人身份的观点;[15]他在自己的哲学代表作《总体与无限》(1961)中提出了一种原创性的哲学立场,该立场在一定程度上颠倒了《存在与虚无》;虽然和梅洛-庞蒂的《知觉现象学》一样激进,但不同之处在于它优先处理伦理方面的议题。

我们如果考虑一下《存在与虚无》的本体论,就多少能够明白这种颠倒是什么。在基本本体论中,萨特首先确立自我与世界的关系,之后再引入与他者的关联。然而,我们在第29节中看到,萨特认为这种自我—他人关系是超经验的和超物质世界的:我对作为主体之他者(Other-as-subject)的我思式的察觉并不受惠于这个世界。那么人们或许会想到:这种解释上的和本体论上的次序是可以修正的,甚至是可以颠倒的;换言之,与他者的关系其实应该属于基本本体论,甚至可能优先于意识与自在存在的关系。就后一种情况而言,如果与他者的关系确实是优先的,那么就不必把对他者的意识放入一个其中意识已经在进行对象化活动的先期背景之内;在这个基础上,我们可以顺理成章地认为原始的对他者的意识并不一定带有萨特用理论说明过的冲突性特征。当然,我们需要更多的思考,才能获得列维纳斯的全部立场(对他者的原始意识是对无限责任的意识,以及"伦理学先于本体论"),不过通往这种发展的大门是敞

214

15　参见 *Unforeseen History*, Part 3。

开的。而且可以合理地猜测:既然萨特与列维纳斯都感觉到人的责任有多么沉重,其范围有多么宽广,就此而言,他或许不会生硬地拒绝这种发展——虽然萨特事实上并没有在《存在与虚无》中从伦理学的角度去刻画那种对他者之注视的体验,可是萨特用"吞没"去刻画我对作为主体之他者的意识,而列维纳斯则将他者描述为一种施加于我的不定且无限的要求,而此二者有着重要的现象学意义上的亲缘性;萨特和列维纳斯也都认为,对他者的意识在最深的层面上牵涉到对于自我与他者之间的不对称性与异质性的察觉。[16]

(4)海德格尔对萨特的回应。可以认为,梅洛-庞蒂和列维纳斯提供了一些出路,供我们逃离萨特的哲学中容易激发争议的本体论困境与伦理学困境。现象学传统内部对《存在与虚无》的第三种回应来自海德格尔,它值得我们关注,但与上述两种回应不同,它从根本上明确拒绝萨特的哲学。

海德格尔的《关于"人道主义"的书信》写于 1946 年,于 1947 年扩充并出版;这封信最初旨在答复法国哲学家让·波弗勒(Jean Beaufret),后者询问海德格尔对法国存在主义的看法,但这封信也在一定程度上回应了萨特的《存在主义与人道主义》。[17] 海德格尔对萨特的反驳主要有两点。首先,海德格尔认为萨特从(传统所给予的)"人"的概念开始,只是试图修正这个概念,所以没能去追问在推

---

16 参见 Levinas,*Humanism of the Other*,pp.39-40 and 49-55。关于萨特与列维纳斯的关系,参见 Christina Howells, ' Sartre and Levinas ', in Robert Bernasconi and David Wood ed., *The Provocation of Levinas*:*Rethinking the Other*(London:Routledge, 1988),以及 David Jopling, ' Levinas,Sartre,and understanding the other ', *Journal of the British Society for Phenomenology*,24,1993,214-231。

17 值得一提的是《书信》当时的历史背景:海德格尔于 1945 年收到了一本《存在与虚无》,他曾写信给萨特,要求萨特替海德格尔干预后者的"去纳粹化"(De-Nazification),但萨特没有回复。关于《书信》,参见 Kleinberg, *Generation Existential*,pp.184-199。

215　进反思时所用到的那些基本但不完备的术语。[18] 其次,萨特与所有
的人道主义都共享着同一种对价值的构想,即价值是通过人并且和
人一道被带入这个世界,但海德格尔反对这一点。海德格尔声称这
种策略注定是失败的,因为"一切评价,即便是肯定地评价,也是一种
主体化";在做出事实与价值、理论与实践的区分之前,萨特没能回到
那个必不可少的原点。[19]

　　无论哪一个方面,在海德格尔的(准确)解读中,当萨特使用诸如
"本质"这样的概念时,他就还停留在"形而上学"(海德格尔把这个
词用作批评)这个西方哲学传统之内。[20] 海德格尔对这个传统的拒
斥基于他在大写存在和存在[21]之间所做的区分。因此,从某个角度来
说,海德格尔只是在回敬萨特:萨特在《存在与虚无》导言的第2小
节(注解部分的第2节)拒绝探寻大写存在的意义,这么做虽然不是
没有理由,但多少有些轻率;海德格尔则反过来主张去探寻大写存在
的意义,他声称以这种探寻为基础的哲学立场要优先于萨特的哲学
立场。

　　此外,《书信》中更有趣的一点是:海德格尔要么是在《存在与时
间》发表以后改变了自己的立场,要么是澄清了这本书的地位,究竟
是哪一种情况则取决于人们愿意在海德格尔的思想历程中看到多少
连续性。海德格尔暗示萨特的错误在于他没能看到此在的概念只是
一份准备与"先导",而真正的任务是去思考大写的存在。萨特对自
为的构想看似与海德格尔的此在拥有相同的地位,但它实际上只是
一种非常不同的、低阶的构想;因为根据海德格尔现在的说法,对此
在的准确构想应当是:它所构想的并不是人,而是由大写的存在"给

18　*Letter*, pp.245ff。

19　*Letter*, p.265；参见 pp.263ff。

20　参见 *Letter*, pp.245,250。

21　习惯上将海德格尔意义上的 Being 与 being 分别译为"存在"与"存在者",此处
　　为了与第三部分保持一致,故译为"大写存在"与"存在"。——译者注

予"人的一种本体论功能,人仅仅"维持着"这种功能而已。因此,海德格尔和萨特的区别在于,如果说自为在概念上是一种绝对、一种无从深究的终极实在,那么此在的概念(如果不是在《存在与时间》中,就是在海德格尔的后期思想中)则是从一种更深入也更基本的对"大写存在之真理"的思考中汲取意义。出于这个原因,海德格尔感到自己可以断言《存在与虚无》的基本信念和《存在与时间》的基本信念"毫无共同之处",他还把萨特存在主义中的那种自我中心而又自信满满的人类主体描述成"大写存在的僭主"。[22]

216

(5)卢卡奇与马尔库塞:马克思主义。所以,海德格尔对《存在与虚无》的批评绝非内部的批评,它完全建立在一个被萨特(或正确地或错误地)拒绝的预设之上。四十年代从马克思主义传统中发展起来的对《存在与虚无》的批判视角往往也是外部的批评,这方面的哲学著作与法国共产党对萨特的早期批评同期出现,其中最重要的是格奥尔格·卢卡奇的《存在主义还是马克思主义?》(*Existentialisme ou marxisme?*)(1948)和赫伯特·马尔库塞的《存在主义:评让-保罗·萨特的〈存在与虚无〉》('Existentialism:remarks on Jean-Paul Sartre's *L'Être et le Néant*')(1948)。[23]

我们或许能预料到,马克思主义对《存在与虚无》的各种评价有着一些共同的线索:它们抱怨它的"唯心主义",因为萨特拒绝把人的

22　参见 *Letter*,pp.250-252。(这里的"存在"在作者引文中是 being,即"小写存在",但是根据《路标》(孙周兴译,北京:商务印书馆,2001 年,第 388 页)与 *Basic writings ：from being and time*(1927)*to the task of thinking*(1964)(edited by David Farrell Krell,New York：HarperCollins Publishers,1993,p234.),这里的"存在"应当是"大写存在"。"僭主"一词的英文原文是 tyrant,我们在此跟从英译而不直接移用孙周兴的译法("存在的统治者"),主要是想突出其中的"僭越"之义。——译者注

23　关于这方面著作(包括亨利·穆金[Henri Mougin],亨利·勒菲弗尔[Henri Lefebvre]和让·卡那帕[Jean Kanapa],以及卢卡奇)的讨论,参见 Poster, *Existential Marxism in Postwar France*,pp.112-125。

实在融入自然存在并从物质中派生出精神;它把个体孤立起来,并将政治上的道德限制在"抽象"个体人权的范围内;它继而无法像辩证唯物主义那样正确设想社会现象和人类历史的实在性,也无法为集体(阶级)行动创造必要的条件。此外,由于萨特否认规范性源自客观的历史进程,所以卢卡奇在说明这一点时又加上了一条指控:"非理性主义"。

马尔库塞同年对《存在与虚无》的新马克思主义评价同样颇具影响。马尔库塞承认萨特不是非理性主义者,因为萨特(与阿尔贝·加缪不同)至少认为可以借由哲学而不仅仅是文学去表达存在主义的真理。马尔库塞的批评是:萨特没能看到,在表述一种关于自由的理论时却置人在现实而具体的社会历史条件中的不自由于不顾,这让《存在与虚无》成了一部与斯多葛主义和基督教思想(虽然它们受到了萨特的抨击)如出一辙的在意识形态上进行神秘化的作品。[24] 不过马尔库塞承认,就其自身而言,萨特的蓝图"在本体论上是正确的"并且是"成功的";从马尔库塞的观点可以得出:先是在哲学中采用一些不是从某种铺垫性的社会理论中得出的概念,继而在思考实在时试图置历史于不顾,这一整个(也必然是"唯心主义的")过程不会带来任何认知上的收获,还会造成负面的意识形态效果。[25]

217

24　参见 Marcuse, 'Existentialism', 329-330。马尔库塞的指控当然是不成立的:斯多葛学派和基督教教义认为人可以独立于客观环境而实现他的目的(telos),亦即实现他的自由;萨特从没说过这种话。

25　参见'Existentialism', 322, 334-335:"哲学没有概念工具供我们领会"人的存在(第334页)。马尔库塞从历史主义的角度去驳斥哲学,此举遭到萨特的反对,后者当然是认为:当马尔库塞以自由之名去谴责社会具体形态的不自由时,他从哪儿得出又如何建立自由的概念呢? 在之后添加上的论文后记中,马尔库塞认为萨特已经把哲学改造成了前者所推崇的政治,但《辩证理性批判》的出现推翻了这种阐释。

2.《存在与虚无》与后期萨特思想

有必要考虑到萨特本人也对《存在与虚无》中的哲学提出了批评。在他晚年接受的采访中,萨特承认《存在与虚无》的立场包含错误,以至于他显然接纳了持反对意见的马克思主义者对他提出的某些根本性批评。因此,在 1975 年的一次采访中,萨特说《存在与虚无》中"围绕'我们'而展开的某些专门探讨社会的章节"是"非常糟糕的",他说这本书没有讨论遗忘的可能性也没有讨论动物的意识,还说这本书既没有处理有机的生命和大自然的存在(existence),也没有处理意识与大脑的关系。[26] 在后期萨特看来,《存在与虚无》的哲学方法论不能说是辩证的,必须把它视为一部未完成的作品;[27] 萨特说它只是一部"理性主义的意识哲学"、一处"献给合理性的纪念碑"。[28]

萨特后期对《存在与虚无》中的自由学说所做的评论更加重要。1966 年,萨特宣称:"一种实体性的'我',或者说中心范畴,总是或多或少被给予的",它在"很久以前就已经死亡了",而"主体或主观性是在先于自身的基础上建立起自身"。[29] 到了 1969 年:

> 我(于 20 世纪 40 年代法国被占领期间)得出过一个结论:在任何情况下都存在着一个可能的选项。但这是错的,而且是大错特错,所以后来我一心想反驳我自己,就在《魔鬼与

26 'An interview with Jean-Paul Sartre' (1975),pp.9,18,23,28-29,39-40。

27 'Conversations with Jean-Paul Sartre' (1974),pp.173,410;以及 'An interview with Jean-Paul Sartre' (1975),p.9,18。

28 'The itinerary of a thought' (1969),pp.41-42。在收录于《萨特自述》的一篇 1972 年的访谈中(第 76 页),萨特说:在《存在与虚无》中,他"试图指出关于人的存在的某些一般性特征,却没有考虑到人的存在总处在历史处境当中"。

29 'Jean-Paul Sartre répond' (1966),p.93;着重号为后加。

上帝》(*Le Diable et Le bon dieu*)中创造了一个叫海因里希的人物,(……)他永远不会选择,完全受到处境的调控。但我只是在很久之后才明白这一切(……)我现在相信一个人总是可以从由他制作成的东西当中制出点儿什么。今时今日,我想赋予自由以限度:自由是一种微小的运动,它从一个完全受到调控的社会存在当中把人制作出来,但这个人不会把调控作用所给予他的东西原封不动地归还回去(……)被内化的东西在行动中将自己再度外化,而自由则是上述操作中的微小误差(……)个体内化着社会对他的规定,内化着生产关系、童年时期的家庭、已成历史的过去、当下的制度,而他之后的行动和选择必然会把我们追溯到这些东西上面,并将它们再度外化。所有这些,《存在与虚无》中都没有。[30]

自由刚一受到限制,规定性结构也就随之得到接受:"毫无疑问,结构生产行动";"拉康已经表明无意识是一种凭借语言而进行分裂的话语(……)通过说话行为,言语的各种形态(各种集合体)作为实践-惰性之物(the practico-inert)的一种形式而被结构起来。这些形态表达或构建一些规定着我但又不属于我的意向。"[31]

要怎样去理解这些说法呢?我们不要急着去赞同萨特的这些回顾性的自我评价,也不要急着去断言他后期的这些说法表明他已经改造了自己的哲学立场。

30　'The itinerary of a thought'(1969),pp.34-35;着重号为后加。根据萨特在此对自己的描述,他在写《存在与虚无》时陷入了"英雄主义神话"(第34页),之后不得不努力走出这个神话,虽然现在已经做到了;而早先关于人总是自由地选择是否成为一个叛徒的言论也让他自己"着实感到震惊"(第33页)。萨特在1972年的访谈中同样直率地批评了他的早期自由观:参见 *Sartre by Himself*,pp.53-59。

31　'L'anthropologie'(1966),pp.86,97;着重号为后加。欲了解萨特后期对结构的思考,还可参见 *Critique of Dialectical Reason*,vol.1,bk.II,ch.3,sect.3,esp.pp.479-480,487-491。

首先必须强调,萨特后期的自我批评是在承认《存在与虚无》中那些公认的局限,在这些方面,书中的主张要么过于简单,要么有些夸张,因此需要充实或修正;但他并没有用一套新的基础性学说去替代《存在与虚无》中的那些学说,甚至也没有示意有关人之自由的难题有可能取决于不同的答案。

因此可以认为,虽然萨特贬低《存在与虚无》的成就,但这只不过表明它的自由体系与马克思主义的历史发展观是不相容的——换言之,萨特在《辩证理性批判》中旨在让历史唯物主义不再是一部神话,但这项工作不可能以《存在与虚无》为基础。这就为我们留下了思考的余地(但可能没给萨特留下这份余地,毕竟他在经历过"政治重造"[32]以后调整了需要优先考虑的哲学议题):问题并不是出在《存在与虚无》上,而是出在马克思主义理论上,甚至普遍出在那些把人当作社会理论对象的尝试上。社会存在物或人类历史究竟在什么意义上是实在的?而这些事物又是何以可能的?对这两个先验层面上的问题,萨特感觉到了它们的艰深,而正是这种感觉让《辩证理性批判》获得了很少能在社会理论著作中发现的哲学深度,它在一定程度上弥补了这本书的晦涩——正因为萨特在考虑《辩证理性批判》中的社会本体论时拒绝放弃《存在与虚无》中的洞见,这本著作方能将那份艰深凸显出来。[33]

如果这些都没错,那么结论就不是《存在与虚无》没有完成为自己规定的哲学任务,而是另有一个萨特没有解决的哲学难题,它

219

32　'The itinerary of a thought' (1969), p.64。

33　因此,基于它的待解释项,《辩证理性批判》的蓝图要比马克思主义的蓝图广阔得多,后者认为社会条件本身就是(qua)"异化的",被经验的社会之物是一种客观的力量。对《辩证理性批判》中的主导性观念的概述,参见 Thomas R. Flynn, *Sartre and Marxist Existentialism*: *The Test Case of Collective Responsibility* (Chicago: University of Chicago Press, 1984), ch.6;萨特在访谈中也做了简明扼要的陈述;参见 'The itinerary of a thought' (1969), pp.51-56。

涉及社会-历史之物(the social and historical)的实在性。[34]

同样重要的是,萨特后期关于自由的说法真的与他在《存在与虚无》中的立场相抵触吗? 这一点非常不确定。正如上面的引文所示,萨特在六十年代开始谈到主体拥有"早于自身的基础",它是"被制作的""被规定的""被调控的",等等。但我们必须要问,应该怎么去阐释这些说法? 萨特赋予这些术语的意思是什么? 更具体地说,为什么不能按照《存在与虚无》中有关自由与人为性的观点(第33节)去理解主体的早于自身的基础以及主体所面对的规定性结构?

当萨特于1974年在与波伏娃的谈话中重提自由的难题时,他形容《存在与虚无》中的自由理论没能表达出他当时的意思,他说他出于方便而使用了一个"笨拙的""教科书式"的自由理论,根据这个理论,"一个人总是选择他所选择的,一个人在面对他者时是自由的":"我那时相信一个人总是自由的(……)关于这一点,我已经改变了很多。我现在确实认为一个人在某些处境中并不是自由的。"萨特现在声称,他当时的真实意思其实是:甚至当一个人的行动是为外在的事物所"激发"时,他仍然是"对自身负责的"。[35]

可是,既然自我责任确实一直都在,那就不清楚萨特是在反悔什么,也不清楚他为什么会认为《存在与虚无》中的自由理论是过分简单化的。更重要的是,萨特在此还补充说,甚至在回应外在的事物时,"有某种来自我们最深处的东西,它相关于我们最初的自由"。如果这种最初的自由不是《存在与虚无》中的自由,那又是什

34　也许可以问:有没有哪位哲学家以合乎人道主义的方式解决了这个难题? 与此相关,列维认为:萨特的哲学人格中存在着第二种基本的直觉与活力,而与那些令《存在与虚无》充满生机的直觉与活力不同,前者更注重社交和团结方面的经验;它们在萨特的后期思想中占据了上风。参见 Sartre, Part Ⅲ, ch.3(pp. 381ff.)。

35　'Conversations with Jean-Paul Sartre'(1974),pp.352-361。

么？在这些问题上,萨特好像误以为《存在与虚无》中的本体性自由否认一个人可能无力应对外在的事态。而他其他的评论则表明《存在与虚无》中的一切照旧:萨特说,那些感觉不到自由的人只是"弄混了",因为缺失的只能是对自由的察觉,而不是自由本身。[36]波伏娃曾向萨特指出,他在为让·热内写的传记中用了那么多的笔墨去描写热内的外部环境和得自外部的经历,以至于这些东西似乎是规定着他的;可萨特再一次确认了热内对环境的转变是"自由造成的结果",[37]而《存在与虚无》已经通过强有力的论证表明,这种自由在逻辑上必定与外部环境本身同期出现。

　　鉴于萨特后期立场的模糊性,当萨特表示他在《存在与虚无》中的自由学说上面犯了错,我们可以尊重但不赞同这种说法。我们怎么才能做到一边认为自由受到各种调控性因素的限制,一边又不会遭遇到《存在与虚无》曾详细阐发过的那些强有力的反对意见? 在未能说明这一点之前,虽然萨特后期公开宣布放弃《存在与虚无》中的自由学说,但此举的哲学权威性仍然是有限的。

3.结构主义与后结构主义对《存在与虚无》的驳斥

　　尽管《存在与虚无》为存在主义现象学运动注入了新的活力,尽管它所激发的争论(尤其是与梅洛-庞蒂和列维纳斯的争论)也产生了丰硕的成果,但萨特在法国学院哲学中的统治地位并不长

36　'Conversations with Jean-Paul Sartre' (1974), pp.358, 360, 361。尤其令人困惑的是萨特的下述说法:"我要说,自由代表着某种并不存在(exist)但又逐渐将自身创造出来的东西"(第361页)。但根据《存在与虚无》,应该说自由已经以自为的形式存在(exist)着,此外再以这个世界中的某种形式创造出自身,因为它是通过人的行动来实现的。萨特于1980年的一次采访中针对自由的评论同样值得参考:参见 *Hope Now*, p.72.

37　'Conversations with Jean-Paul Sartre' (1974), p.354。

久。法国哲学没过多久便与所有基于主体的或基于意识的哲学方
案反目成仇了。[38]

　　结构主义对存在主义现象学的反叛在一定程度上是由梅洛-庞
蒂准备的：梅洛-庞蒂设想主体深深地扎根于世界，一旦这种主体
替代了萨特式的自为，意识在方法论上的特权地位大体上就被推
翻了。秉着这种精神，克劳德·列维-斯特劳斯在《野性的思维》
（1962）中对萨特进行抨击：对那些以自然语言为范例的、被马克思
和弗洛伊德辨认出的种种客观结构，现象学既无从识别也无力把
握，可萨特却没能认识到这一点。虽然萨特后期在《辩证理性批
判》中试图把握社会-历史之物，但其中的各种局限揭示出萨特在
《存在与虚无》中是且自此以后都是"他的我思的俘虏"；根据列维-
斯特劳斯的观点，"一个人如果一开始就沉溺于那些所谓自明的内
省真理，之后就再也没办法摆脱它们了"[39]；萨特"在人格同一性的
圈套里脱不开身"，"把关于人的知识挡在了门外"。[40]

　　此外，米歇尔·福柯在《词与物》（1966）中对人文科学的历史进
行了分析性的研究，研究声称现象学仍然受困于一对为所有形式的
先验思考所共有的基本矛盾（主体既被包含于世界之中，又被排除在

38　大量的文献探讨了结构主义与后结构主义的诞生；欲获得一份清晰而细致的说
　　明，参见 Gutting, *French Philosophy in the Twentieth Century*, Part III。至于两者的
　　发展过程与萨特的马克思主义之间的关联，参见 Poster, *Existential Marxism in*
　　Postwar France, ch.8。

39　此处作者所援引的英译与《野性的思维》中译本（李幼蒸译，北京：商务印书馆，
　　1997年）有一定出入，译者在此接受英译，并认为中译本此处的翻译（"首先热
　　衷于有关所谓自我的自明真理的人决不会从这些真理中出现。"）令人不知所
　　云。——译者注

40　《野性的思维》的整个第九章都被用来批驳萨特后期对历史观和辩证理性的构
　　想，参见 *The Savage Mind*, p.249。

世界之外);[41]雅克·德里达则批判了"意识面向自身的在场"这条在
胡塞尔的哲学中作为公理的预设,一举削弱了《存在与虚无》。[42]

在这种转折中,一个极其重要的因素是海德格尔的《书信》以及
波弗勒的作品在五十年代对海德格尔思想的传播。尽管大多数的法
国哲学家并没有那么地赞同海德格尔的思想,更多是沉迷于对它的
探讨,但仍然从中得出了两条富有教益的结论:萨特式的人类中心主
义的存在主义没能吸收海德格尔的哲学;萨特的人道主义既非定论,
也无法与其他更激进的、不以主体为中心的观念相抗衡。[43]

41　参见 *The Order of Things*, ch. 9, esp. pp. 324-326(关于现象学的失败), 以及 pp.
　　361ff.(关于无意识的首要地位), 以及 'Truth and power'(1977), pp. 116-117:
　　"人们必须抛弃构成性的主体, 摆脱掉主体本身", 甚至包括萨特《辩证理性批
　　判》中的被历史化的主体。弗林(Flynn)总结了萨特和福柯之间的分歧并记录
　　了两人针对对方的批评:参见 Thomas R. Flynn, *Sartre*, *Foucault*, *and Historical
　　Reason*, 1:*Toward an Existentialist Theory of History*(Chicago:University of Chicago
　　Press, 1997), ch. 10。

42　德里达在 1968 年的讲座"人的目的/终结"('The ends of man')中谴责了萨特
　　对海德格尔以及对黑格尔和胡塞尔的"人道主义扭曲"与"人类学误读"(39):
　　萨特自《存在与时间》的"第一段起就没能读懂"(38)。然而, 在解构主义的意
　　义上改变哲学的基调, 这并不一定要抛弃萨特在哲学上的主要关注点, 譬如:
　　让·吕克–南希(Nancy)在《自由的经验》(*The Experience of Freedom*)中以德里
　　达的方式处理了那个宏大的萨特式自由论题。南希对萨特的讨论表明了解构
　　主义在多大程度上转变了哲学话语的根本规则:在第 96-105 页中, 南希认为萨
　　特式的自由独立于有关因果性和行动之可能性的一切观念, 在他的描述中, 萨
　　特式的自由主动抗拒着(概念上的)再现。基于先前第 36 节给出的理由, 我们
　　可以部分地理解为什么南希会采取这条思路, 但是从萨特的立场来看, 它最后
　　的结果就等于否认自由的实在性。

43　参见 Kleinberg, *Generation Existential*, ch. 5, 以及 Rockmore, *Heidegger and French
　　Philosophy*, chs. 5-7。萨特在 1966 年的采访"让–保罗·萨特答复"('Jean-Paul
　　Sartre répond')中批判性地评论了结构主义的发展(列维–斯特劳斯, 福柯, 拉
　　康, 阿尔都塞);还可参见 'L'anthropologie'(1966)。

4.《存在与虚无》与当代哲学

还剩下一个问题:萨特对当代哲学的重要意义。

萨特于 1905 年出生,一个世纪既逝,百年诞辰已庆;置身于思想史中的萨特所具备的重要性,投身于公共生活中的萨特所拥有的美德,这些重新得到人们的赏识。但是,不管是在讲英语的分析哲学圈还是在欧陆哲学圈,萨特对当代哲学都不是特别重要;在可预见的未来,萨特的哲学声誉也不大可能恢复到它在战后不久那段时间里的水平。个中缘由与萨特思想的水准或局限全然无关,而与他在《存在与虚无》中所追求的哲学方案的本性完全相关。首先,第二章已经论证过:毫不妥协地拒绝自然主义,这构成了萨特的哲学前提。其次,不管是在方法上还是在学说内容上,萨特都坚持把主观性作为哲学思想的支配性原则。再次,萨特在自己与现代欧洲哲学的认识论传统之间拉开距离,而对于十九世纪的历史转向和二十世纪哲学的逻辑学-语言学转向,《存在与虚无》既无共鸣也不关涉。最后,正如我试图表明的,萨特在《存在与虚无》中意图建构一个严格意义上的修正性形而上学体系,但自十九世纪中叶黑格尔主义终结以来,人们已经越来越不认为这项事业是可行的了。正如列维纳斯所言,萨特在哲学上是很特别的,因为他"不认为形而上学彻底完结了"。[44]

出于所有这些彼此关联的理由,我们完全可以明白萨特为什么会与下面这些哲学方案脱节:要么去探索自然科学与人文科学对哲学知识的贡献,要么像尼采与海德格尔那样尝试为西方哲学的蓝图划下句点,要么以一种后形而上学的形式复苏与重建康德哲学。

下面这篇赞词是于尔根·哈贝马斯献给萨特的,它间接证明了

222

---

44 *Unforeseen History*,p.97。

萨特游离于当代哲学的主线之外：

> 萨特的作品不允许自己去适应解构主义的潮流。在我们当
> 下的对话里,他是一位不易同化的对手。其著作中的思想不但
> 没有被征服,而且指引着我们去超越今天广为流行的历史主义
> 方法和语境主义方法。这一点尤其体现于存在主义对自由的理
> 解,这理解循着费希特和克尔凯郭尔划下的轨迹,以一种意蕴
> 丰富而又激进的形态表达着现代自我理解中的一个不容否认的
> 组成部分。萨特以一种堪称楷模的方式驱使自己追赶上后形而
> 上学的思想形势,这个事实让我感到钦佩。[45]

对于当代的后形而上学思想家来说,萨特的成就只能在于并
且至多在于：他异常清晰而有力地表述了现代自我理解的一个组
成部分,即个体自律的观念;这不仅对萨特自己的那些格局更大的
目标而言是不充分的,也不足以让萨特成为一份重要的哲学资源,
供那些谋求解决现代思想中的矛盾但又不向形而上学求助的思想
家去利用,后者难免认为放弃克服传统形而上学让萨特付出了过
高的代价,而按照后形而上学的观点,晚期现代性的自我理解必须
包括这种克服。

有没有可能把萨特的最主要观点放到一个由根本不同的哲学
蓝图所构成的语境里面,让这些观点与当代的趋向更加协调,但又
不至于失去原本的含义？一些与后现代主义心有戚戚的萨特读者
认为萨特的主体观与后现代主义的主体观,两者之间的距离并没
有看上去的那样宽,或者说不像早期的那些结构主义与后结构主
义对手所想象的那样宽;他们争辩到,不仅《存在与虚无》中的那些
悖论推动人们去接受后现代哲学,而且萨特本人的轨迹也是趋向

223

45　'Jürgen Habermas on the Legacy of Jean-Paul Sartre', in *Political Theory* vol.20,no.
　　3,August 1992,496-501,pp.498-499('Rencontre de Sartre', *Les Temps modernes*
　　46,June 1991,154-160)。

后现代主义的。[46]

　　有时被用来表明《存在与虚无》属于后现代主义阵营的一件事情是:萨特论述过自为的非自我同一性。这件事情被解读成萨特预料到了由拉康的理论和解构主义批判所造成的非整全的、分裂的、多重的自我。然而,如果我在本书中的论证是正确的,那么这种解读就是一种误读:虽然在萨特的描述中主体不是自我同一的,而后现代主义的一个论题恰恰是主体的去中心状态,但两者的形而上学含义是不同的,即便用来表述这两个主张的语词是相同的。能够说明这一点的事实是:萨特提出这个这个论题是为了完成他的概念,为了提供一份完整的定论去最终说明自为究竟是什么,而后现代理论(至少以各种复杂的理论形态)恰恰否认这种哲学成就的可能性。如果不是这样,如果在萨特式的自为和被解构的主体之间确实没有差别,那么就有了一个问题:关于主体(之死)的后现代理论用"后形而上学"一词来形容自己,这种做法是否恰当? 后现代思想面临着一个沉重的任务:重新说明其所谓的"超越形而上学"[47]究竟是什么意思。一些努力把萨特扭到后现代主义的方向上去的做法直接忽略《存在与虚无》,转而关注在萨特后期的作品中浮现出的人类主体,这些做法看似可行,不过我已经表明后者的

46　下述作者以各异的形式将萨特视为最初的后现代主义者:Christina Howells, 'Conclusion: Sartre and the deconstruction of the subject', in Howells ed., *The Cambridge Companion to Sartre*; Nik Farrell Fox, *The New Sartre: Explorations in Postmodernism* (London: Continuum, 2003), Introduction and ch. 1; 以及 Peter Burger, *Sartre. Eine Philosophie des Als-ob* (Frankfurt: Suhrkamp, 2007), ch. 2. 博格(Burger)声称,萨特作为一位思想家,随着自己思想的发展而开始回应后现代作者后期提出的那些问题(第26页)。彼得·考斯(Peter Caws)审慎地论证了萨特与结构主义(尽管不是后结构主义)的汇流:参见'Sartrean structuralism?', in Howells ed., *The Cambridge Companion to Sartre*。

47　当有人建议后现代主义在面对自己的悖论时需要回到萨特,此时情况就变得尤其令人费解:例如,参见 Burger, *Sartre*, pp.15-18。

验证价值是可疑的。[48]

类似的评论也适用于那些旨在把萨特的思想融入当代分析哲学语境或者说当代主流英语哲学语境的尝试。[49] 人们可以强调萨特的思考与关于心灵与行动的当代分析哲学之间的共通之处，如果野心更大一些，甚至可以用非萨特式的语言去重建萨特的思想；这些举动诚然令人很感兴趣，但问题仍在于我们应当如何看待历史中的萨特；而以分析哲学的方式去重新确立或重新建构萨特的主张，同时摒弃《存在与虚无》中沉重的本体论架构，这种做法的初步结果就是萨特的蓝图事实上没有得到很好的理解。所以，分析哲学对萨特的探讨以批判为主流：在他们那里，萨特构造了一个冗繁的本体论，继而误述了也模糊了自己的洞见。

这反映出分析哲学与萨特在下述问题上存在关键的分歧：究竟应当采取什么态度去对待我们的日常世界观？分析哲学的典型想法是：常识观点中的世界是自足的，萨特完全有义务去表明他所提出的修正是绝对必要的。而萨特则认为，常识中的世界无论是在存在上（existential）还是在理论上都是不完备的，所以它自然需要哲学上的重估。

分析哲学家常常抱怨萨特的人类主体形而上学过分依赖隐喻；如果这种抱怨并不只是换了一种方式去反对萨特的上述观点（形而上学必须与常识中的概念图式决裂），那么我们可以对它做出简短的回答：在哲学的语境中，某些术语算不算被用作隐喻，这

---

48 我在此谈及"后现代主体"，仿佛真有这么一个单独的概念似的。福柯、拉康、德里达、德勒兹等人对主体的否定事实上真是铁板一块吗？令人怀疑。我只是沿用了那些期望将萨特后现代化的人在讨论中所采用的术语罢了。

49 特别值得一读的有：菲利斯·莫里斯（Phyllis Morris）的早期著作《萨特关于个人的概念：分析的视角》（Sartre's Concept of the Person: An Analytic Approach），麦库洛（McCulloch）在《使用萨特》（Using Sartre）中对知觉的讨论，以及莫兰（Moran）在《权威与异己》中（Authority and Estrangement）针对萨特所理解的自我认识而进行的反思。

全然取决于我们试图构想的对象所具备的本性。把萨特的思想完好无损地翻译成更简单的表达，这仍然是个挑战；而在完成这份挑战以前，萨特都有权利回答说，如果要用哲学概念去确定主观性的现象，那么他在术语上的革新就是必不可少的，所以，既然他的形而上学针对的是主观性这种独一无二的非经验对象，那么它就不会比针对经验对象的经验描述更具隐喻色彩。萨特可能会说，《存在与虚无》中的形而上学是照实理解主观性而产生的结果。

225　　在 18 世纪最后十年和 19 世纪初，人们设想哲学的任务是构造一个反自然主义的"自由的体系"，它能够解决康德唯心主义中的难题，反驳雅可比针对虚无主义的指控，并将完整的形而上学意义赋予康德关于人类自律的观念；在此期间，康德的后继者（德国唯心主义者和德国浪漫派）争论得不可开交。而只有在牵涉到这种争论的语境中，萨特的哲学立场（作为一个协调的整体，而不是以一种拆分后的形态）才能再次成为一个看似可行的选项，我在本书中已经表明了这一点。如果萨特现在被判属于历史，而不属于哲

226　学现实，他至少有贵人作伴。

索 引

译后记

我想通过这个译后记做一些说明与感谢。

本书的翻译工作由我与江婷共同承担,具体分工如下:第一、第二、第四章的全文和第三章的1-32节由我翻译,第三章的33-48节由江婷翻译。

感谢马栋予博士让我们获得了这次翻译机会,感谢重庆大学出版社的编辑们耐心而细致的阅读和审校。

虽然本书是《存在与虚无》的导读本,但阅读难度似乎并不低于萨特的那本艰深晦涩的大部头,这不仅体现在内容上,同时还体现在表达上:作者惯于使用复杂的长难句和充满学院腔调的修辞。诚然,对于一部哲学学术著作来说,这并不令人感到意外,但毕竟为翻译设置了重重障碍。我们试图达到的翻译目标是:在内容上忠实于原文,在表达上合乎中文习惯,并酌情补充相关的注释以帮助读者理解原文。是否真的实现了这个目标,还需要交由每一位读者来判断。由于文本难度较高,以及个人水平有限,在翻译的过程中必定会出现失误。读者如果发现了任何错误，都可以在豆瓣网或其他平台上发布书评，我们将一一参考，以后如有机会将对错误加以修正。在此向这些耐心的读者提前表示感谢。

译者　汪功伟

图书在版编目(CIP)数据

导读萨特《存在与虚无》/(英)塞巴斯蒂安·加德
纳(Sebastian Gardner)著;汪功伟,江婷译. -- 重
庆:重庆大学出版社,2022.1(2025.5重印)
(思想家和思想导读丛书)
书名原文:Sartre's Being and Nothingness
ISBN 978-7-5689-3052-9

Ⅰ.①导… Ⅱ.①塞…②汪…③江… Ⅲ.①萨特(
Sartre,Jean Paul 1905—1980)—存在主义—思想评论
Ⅳ.①B565.53②B086

中国版本图书馆 CIP 数据核字(2021)第 236606 号

导读萨特《存在与虚无》
DAODU SATE CUNZAI YU XUWU

[英]塞巴斯蒂安·加德纳(Sebastian Gardner) 著
汪功伟 江 婷 译
责任编辑:陈 曦 版式设计:陈 曦
责任校对:王 倩 责任印制:张 策

*

重庆大学出版社出版发行
出版人:陈晓阳
社址:重庆市沙坪坝区大学城西路 21 号
邮编:401331
电话:(023)88617190 88617185(中小学)
传真:(023)88617186 88617166
网址:http://www.cqup.com.cn
邮箱:fxk@cqup.com.cn(营销中心)
全国新华书店经销
重庆市正前方彩色印刷有限公司印刷

*

开本:890mm×1168mm 1/32 印张:10.25 字数:280 千 插页:32 开 2 页
2022 年 1 月第 1 版 2025 年 5 月第 3 次印刷
ISBN 978-7-5689-3052-9 定价:58.00 元

Sartre's Being and Nothingness : A Reader's Guide, by Sebastian Gardner, ISBN: 9780826474698

© Sebastian Gardner 2009

This translation is published by arrangement with Bloomsbury Publishing Plc.

版贸核渝字(2020)第 216 号

gu⅄de

思想家和思想导读丛书

★表示已出版

思想家导读

导读齐泽克★

导读德勒兹★

导读尼采★

导读阿尔都塞★

导读利奥塔★

导读拉康★

导读波伏瓦★

导读布朗肖★

导读葛兰西★

导读列维纳斯★

导读德曼★

导读萨特★

导读巴特★

导读德里达★

导读弗洛伊德(原书第2版)★

导读鲍德里亚(原书第2版)★

导读阿多诺★

导读福柯★

导读萨义德(原书第2版)★

导读阿伦特★

导读巴特勒★

导读巴赫金★

导读维利里奥★

思想家著作导读

导读尼采《悲剧的诞生》★

导读德里达《声音与现象》★

导读德里达《论文字学》★

导读德勒兹与加塔利《千高原》★

导读德勒兹《差异与重复》★
(乔·休斯 著)

导读德勒兹《差异与重复》★
(亨利·萨默斯-霍尔 著)

导读德勒兹与加塔利《什么是哲学?》★

导读福柯《性史(第一卷):认知意志》★

导读福柯《规训与惩罚》★

导读萨特《存在与虚无》★

导读维特根斯坦《逻辑哲学论》★

导读维特根斯坦《哲学研究》★

思想家关键词

福柯思想辞典★

巴迪欧:关键概念★

德勒兹:关键概念(原书第2版)★

阿多诺:关键概念★

哈贝马斯:关键概念★

朗西埃:关键概念★

布迪厄:关键概念(原书第2版)★

福柯:关键概念★

阿伦特:关键概念★

维特根斯坦:关键概念★